全国出版专业技术人员职业资格考试辅导系列

全国出版专业职业资格考试(初级)历年真题及详解(第6版)

【出版专业基础知识+出版专业理论与实务】

主编:圣才学习网
www.100xuexi.com

中国石化出版社

内 容 提 要

本书是全国出版专业技术人员职业资格考试(初级)的历年真题及详解。全书由两部分组成:第一部分为出版专业基础知识(初级)历年真题及详解;第二部分为出版专业理论与实务(初级)历年真题及详解。每部分均精选了2013~2021年的9套真题及详解(其中2013~2017年为电子书),并根据新版考试大纲、指定教材和相关法律法规等,对所有真题进行了详细的分析和解答。

圣才学习网(www.100xuexi.com)提供全国出版专业技术人员职业资格考试辅导方案【视频课程、电子书、题库等】。购书即可享受大礼包增值服务【本书电子书+专业咨询】。手机扫码(本书封底)领取本书大礼包。

图书在版编目(CIP)数据

全国出版专业职业资格考试(初级)历年真题及详解/圣才学习网主编.—6版.—北京:中国石化出版社,2022.7
全国出版专业技术人员职业资格考试辅导系列
ISBN 978-7-5114-6785-0

Ⅰ.①全… Ⅱ.①圣… Ⅲ.①出版工作-资格考试-题解 Ⅳ.①G23-44

中国版本图书馆CIP数据核字(2022)第120268号

中国石化出版社出版发行
地址:北京市东城区安定门外大街58号
邮编:100011 电话:(010)57512500
发行部电话:(010)57512575
http://www.sinopec-press.com
E-mail:press@sinopec.com
武汉市盛宏源印务有限公司印刷
全国各地新华书店经销

*

787×1092毫米 16开本 13.25印张 316千字
2022年8月第6版 2022年8月第1次印刷
定价:68.00元

序　言

为了帮助考生顺利通过全国出版专业技术人员职业资格考试，我们根据最新考试大纲、指定的参考教材和相关法律法规精心编写了全国出版专业技术人员职业资格考试辅导系列。

本书是全国出版专业技术人员职业资格考试（初级）的历年真题及详解。全书由两部分组成：第一部分为出版专业基础知识（初级）历年真题及详解；第二部分为出版专业理论与实务（初级）历年真题及详解。每部分均精选了2013～2021年的9套真题及详解（其中2013～2017年为电子书），并根据新版考试大纲、指定教材和相关法律法规等，对所有真题进行了详细的分析和解答。

购书即可享受大礼包增值服务！手机扫码（本书封底）领取本书大礼包。具体包括：

★ 配套题库【2013～2021年18套真题】（含视频讲解）

本题库提供出版专业职业资格考试科目《出版专业基础知识（初级）》和《出版专业理论与实务（初级）》2013～2021年的真题及详解。其中，2014～2015年真题提供19小时高清视频讲解，由圣才名师对每一道真题（包括每个选项）从难易程度、考查知识点等方面进行全面、细致的解析，帮助考生掌握命题规律和出题特点。

★ 专业咨询

加入出版考试交流QQ群：461722009，获取名师专业咨询。

圣才学习网（www.100xuexi.com）是一家为全国各类考试和专业课学习提供名师网络课程、电子书、题库等全方位教育服务的综合性学习型视频学习网站，拥有近100种考试（含418个考试科目）、194种经典教材（含英语、经济、管理、证券、金融等共16大类），合计近万小时的面授班、网授班课程。

资格考试：www.100xuexi.com（圣才学习网）

考研辅导：kaoyan.100xuexi.com（圣才考研网）

圣才学习网编辑部

目　录

第一部分　出版专业基础知识(初级)历年真题及详解

说明：2013～2017 年真题的答案及详解为电子书，获取方式参见本书大礼包。

第二部分　出版专业理论与实务(初级)历年真题及详解

说明：2013～2017 年真题的答案及详解为电子书，获取方式参见本书大礼包。

2021年度全国出版专业技术人员职业资格考试
《出版专业基础知识(初级)》真题

一、单项选择题(共30题，每题1分。每题的备选项中，只有1个最符合题意)

1. 关于“编辑”，说法错误的是(　　)。
   A. 编辑是指策划、组织、审读、选择和加工作品的活动
   B. 编辑是指以各种方式根据作品内容制成一份或多份与其内容信息相同的复本的工作
   C. 编辑是对作者创作的作品进行选择、优化
   D. 编辑对作品进行选择、优化是按照社会和消费者的需要进行的
2. 下列选项中，属于出版物物质产品生产阶段的是(　　)。
   A. 信息采集　B. 组稿　C. 审定发稿　D. 制作“母版”
3. 出版物生产经营单位的资质准入，属于(　　)。
   A. 职业准入　B. 法人准入　C. 岗位准入　D. 产品准入
4. 关于图书质量，说法正确的是(　　)。
   A. 图书质量分为优秀、良好、合格、不合格四个等级
   B. 图书质量包括内容、编校、印制、环保四项
   C. 实际抽查时差错率为万分之零点二的图书，其编校质量属合格
   D. 编校质量合格的图书属质量合格产品
5. 下列选项中，符合书号、刊号使用管理规定的是(　　)。
   A. 用书号出版期刊　B. 用书号出版连续型电子出版物
   C. 用刊号出版连续型电子出版物　D. 用刊号出版图书
6. 根据《新闻出版保密规定》，新闻出版保密审查实行(　　)的制度。
   A. 初审与复审相补充　B. 自审与外审相配合
   C. 内审与外审相衔接　D. 自审与送审相结合
7. 根据《中华人民共和国广告法》第十四条的规定，广告应当具有(　　)，能够使消费者辨明其为广告。
   A. 生动贴切性　B. 可识别性　C. 合法性　D. 真实性
8. 关于著作权的特征，说法正确的是(　　)。
   A. 著作权有时间性　B. 著作权有具体形式
   C. 著作权无地域性　D. 著作权无专有性
9. 下列选项中，受著作权法保护的是(　　)。
   A. 立法文件　B. 即兴演说　C. 单纯事实消息　D. 历法
10. “六书”中，一般被看成是用字方法的是(　　)。
    A. 指事 假借　B. 象形 转注　C. 会意 形声　D. 假借 转注
11. 下列词语中，画线的字注音正确的是(　　)。
    A. 汉沔(Miǎn)　B. 分娩(wǎn)　C. 工尺(chí)　D. 炮(pào)制
12. 下列句子中，标点符号使用规范的是(　　)。
    A. 他们给山里的学生送来了文具、图书、和电脑。

B. 你今天怎么啦？是临比赛怯场呢？还是身体不舒服。

C. 一走近操场，我就听见“加油！加油！”的喊声。

D. 原来只听说“狗熊掰玉米棒，掰一个丢一个，”但未亲眼见过。

13. 下列各组量和单位的名称，不规范的是(　　)。

A. 长度　米　　B. 时间　秒　　C. 功率　度　　D. 电流　安

14. 下列句子中，虚词用法不正确的是(　　)。

A. 只要认真下功夫，就一定能学会　　B. 他各方面都好，只是脾气倔一点

C. 只有认真学习，才能不断进步　　D. 只要坚持到底，最后才能成功

15. “首都北京”这个短语的结构类型是(　　)。

A. 主谓短语　　B. 复指短语　　C. 偏正短语　　D. 中补短语

16. 下列句子中，属于复句的是(　　)。

A. 无论谁，都不能不学习　　B. 让我们张开双臂，拥抱春天吧

C. 这个地方，我们没去过　　D. 分析能力强，是这位同志的优点

17. 下列各组概念中，具有交叉关系的是(　　)。

A. 亚洲 大洋洲　　B. 金属 非金属

C. 妊娠 怀孕　　D. 博士 教授

18. “我是辞书编辑”这个性质判断是(　　)。

A. 单称肯定判断　　B. 特称否定判断

C. 全称否定判断　　D. 特称肯定判断

19. 下列句子中，“之”字用作结构助词的是(　　)。

A. 属予作文以记之　　B. 愿闻子之志

C. 策之不以其道　　D. 万钟则不辨礼仪而受之

20. 下列句子中，画线的名词为使动用法的是(　　)。

A. 驴不胜怒，蹄之　　B. 今王鼓乐于此

C. 扣弦而歌之　　D. 先破秦入咸阳者王之

21. 明清时期的科举考试中，别称“秋闱”的考试是(　　)。

A. 院试　　B. 乡试　　C. 会试　　D. 殿试

22. 中国古代称为“长庚”的星是(　　)。

A. 金星　　B. 木星　　C. 水星　　D. 土星

23. 国家出版主管部门对“数字出版”的定义中，不包含(　　)。

A. 利用数字技术进行内容编辑加工　　B. 利用数字技术管理出版物生产过程

C. 通过网络传播数字内容产品　　D. 利用数字技术进行出版物印刷

24. 可实现内容资源随时随地动态更新的数字出版产品是(　　)。

A. 版式电子书　　B. 光盘出版物　　C. 音像出版物　　D. 在线知识服务

25. 关于数字出版对出版物形态的影响，说法错误的是(　　)。

A. 出版物从平面媒介向跨媒体方向发展

B. 出版物呈开放状态

C. 与传统出版物的物理形态一致

D. 同样的内容资源可以开发成多种形式

26. 根据《网络出版服务管理规定》，非传统出版单位从事网络出版服务，要求具有国家新

闻出版主管部门认可的具有中级以上出版及相关专业技术职业资格的人员不得少于(　　)。

A. 5 人　　B. 4 人　　C. 3 人　　D. 2 人

27. 关于数字出版产业发展中的内容与技术，说法正确的是(　　)。

A. 两者分别对应内容提供商与渠道运营商

B. 两者的关系由法律和政策文件确定

C. 两者是数字出版产业发展的基本要件

D. “技术为体，内容为用”是基本原则

28. 1929 年 12 月，红四军党的第九次代表大会在(　　)召开，大会通过了毛泽东同志起草的决议，确立了思想建党、政治建军的原则。

A. 福建省上杭县古田镇　　B. 福建省长汀县汀州镇

C. 江西省兴国县长冈乡　　D. 江西省瑞金县叶坪村

29. 在庆祝中国共产党成立 100 周年大会上，习近平总书记代表党和人民庄严宣告，经过全党全国各族人民持续奋斗，我们实现了第一个百年奋斗目标，在中华大地上全面建成了(　　)。

A. 富裕社会　　B. 现代化社会　　C. 小康社会　　D. 发达社会主义社会

30. 2021 年 6 月 17 日，(　　)载人飞船成功发射，与天和核心舱完成自主快速交会对接，三名航天员顺利进驻天和核心舱，中国载人航天事业实现跨越发展。

A. 神舟五号　　B. 神舟十号　　C. 神舟十一号　　D. 神舟十二号

二、多项选择题(共 35 题，每题 2 分。每题的备选项中，有 2 个或 2 个以上符合题意，至少有 1 个错项。错选，本题不得分；少选，所选的每个正确项得 0.5 分)

31. 出版物发行包括的流通环节有(　　)。

A. 信息流　　B. 员工流　　C. 资金流　　D. 商流

E. 物流

32. 图书不同于报刊的主要特点有(　　)。

A. 非连续出版　　B. 不要求有相对稳定的出版周期

C. 信息量大　　D. 讲究内容的稳定性、系统性

E. 对科学性的要求特别高

33. 我国出版工作者的文化追求主要体现在(　　)。

A. 不断加大文化引进　　B. 认真做好文化选择

C. 大力推进文化创造　　D. 积极开展文化传播

E. 充分重视文化积累

34. 关于审稿，说法正确的有(　　)。

A. 审稿主要是对稿件进行评价并作出选择

B. 终审是审稿的主要责任人

C. 我国目前实行的是三级审稿制度

D. 审稿是保证出版物满足社会文化需求的重要环节

E. 副编审以下人员不具备审稿的资质

35. 设立出版单位应该具备的条件有(　　)。

A. 出版单位的名称

B. 确定的业务范围

C. 达到一定数量的作者队伍

D. 符合国家出版主管部门认定的主办单位及其主管机关

E. 有适应业务范围需要的组织机构

36. 依照《出版管理条例》和重大选题备案有关规定，下列书稿出版前需报备案的有(　　)。

A.《华沙条约组织简史》　　B.《河北旅游实用指南》

C.《遵义会议二三事》　　D.《中美关系五十年》

E.《西北地方戏研究》

37. 出版管理的主要依据包括(　　)。

A. 宪法　　B. 涉及出版活动的法律

C. 出版行业职业道德　　D. 涉及出版活动的行政法规

E. 出版主管部门的部门规章

38. 根据《图书出版单位社会效益评价考核试行办法》，“文化和社会影响”的二级指标具体分为(　　)。

A. 选题规划　　B. 重点项目　　C. 奖项荣誉　　D. 社会评价

E. 国际影响

39. 我国民法典规定的“不可抗力”所指的客观情况，必须同时具备的条件是(　　)。

A. 不能预见　　B. 不能告知　　C. 不能避免　　D. 不能承受

E. 不能克服

40. 下列选项中，属于著作权中“人身权”的有(　　)。

A. 发表权　　B. 署名权　　C. 修改权　　D. 保护作品完整权

E. 信息网络传播权

41. 下列行为中，属于行使发表权的有(　　)。

A. 小王在某网站写博客文章

B. 小张利用某微信公众号推送自己的文章

C. 小李在某出版社出版小说

D. 小刘博客上的文章被某杂志转载

E. 小赵在晚会上即兴朗诵自己现场创作的诗歌

42. 下列行为中，违反我国著作权法规定的有(　　)。

A. 张华出版自己的文集，所选文章有的发表过，有的未发表

B. 某公益网站未经张华许可转载其作品

C. 期刊社李伟擅自在张华的文章后加署自己的名字

D. 张华授权王芳把自己的作品译成英文，同时授权李丽把同一部作品译成法文

E. 为给灾区筹款，编剧周某将张华的小说改编成剧本供剧团义演

43. 下列行为中，属于我国著作权法规定的法定许可的方式有(　　)。

A. 初中教科书编入已发表的作品

B. 小说在报纸上连载后又被汇总为图书出版

C. 编写小学教学参考书使用少量已发表作品

D. 作品在报刊发表后，其他报刊转载或作为文摘、资料刊登

E. 广播电台播放已经出版的录音制品

44. 关于汉字，说法错误的有(　　)。

A. 汉字是音、形、义的结合体　　B. 汉字是拼音文字

C. 繁体字也称为异体字　　D. 简化字和繁体字是一对一的关系

E. 笔画多的为繁体字，笔画少的为简体字

45. 下列句子中，字形和注音都正确的有(　　)。

A. 她俩拉着手寒喧(xuān)了好一阵子

B. 历史并非噱(xué)头，而是历史文化名城的依托

C. 历史印记不能被粗暴抹(mǒ)去

D. 缜(zhěn)密的逻辑思维，是思路清晰流畅的关键

E. 轰隆隆，雷声从远处传来，振(zhèng)动山谷

46. 下列句子中，标点符号使用不规范的有(　　)。

A. 今天你怎么没给我打电话?

B. 我也不知道你喜欢不喜欢这种颜色?

C. 你怎么能这样对待一个不懂事的孩子呢!

D. 看到这里，他愤怒了：浑身热血直往上涌!

E. 你不要再啰唆了!

47. 下列句子中，科技名词使用不规范的有(　　)。

A. 胶元蛋白富含人体所需的多种胺基酸

B. 直升机已被应用于播种造林

C. 蜗牛在行进中会分泌出黏液，保护身体不被划伤

D. 要减少二恶英对人类健康的危害

E. 西红柿含维他命 C 较高，每 100 克含维他命 C 20～33 毫克

48. 下列句子中，属于非主谓句的有(　　)。

A. 今天阴天。　　B. 小王吗?

C. 这件衣服漂亮极了!　　D. 比赛开始了。

E. 太精彩了!

49. 下列句子中，不存在语病的有(　　)。

A. 老师问清了原因，沉思了少许，慢慢地踱到了我身旁

B. 在建设事业迅猛发展的新形势下，对建筑材料工业提出了更高的要求

C. 王华深深地吸了一口气，接着点燃了一支烟

D. 丰富的实践，使他广阔地接触了社会生活

E. 既然你已经这样做了，那我还能说什么呢

50. 下列诗句中，使用了多种修辞手法的有(　　)。

A. 窗含西岭千秋雪，门泊东吴万里船　　B. 接天莲叶无穷碧，映日荷花别样红

C. 两个黄鹂鸣翠柳，一行白鹭上青天　　D. 夜阑卧听风吹雨，铁马冰河入梦来

E. 桃花潭水深千尺，不及汪伦送我情

51. 下列句子中，存在逻辑错误的有(　　)。

A. 那件事他没有过问，只是了解了一下情况

B. 我喜欢读古典小说名著，像巴金的《家》我就很喜欢

C. 他从未去过海南，只有一次去后第二天就返回了北京

D．选班长时，我没投赞成票，也没投反对票

E．小张面对谩骂，既没有以言相对，也没有沉默不语

52．“只有爱护环境，才能有美丽的家园”是(　　)。

A．充分条件假言判断　　B．前件假，后件必假

C．必要条件假言判断　　D．前件真，后件必真

E．前件真，后件未必真

53．下列句子中，画线的字解释正确的有(　　)。

A．田忌一不胜而再胜(第二次，两次)　　B．斩木为兵，揭竿为旗(士兵)

C．日暮途穷(贫穷)　　D．阳虎去齐走赵(逃跑)

E．不期修古，不法常可(研究，学习)

54．下列句子中，“见”字表示被动的有(　　)。

A．不及黄泉，无相见也　　B．生孩六月，慈父见背

C．年四十而见恶焉，其终也已　　D．欲予秦，秦城恐不可得，徒见欺

E．俄而齐王败，时人皆谓为见机

55．传统典籍“十三经”不包括(　　)。

A．《尚书》　B．《道德经》　C．《礼记》　D．《三国志》

E．《管子》

56．下列城市中，历史上曾是我国都城的有(　　)。

A．杭州　B．天津　C．洛阳　D．南京

E．开封

57．网络出版物的主要形式有(　　)。

A．电子图书　B．有声书　C．黑胶唱片　D．电影录像带

E．数字报纸

58．数字出版产品与服务的特点有(　　)。

A．模态单一　B．超链接　C．固定性　D．互动性

E．便捷性

59．目前我国数字出版产业的特征有(　　)。

A．产业集中度低　　B．业态创新较快

C．产业发展平台化　　D．渠道主导产业链发展

E．以技术和资本为保障

60．数字期刊与传统期刊相比，其主要特征有(　　)。

A．内容容量更大　　B．出版方式更灵活

C．编校流程更简单　　D．订阅更便捷

E．交互性更强

61．关于我国数字出版产业，说法正确的有(　　)。

A．缺少数字出版行业分类标准　　B．与数字内容产业存在本质区别

C．与知识服务业的相关性较强　　D．包含网络游戏出版产业和数字音乐产业

E．数字出版产业链的布局日趋全面和完善

62．在纪念中国人民志愿军抗美援朝出国作战70周年大会上，习近平总书记指出，要毫不动摇坚持党对人民军队的绝对领导，坚持政治建军、(　　)，全面提高捍卫国家主权、

安全、发展利益的战略能力，更好履行新时代人民军队使命任务。

A. 改革强军　B. 科技强军　C. 人才强军　D. 全民拥军

E. 依法治军

63. 2020年11月17日，习近平主席出席金砖国家领导人第十二次会晤并发表重要讲话，强调在世纪疫情和百年变局交织的国际形势下，要坚持多边主义，维护世界和平稳定；(　　)。

A. 要坚持团结协作，合力克服疫情挑战

B. 要坚持开放创新，促进世界经济复苏

C. 要坚持民生优先，推进全球可持续发展

D. 要坚持绿色低碳，促进人与自然和谐共生

E. 要坚持以人为本，实现社会公平正义

64. 2021年1月11日，习近平总书记在省部级主要领导干部学习贯彻党的十九届五中全会精神专题研讨班开班式上发表重要讲话，对我国经济社会发展的一系列重大问题进行了深入阐述，强调要(　　)。

A. 准确把握新发展阶段　B. 深入贯彻新发展理念

C. 持续推进新发展工程　D. 加快构建新发展格局

E. 不断加大新发展投入

65. 2021年2月20日，习近平总书记在党史学习教育动员大会上发表重要讲话指出，这次学习教育总的来说就是要做到(　　)，教育引导全党同志学党史、悟思想、办实事、开新局。

A. 学史明理　B. 学史增信　C. 学史悟道　D. 学史崇德

E. 学史力行

三、综合题(共5题，100分。要求用黑色墨水笔在答题卡指定区域内作答)

66. 审稿题：审读短稿，按照审稿的基本要求指出其中存在的错误或缺漏。(本题20分)

出版对人类文明的发展有着极为重要的作用。出版活动的成果是出版物，出版活动通过出版物来对社会起作用。出版物是指已经创作完成的作品，具体包括图书、期刊、杂志、音像制品、电子出版物等。出版物的生产必须坚持经济效益第一的原则，出版单位应该不断提高出版物的整体质量，打造自己的风格、特点，建立自己的品牌，真正实现持续的健康发展。

为了加强出版专业技术人员的队伍建设，提高其整体专业素质，国家对在出版单位从事各项工作的人员实行职业资格制度。出版专业职业资格分为初级资格和中级资格两个级别，初级资格是可以从事出版专业工作的“入门”条件。凡取得初级资格者，可以受聘担任编辑职务。

对编辑来说，处理好与作者之间的关系非常重要。编辑与作者围绕出版物的生产，构成一种相互学习、相互替代的关系，正确认识和处理好两者之间的关系，是做好编辑工作，提高出版物质量的关键因素。编辑要牢固树立作者观念，充分尊重作者权利，注意保护作者的著作权和财产权。编辑与作者的学术观点不同时，可以自行修改作者的观点，当与作者就稿件内容发生分歧时，编辑必须无条件地接受作者意见。

67. 计算简答题：根据所给材料回答问题。(需计算后回答的问题，须列出算式；每个问题计算过程中的小数均保留实际位数，计算结果有小数的，小数保留2位。)(本题20分)

2019年1月，甲出版社与张某签订图书出版合同，出版张某小说《编辑如歌》。合同约定：甲出版社自合同签订之日起5年内拥有《编辑如歌》的图书复制权和发行权；稿酬以"基本稿酬加印数稿酬"的方式支付，基本稿酬的标准为150元/千字，每印一千册，按基本稿酬的1%支付印数稿酬，不足一千册的，按一千册计算，全部稿酬在出版后3个月内付清。2019年7月该书出版，实有字数220千字，首印7500册，出版当年内即全部实现销售。2019年12月，张某要求出版社按合同约定支付稿酬，甲出版社没有支付。该书面市后，乙网站找到甲出版社协商，希望将该书部分电子文件上传到网上，免费提供给广大读者阅读，也算是帮甲出版社做宣传。甲出版社应允。张某在乙网站浏览到自己的作品后，认为该网站侵犯了自己的著作权，找该网站交涉。该网站声称，其上传图书内容得到了甲出版社的授权，并且免费供读者阅读，所以并未侵犯张某权利。因此张某以甲出版社和乙网站侵犯其著作权为由向法院提起诉讼。

问题一：甲出版社行为有哪些不当之处？

问题二：乙网站称未侵犯张某权利的说法是否成立？为什么？

问题三：张某找乙网站交涉时，该网站应该怎么做？

问题四：按甲出版社与张某的约定，首印7500册，甲出版社应支付张某多少税前稿酬？

68. 改错题：阅读短文，改正文中的文字、标点符号差错。（本题24分）

从围棋界战无不胜的"阿尔法狗"，到扑天盖地的"人脸识别"，人工智能给人们的生活带来了翻天复地的改变。随着人工智能技术的不断发展，智能换脸技术却给大家的生活带来了困难。

不用担心，正所谓"魔高一尺，道高一丈"。通过细致的计算机分析，就可以找到智能换脸技术的破绽，可以辨别出照片、视频的真假。

那么，智能换脸技术的破绽在那里呢？

中国有句古话叫作"若想人不知，除非己莫为"。智能换脸技术使用A脸的元素来画出B脸，其实这一过程是对a脸的元素的拼接。但是，经过拼接的照片，必竟不能完美地符合真实情况。纽约州布法罗大学的计算机科学家，就从"眼睛"——人脸上最精致的元素入手，实现了对智能换脸技术的甄别。这一技术的核心原理是基于眼球的反射。当外界环境的光照射到眼睛上时，就会产生反射，在角膜上生成图象。在真正的照片中，两只眼睛看同一物体会具有相似的反射模式，但在合成的照片中，两只眼睛的反射内容往往並不协调统一，很可能左眼"看见"一只小狗，右眼"看见"一辆卡车。通过检测左、右眼反射的内容、反射光强度等参数是否协调统一，就可以识别出照片是否经过了合成。这一方法已被证明具有90~94%的有效性。

除此之外，常见的检测方法还有很多。例如，视频中上一帧人的胸口正在鼓起吸气，下一帧胸口却在下沉吐气，那就说明这个视频铁定是合成的。还可以根据名人的行为习惯，检测其在视频中是否有对应的特有行为(摸鼻子、嘛咀巴等。)

随着检测技术的不断发展，检测的准确性和效率在不断提高。终有一天，虚假的照片、视频会在检测技术的"火眼金睛"下统统现出原型。

69. 改错题：改正句子中的错误。（本题24分）

(1)关于那些手上有绝活儿的员工，企业即使面临困难，也要千方百计挽留。

(2)中秋之夜，三里屯热闹非凡，到处灯火阑珊。

(3)一个微笑，一个点头，一双默默赞许的眼神，一阵热烈的掌声，都在传递爱，分享爱。

(4)他不仅把伤者送进了医院，同时垫付了医药费。

(5)我国实现了北斗系统在国际船载接收机设备性能标准上“零”突破。

(6)一些生活在北京、上海等一线城市的受访者有悬在大城市的感觉与日俱增。

(7)在电子政务迅猛发展的背景下，政府网站从合格如何迈向优秀，成为政府网站建设发展中的一项时代课题。

(8)在莲花池公园，她看到粉红色的荷花发出的淡淡幽香。

(9)林先生在门前空地种了芹菜、番茄、草莓、西瓜、高粱之类的蔬菜与水果。

(10)随着我国经济的迅猛发展和人民生活水平的提高，人们已不再满足于衣食住行。

(11)为避免少受损失，签合同时，一定要区分清楚“订金”与“定金”。

(12)企业竞争能否取胜，关键在于核心竞争力。

70. 释词翻译题：阅读古文，解释文中加点的词语，并将画线的句子译成现代汉语。(本题 12 分)

人有卖骏马者，比三旦立市，人莫之知。往见伯乐，曰：“<u>臣有骏马欲卖之，比三旦立于市，人莫与言。愿子还而视之，去而顾之，臣请献一朝之贾</u>。”伯乐乃还而视之，去而顾之，一旦而马价十倍。

答案及详解

一、单项选择题(共30题，每题1分。每题的备选项中，只有1个最符合题意)

1. B 【考点】出版的概念及其构成要素

【解析】B项，“以各种方式根据作品内容制成一份或多份与其内容信息相同的复本的工作”是“复制”的基本概念，并非“编辑”的定义。

2. D 【考点】出版的一般过程

【解析】出版物精神产品生产阶段包括信息采集、选题策划、组稿、审稿、编辑加工整理、整体设计以及审定发稿七个阶段。ABC三项均属于出版物精神产品生产阶段。出版物物质产品生产阶段包括制作样本和批量生产复本两个基本环节，D项属于出版物物质产品生产阶段，故D项正确。

3. B 【考点】我国出版管理制度

【解析】A项，“职业准入”是对从业人员从事出版职业的准入制度；B项，“法人准入”是对各类出版物生产经营单位的资质准入制度；C项，“岗位准入”是对从事出版工作特定岗位(如责任编辑)的准入制度；D项，“产品准入”是对出版物标准、出版物质量的管理制度。

4. C 【考点】对出版物的管理

【解析】A项错误，图书质量分为合格、不合格两个等级；B项错误，图书质量包括内容、编校、设计、印制四项，不包括环保；C项正确，根据图书编校质量标准，差错率(一本图书的编校差错数占全书总字数的比率，用万分比表示)不超过万分之一的图书，其编校质量属合格；差错率超过万分之一的图书，其编校质量属不合格。实际鉴定时，一般依据抽查结果对全书进行认定。如对某图书检查了十万字，结果发现两个差错，则其差错率为万分之零点二，其编校质量属合格。D项错误，根据《图书质量管理规定》，“内容、编校、设计、印制四项均合格，成品图书的质量属合格；若四项中有一项不合格，成品图书的质量属不合格。”

5. C 【考点】对出版活动的管理

【解析】AD两项，凡是用书号出版期刊(包括以丛书名义变相出版期刊)、用刊号出版图书、用电子出版物专用的书号(或刊号)出版纸介质图书(或期刊)等行为，都违反了国家规定，应予制止。BC两项，根据《电子出版物出版管理规定》，“出版非连续型电子出版物，必须按照规定使用中国标准书号；出版连续型电子出版物，必须按规定使用中国标准刊号及国内统一刊号”。

6. D 【考点】《新闻出版保密规定》

【解析】根据《新闻出版保密规定》第六条，新闻出版保密审查实行自审与送审相结合的制度。

7. B 【考点】《中华人民共和国广告法》

【解析】为了规范广告活动，保护消费者的合法权益，促进广告业的健康发展，维护社会经济秩序，制定了《中华人民共和国广告法》。根据《中华人民共和国广告法》第十四条的规定，广告应当具有可识别性，能够使消费者辨明其为广告。

8. A 【考点】著作权

【解析】著作权是知识产权的一种，具有无形性、专有性、时间性和地域性特征。

9. B 【考点】我国著作权法给予保护的作品种类

【解析】我国著作权法采用概括与非穷尽列举相结合的方法，规定了九大类受著作权法保护的作品：①文字作品；②口述作品；③音乐、戏剧、曲艺、舞蹈、杂技艺术作品；④美术、建筑作品；⑤摄影作品；⑥视听作品；⑦图形作品和模型作品；⑧计算机软件；⑨符合作品特征的其他智力成果。B 项，即兴演说属于口述作品。根据《著作权法》第五条的规定，三类客体不适用著作权法保护：①立法、行政、司法性质的文件；②单纯事实消息；③历法、通用数表、通用表格和公式。

10. D 【考点】通假字

【解析】“六书”，是指“象形、指事、会意、形声、转注、假借”六种造字方法，前四种属于造字法，后两种属于用字法。ABC 三项中均存在造字法，D 项属于用字法，故 D 项正确。

11. A 【考点】汉语拼音与语音规范

【解析】B 项错误，应改为分娩(miǎn)；C 项错误，应改为工尺(chě)；D 项错误，应改为炮(páo)制。A 项正确，汉语地名中的专名和通名，拼音拼写时分写，每一分写部分的首字母需大写。

12. C 【考点】标点

【解析】A 项错误，“和”之前的顿号应当删掉；B 项错误，第二个问号应改为逗号，句末句号应改为问号；D 项错误，右引号应该放在第二个逗号之前。

13. C 【考点】单位

【解析】C 项，功率的单位是“瓦特”(简称瓦)。

14. D 【考点】关联词

【解析】D 项，应改为“只有坚持到底，最后才能成功”。

15. B 【考点】短语

【解析】复指短语又称“同位短语”，由两个或两个以上成分组成，各部分从不同角度指称同一事物，并在句子中同做一个句子成分，复指短语具有名词短语的性质，但是内部关系和名词短语有所不同。短语“首都北京”中，“首都”和“北京”虽然说法不同，但是所指相同，语法定位一样，共作一个成分，故 B 项正确。

16. B 【考点】复句及其运用

【解析】复句由两个或两个以上意义相关、结构上互不包含的分句组成。复句中的几个分句合起来表达一个完整的意思，各分句相对独立，不做另一分句的句子成分。分句与分句之间用逗号或分号隔开。ACD 三项中的两个句子都是意义相关但是结构上互不独立的。B 项属于顺承关系复句，两个句子相互独立，且“张开双臂”“拥抱春天”存在先后顺承关系。

17. D 【考点】概念之间的关系

【解析】交叉关系是指“两个概念的外延只有一部分重合”。A 项，“亚洲”和“大洋洲”都是大洲的组成部分，是并列的。B 项，“金属”和“非金属”这两个概念的外延互相排斥，因此这两个概念之间的关系是反对关系。C 项，“妊娠”和“怀孕”是对同一过程的两种不同的称谓，外延是重合的，所以二者属于同一关系；D 项，“博士”里有一部分是“教授”，在“教授”里有一部分是“博士”，它们的外延部分重合，构成了交叉关系，故 D 项正确。

18. A 【考点】判断的主要类型

【解析】A 项，“我是辞书编辑”是对“我”的身份这一性质的判断，属于单称肯定判断；BC 两项，特称否定判断是反映某类的部分对象不具有某种性质的判断，全称否定判断是反映某类的每一个对象都不具有某种性质的判断，题中“我是辞书编辑”属于肯定判断。D 项，特称肯定判断是反映某类的部分对象具有某种性质的判断，题干中“我”是个体，不代表所有事物。

19. B 【考点】助词

【解析】“之”作结构助词时，用在定语和中心词之间，可译为“的”，故 B 项正确；ACD 三项中的“之”均为代词。

20. D 【考点】名词活用

【解析】使动用法是指古代汉语里一种特殊的动宾短语，它的动词表示的意义不是主语所具有的，而是主语使宾语所具有的。D 项，“王”表示“让……称王”，是名词的使动用法。

21. B 【考点】科举

【解析】乡试因为都是在秋天举行，故别称“秋闱”(闱即试院、考场)。

22. A 【考点】天文、历法

【解析】A 项正确，金星古称“明星”“太白”“启明”(因其在黎明时见于东方)“长庚”(因其在黄昏时见于西方)；B 项错误，木星古称“岁星”“岁”，古人认为木星十二年绕天一周，并据此纪年，所以有“岁在某某”的说法；C 项错误，水星又名“晨星”；D 项错误，土星古称“镇星”。

23. D 【考点】数字出版基础

【解析】数字出版是指“利用数字技术进行内容编辑加工，并通过网络传播数字内容产品的一种新型出版方式，其主要特征为内容生产数字化、管理过程数字化、产品形态数字化和传播渠道网络化”。D 项，“印刷”是传统出版业的必要环节。

24. D 【考点】数字出版产品与服务类型

【解析】在线知识服务基于网络平台和动态更新的内容资源，通过互联网，随时随地向用户提供数字化的内容服务。在线知识服务主要有内容资源动态更新、即时服务、贴近用户应用场景、用户定制等特征。

25. C 【考点】对出版物形态的影响

【解析】数字出版对出版物形态产生的重大影响，主要体现在以下几个方面：①出版物从平面媒介产品向跨媒体、多媒体、富媒体方向发展；②克服了传统出版物物理形态的局限性；③出版物呈开放状态；④同样的内容资源可以开发成多种形式，供用户选择。

26. C 【考点】《网络出版服务管理规定》

【解析】根据《网络出版服务管理规定》第九条的规定，除法定代表人和主要负责人外，有适应网络出版服务范围需要的 8 名以上具有国家新闻出版广电总局认可的出版及相关专业技术职业资格的专职编辑出版人员，其中具有中级以上职业资格的人员不得少于 3 名。

27. C 【考点】产业发展中的五个重要关系

【解析】A项，数字出版产业发展中的技术对应技术提供商。B项，两者的关系不是由法律和政策文件确定的，其涉及数字出版的本质，只有正确理解和把握它们之间的关系，才能有效开展数字出版业务，避免盲动。CD两项，内容与技术是数字出版的两个基本要件。其中，内容是数字出版的本质，技术是数字出版的手段，所谓“内容为体，技术为用”，“内容为体”，强调数字出版的本质是对内容的选择、对内容的编辑加工和对内容的传播；“技术为用”，表明数字技术的特征或属性决定了数字出版的内容选择、编辑加工和传播的方式。

28. A 【考点】历史知识

【解析】1929年12月28日至29日，中国共产党红军第四军第九次代表大会在福建省龙岩市上杭县古田镇召开，史称古田会议。大会通过了毛泽东同志起草的决议，确立了思想建党、政治建军的原则。

29. C 【考点】时事政治

【解析】在庆祝中国共产党成立100周年大会上，习近平总书记代表党和人民庄严宣告：“经过全党全国各族人民持续奋斗，我们实现了第一个百年奋斗目标，在中华大地上全面建成了小康社会，历史性地解决了绝对贫困问题，正在意气风发向着全面建成社会主义现代化强国的第二个百年奋斗目标迈进。这是中华民族的伟大光荣！这是中国人民的伟大光荣！这是中国共产党的伟大光荣！”

30. D 【考点】时事政治

【解析】A项，神舟五号发射时间为2003年10月15日；B项，神舟十号发射时间为2013年6月11日；C项，神舟十一号发射时间为2016年10月17日；D项，神舟十二号发射时间为2021年6月17日。

二、多项选择题(共35题，每题2分。每题的备选项中，有2个或2个以上符合题意，至少有1个错项。错选，本题不得分；少选，所选的每个正确项得0.5分)

31. ACDE 【考点】出版物发行的商流、物流、信息流和资金流

【解析】在市场经济条件下，出版物发行表现为商流、物流、信息流和资金流的统一。这四种流通形式是出版物发行的不同方面，它们既互有联系，又各自发挥着不同的作用。

32. ABD 【考点】出版物的种类

【解析】图书不同于报纸和期刊的主要特点，在出版方式上是“非连续出版”，即不能以一个只用序号相区别的固定名称一种接一种地连续出版下去，并且篇幅和出版周期都有较大的伸缩性，故AB两项正确；在内容上是讲究系统性和稳定性，即一般要按照一定的主题和结构组成一个独立的整体，且有较长的时间效用，可以重印或再版，故D项正确。

33. BCDE 【考点】出版工作者的文化追求

【解析】文化追求是出版工作者的职业追求和价值取向，这是由出版工作的文化性所决定的。出版工作的文化性在出版物的生产、流通和消费三个过程中都有体现。我国出版工作者的文化追求主要体现在四个方面：①认真做好文化选择；②大力推进文化创造；③积极开展文化传播；④充分重视文化积累。

34. ACD 【考点】编辑过程

【解析】ACD三项，审稿环节主要是对稿件进行评价并作出选择，审稿是保证精神文化

产品质量、满足社会文化需求的重要环节，也是进行稿件编辑加工整理的前提条件。我国目前实行的是三级审稿制度。B 项，担任初审的责任编辑是审稿的主要责任人，而不是“终审”。E 项，审稿的不同阶段对审稿人员资质要求也不同，初审只要由“有编辑职称或具备一定条件的助理编辑人员担任”即可。

35. ABDE 【考点】对设立出版物生产经营单位的管理

【解析】国家规定，任何出版物都必须由依法设立的出版单位出版，而设立出版单位必须具备一定的条件并办理一定的手续。具体条件为：①有出版单位的名称、章程。②有符合国家出版主管部门认定的主办单位及其主管机关。③有确定的业务范围。④有符合国家规定的一定数额的注册资本和符合国家规定条件的固定工作场所。⑤有适应业务范围需要的组织机构和符合国家规定的职业资格条件的编辑出版专业人员；法定代表人或主要负责人具备国家规定的相应条件。⑥法律法规规定的其他条件。C 项，对于作者队伍的数量并没有作明确要求。

36. ACD 【考点】对出版活动的管理

【解析】《出版管理条例》规定，重大选题备案的具体办法由国家出版主管部门制定。国家新闻出版署于 2019 年 10 月实施的《图书、期刊、音像制品、电子出版物重大选题备案办法》，规定需报备案的选题范围是：①有关党和国家重要文件、文献选题。②有关现任、曾任党和国家领导人讲话、著作、文章及其工作和生活情况的选题，有关现任党和国家主要领导人重要讲话学习读物类选题。③涉及中国共产党历史、中华人民共和国历史上重大事件、重大决策过程、重要人物选题。④涉及国防和军队建设及我军各个历史时期重大决策部署、重要战役战斗、重要工作、重要人物选题。⑤集中介绍党政机构设置和领导干部情况选题。⑥专门或集中反映、评价“文化大革命”等历史和重要事件、重要人物选题。⑦专门反映国民党重要人物和其他上层统战对象的选题。⑧涉及民族宗教问题选题。⑨涉及中国国界地图选题。⑩反映中国香港特别行政区、澳门特别行政区和台湾地区经济、政治、历史、文化、重要社会事务等选题。⑪涉及苏联、东欧等社会主义时期重大事件和主要领导人选题。⑫涉及外交方面重要工作选题。A 项，《华沙条约组织简史》涉及苏联、东欧等社会主义时期重大事件，需报备案。C 项，《遵义会议二三事》涉及中国共产党历史、中华人民共和国历史上重大事件，需报备案。D 项，《中美关系五十年》涉及中国共产党历史、中华人民共和国历史上重大事件、重大决策过程，需报备案。

37. ABDE 【考点】出版管理概述

【解析】A 项，宪法是国家的根本法，具有最高的法律效力，是出版管理首要的法律依据。BDE 三项，出版管理所依据的法律规范，除了宪法，还包括法律、法规、规章及其他规范性文件。C 项，出版行业职业道德不属于依法依规实施出版管理的范畴。

38. BCDE 【考点】《图书出版单位社会效益评价考核试行办法》

【解析】根据《图书出版单位社会效益评价考核试行办法》，“文化和社会影响”包含了“重点项目”“奖项荣誉”“社会评价”“国际影响”4 个二级指标。

39. ACE 【考点】《民法典》

【解析】根据《民法典》第一百八十条，因不可抗力不能履行民事义务的，不承担民事责任。法律另有规定的，依照其规定。不可抗力是不能预见、不能避免且不能克服的客观情况。

40. ABCD 【考点】著作权内容

【解析】著作权中的“人身权”又称“精神权利”，是指作者通过创作作品而获得的与其人身不可分割、不直接涉及财产的权利。人身权包括发表权、署名权、修改权和保护作品完整权。E 项，信息网络传播权属于财产权。

41. ABCE 【考点】著作权内容

【解析】发表权是指作者自行决定是否将作品公之于众的权利。这里说的“公之于众”，是指将作品向不特定的人公开，但不以公众知晓为构成条件。D 项，小刘呈现在博客上的文章已经行使了发表权，被杂志转载属于法定许可之列。

42. BCE 【考点】著作权内容

【解析】A 项，汇编权是指将作品或者作品的片段通过选择或者编排汇集成新作品的权利。如文集，其中有的可能是未发表过的新作品，有的可能是已经发表的作品。B 项，网站未经许可擅自在网上传播张华的作品，侵犯了其著作权。C 项，李伟未经作者本人同意在其作品后面署名，侵犯了其著作权。D 项，翻译权是指把作品的表现形式从一种语言文字转换成另一种语言文字的权利。著作权人应该在授予翻译权时明确译文的语言种类，对不同种类的语言可授予不同的翻译权。E 项，改编是在原有作品的基础上，通过变换作品的类型或用途而创作出新的作品。改编作品须经著作权人许可，以不改变原作品基本思想内容为前提。

43. ADE 【考点】著作权限制

【解析】A 项正确，为实施义务教育和国家教育规划而编写出版的教科书中汇编已发表作品，属于法定许可；B 项错误，汇总为图书出版需要重新经过出版流程，不属于原作品使用范围的法定许可；C 项错误，小学教科书使用属于法定许可，教学参考书不属于法定许可；D 项正确，作品在报刊上刊登后，其他报刊转载或者作为文摘、资料刊登，属于法定许可；E 项正确，广播电台、电视台播放已经出版的录音制品，属于法定许可。

说明：根据 2022 年出版考试大纲，“广播电台、电视台播放已经出版的录音制品”已改为“广播电台、电视台播放已经发表的制品”。

44. BCDE 【考点】汉字常识和汉字使用规范

【解析】B 项错误，汉字是表意体系的文字，用不同笔画构成的大量表意符号来表示汉语的词或词素，并非拼音文字；C 项错误，繁体字指的是已有简化汉字代替的汉字，异体字则指跟规定的正体字同音同义而写法不同的字，二者并非同一个事物；D 项错误，繁体字与简化字有不少是一对一的关系，但还有好多简化字与繁体字的对应关系比较复杂，不能简单地还原为某一个繁体字形；E 项错误，繁体字指的是已有简化汉字代替的汉字，并非是根据笔画多少来划分。

45. BCD 【考点】汉字使用规范

【解析】A 项，应改为“寒暄”。E 项，应改为振(zhèn)动。

46. BD 【考点】标点符号

【解析】B 项，问号应改为句号；D 项，冒号应改为逗号，句末叹号应改为句号。

47. ADE 【考点】科技名词的规范使用

【解析】A 项，“胶元蛋白”的规范用法为“胶原蛋白”，“胺基酸”的规范用法为“氨基酸”；D 项，“二恶英”的规范用法为“二噁英”；E 项，“维他命”是外文词的音译，不具备科学性，规范用法为“维生素”。

48. BE 【考点】单句及其运用

【解析】非主谓句是由单个的词或主谓短语以外的短语加上一定的语调构成的句子。根据构成材料的功能类别，非主谓句可划分为四类：①名词性非主谓句；②动词性非主谓句；③形容词性非主谓句；④叹词非主谓句。B 项是名词性非主谓句；E 项是形容词性非主谓句；ACD 三项均是主谓句。

49. CE 【考点】常见语法错误的纠正

【解析】A 项，“沉思”和“少许”搭配不当，可改为“沉思了片刻”；B 项，“对建筑材料工业提出了更高的要求”缺少主语；D 项，语序不当，可改为“使他接触了广阔的社会生活”。

50. ABE 【考点】常见修辞方式

【解析】A 项，使用了拟人、对偶和夸张三种修辞手法；B 项，使用了对偶和夸张两种修辞手法；C 项，仅使用了对偶的修辞手法；D 项，仅使用了双关的修辞手法；E 项，使用了比喻和夸张两种修辞手法。

51. ABCE 【考点】逻辑错误

【解析】A 项，“没有过问”和“了解了一下”相互矛盾；B 项，《家》是现代文学作品，与“古典小说”在逻辑上不符；C 项，“从未去过”和“只有一次”相互矛盾；E 项，“没有以言相对”和“没有沉默不语”相互矛盾。

52. BCE 【考点】判断的主要类型

【解析】假言判断是断定某一事物情况是另一事物情况存在条件的判断。根据事物情况之间条件关系的不同，假言判断可分为充分条件假言判断、必要条件假言判断和充分必要条件假言判断。“只有……才……”是必要条件假言判断的常用联结词，故 C 项正确。句中前件是后件的必要条件，该命题的真值情况由必要条件的定义决定，即前件假，后件必假；前件真，后件可假可真，故 BE 两项正确。

53. ADE 【考点】古代汉语知识

【解析】B 项，“兵”的意思是兵器；C 项，“穷”的意思是尽、穷尽。

54. CD 【考点】被动句

【解析】A 项，“见”表示“见到”；B 项，“见”为助动词，用在动词前，表示“对我怎么样”；E 项，“见”表示“看”。

55. BDE 【考点】经史子集概说

【解析】“十三经”，即《诗经》《尚书》《周礼》《仪礼》《礼记》《周易》《春秋左氏传》《春秋穀梁传》《春秋公羊传》《论语》《孟子》《孝经》《尔雅》。

56. ACDE 【考点】常识

【解析】A 项，杭州曾是五代十国之一的吴越国和南宋的都城。C 项，洛阳先后有东周、东汉、曹魏、西晋、北魏（孝文帝迁都于此）、唐朝（西都长安，东都洛阳）、武周，以及五代时的后唐、后晋等多个王朝在此建都。D 项，南京有“六朝古都”“十朝都会”之称，先后有三国的东吴、东晋，南朝的宋、齐、梁、陈，五代十国的南唐，以及明朝初期、民国都先后建都于此。E 项，开封先后有夏朝，战国时期的魏国，五代时期的后梁、后晋、后汉、后周，宋朝，金朝等朝代相继在此定都，素有“八朝古都”之称。

57. ABE 【考点】出版物的种类

【解析】从产品形态看，网络出版物的主要形式有：电子图书、数字报纸、数字期刊、数字音乐、数据库、移动游戏、网络动漫、有声书等。

58. BDE 【考点】出版物的种类

【解析】数字出版产品与服务和传统出版物相比具有多方面特点：①多媒体与多模态；②超链接；③文本开放性与智能化；④互动性；⑤便捷性。AC 两项是传统出版物的特点。

59. BCE 【考点】数字出版产业

【解析】数字出版产业是一种新兴出版业态，有一些鲜明的产业特征：①产业发展平台化；②产业集中度较高；③业态创新较快；④以技术和资本为保障等。

60. ABDE 【考点】数字书报刊产业

【解析】数字期刊(Digital Periodical)，是指以数字化形式存储于光盘、磁盘等介质或网络中并通过数字媒体发行和阅读使用的一种连续型数字出版产品。与传统期刊相比，数字期刊有内容容量大、出版和更正方式灵活、订阅便捷和交互性强等特征。

61. CDE 【考点】我国数字出版产业现状

【解析】A 项，2017 年 6 月，我国发布了《国民经济行业分类》，该标准增加了数字出版行业分类。B 项，我国数字出版产业同数字内容产业和知识服务产业具有较强的相关性。C 项，近几年来，数字出版产业经常涉及“知识服务业”这个范畴，两者具有较强的相关性。D 项，从产业形态讲，数字出版产业不仅包括传统出版业的数字化部分，同时包括网络游戏、数字音乐、网络视频和数字教育等新兴出版业态。E 项，近年来出现的数字阅读、博客、知识付费有声读物、网络视频等新兴业态也包括其中，使我国的数字出版产业链布局更加全面和完善。

62. ABCE 【考点】时事政治

【解析】在纪念中国人民志愿军抗美援朝出国作战 70 周年大会上，习近平总书记指出：“坚持和发展中国特色社会主义，必须统筹发展和安全、富国和强军。要贯彻新时代党的强军思想，贯彻新时代军事战略方针，毫不动摇坚持党对人民军队的绝对领导，坚持政治建军、改革强军、科技强军、人才强军、依法治军，全面提高捍卫国家主权、安全、发展利益的战略能力，更好履行新时代人民军队使命任务。”

63. ABCD 【考点】时事政治

【解析】习近平总书记出席金砖国家领导人第十二次会晤并发表重要讲话，强调金砖五国“要坚持多边主义，维护世界和平稳定；要坚持团结协作，合力克服疫情挑战；要坚持开放创新，促进世界经济复苏；要坚持民生优先，推进全球可持续发展；要坚持绿色低碳，促进人与自然和谐共生”。

64. ABD 【考点】时事政治

【解析】习近平总书记在省部级主要领导干部学习贯彻党的十九届五中全会精神专题研讨班开班式上发表重要讲话时强调，进入新发展阶段、贯彻新发展理念、构建新发展格局，是由我国经济社会发展的理论逻辑、历史逻辑、现实逻辑决定的。进入新发展阶段明确了我国发展的历史方位，贯彻新发展理念明确了我国现代化建设的指导原则，构建新发展格局明确了我国经济现代化的路径选择。

65. ABDE 【考点】时事政治

【解析】习近平总书记强调，全党同志要做到学史明理、学史增信、学史崇德、学史力行，学党史、悟思想、办实事、开新局，以昂扬姿态奋力开启全面建设社会主义现代化国家新征程，以优异成绩迎接建党 100 周年。

三、**综合题**(共 5 题，100 分。要求用黑色墨水笔在答题卡指定区域内作答)

66. 审稿题：审读短稿，按照审稿的基本要求指出其中存在的错误或缺漏。(本题 20 分)

答：(1)“出版物是指已经创作完成的作品”错误。“创作完成”应改为“出版”。

(2)“具体包括图书、期刊、杂志、音像制品、电子出版物等”错误。“杂志”应改为“报纸”。

(3)“出版物的生产必须坚持经济效益第一的原则”错误。“经济效益”应改为“社会效益”。

(4)“国家对在出版单位从事各项工作的人员实行职业资格制度”错误。“各项工作”应改为“出版专业技术工作”。

(5)“出版专业职业资格分为初级资格和中级资格两个级别”错误。“初级资格和中级资格两个级别”应改为“初级资格、中级资格和高级资格三个级别”。

(6)“凡取得初级资格者，可以受聘担任编辑职务”错误。“编辑职务”应改为“助理编辑职务”(或“初级”改为“中级”)。

(7)“一种相互学习、相互替代的关系”错误。“相互学习、相互替代”应改为“同志式的互助合作”。

(8)“注意保护作者的著作权和财产权”错误。“著作权和财产权”应改为“著作权”。

(9)“编辑与作者的学术观点不同时，可以自行修改作者的观点”错误。“可以”应改为“不可以”。

(10)“当与作者就稿件内容发生分歧时，编辑必须无条件地接受作者意见”错误。“必须无条件地接受作者意见”应改为“既要坚持原则，又要注意方法，与作者及时交换意见，通过平等友好的协商讨论，使问题得到妥善解决”。

67. 计算简答题：根据所给材料回答问题。(需计算后回答的问题，须列出算式；每个问题计算过程中的小数均保留实际位数，计算结果有小数的，小数保留 2 位。)(本题 20 分)

问题一：甲出版社行为有哪些不当之处？

答：甲出版社行为有以下不当之处：

(1)在 2019 年 12 月，小说出版满三个月后，没有按合同支付张某稿酬。

(2)在未经作者本人同意的情况下，应允乙网站在网络上传播该书部分电子文件，侵犯了张某的信息网络传播权。

问题二：乙网站称未侵犯张某权利的说法是否成立？为什么？

答：乙网站称未侵犯张某权利的说法不成立。理由如下：

根据《著作权法》第十一条的规定，著作权属于作者，本法另有规定的除外。创作作品的自然人是作者。由法人或者非法人组织主持，代表法人或者非法人组织意志创作，并由法人或者非法人组织承担责任的作品，法人或者非法人组织视为作者。

著作权的内容之一为信息网络传播权，即以有线或者无线方式向公众提供，使公众可以在其选定的时间和地点获得作品的权利。著作权人可以许可他人行使信息网络传播权，并依照约定或者《著作权法》有关规定获得报酬。

本题中，张某是《编辑如歌》的著作权人，享有其信息网络传播权。未经著作权人许可而将其作品上传到网络上向公众传播，无论是否营利，都是一种擅自使用他人作品、损害著作权人合法权益的侵权行为，而甲出版社和乙网站都未得到著作权人张某的许可就擅自使用这项权利，所以侵犯了张某的著作权，应按相关规定进行赔偿。

问题三：张某找乙网站交涉时，该网站应该怎么做？

答：根据《著作权法》第五十二条，侵犯著作权的行为人应当根据情况，承担停止侵害、消除影响、赔礼道歉、赔偿损失等民事责任。因此，乙网站应该及时承担法律责任，停止侵害、消除影响、赔礼道歉、赔偿损失。

问题四：按甲出版社与张某的约定，首印 7500 册，甲出版社应支付张某多少税前稿酬？

答：按甲出版社与张某的约定，首印 7500 册，甲出版社应支付张某税前稿酬 35640 元。具体算式如下：

税前稿酬 = 基本稿酬 + 印数稿酬 = 稿酬标准 × 千字数 + 基本稿酬 × 稿酬标准 ×（印数 ÷ 1000）= 150 × 220 + 150 × 220 × 1% ×（8000 ÷ 1000）= 33000 + 2640 = 35640（元）。

68. 改错题：阅读短文，改正文中的文字、标点符号差错。（本题 24 分）

答：（1）“扑天盖地”应改为“铺天盖地”。

（2）“翻天复地”应改为“翻天覆地”。

（3）“困难”应改为“困扰”。

（4）“那里”应改为“哪里”。

（5）“a”应改为“A”。

（6）“必竟”应改为“毕竟”。

（7）“图象”应改为“图像”。

（8）“並”应改为“并”。

（9）“具有 90 ~ 94%”应改为“具有 90% ~ 94%”。

（10）“跂”应改为“鼓”。

（11）“（摸鼻子、嘬咀巴等。）”应改为“（例如摸鼻子、撅嘴巴等）。”。

（12）“型”应改为“形”。

69. 改错题：改正句子中的错误。（本题 24 分）

（1）关于那些手上有绝活儿的员工，企业即使面临困难，也要千方百计挽留。

答：“关于”应改为“对于”。

（2）中秋之夜，三里屯热闹非凡，到处灯火阑珊。

答：“阑珊”应改为“辉煌”。

（3）一个微笑，一个点头，一双默默赞许的眼神，一阵热烈的掌声，都在传递爱，分享爱。

答：“一双”应改为“一个”。

（4）他不仅把伤者送进了医院，同时垫付了医药费。

答：“同时”应改为“还”。

（5）我国实现了北斗系统在国际船载接收机设备性能标准上“零”突破。

答：“突破”应改为“的突破”。

（6）一些生活在北京、上海等一线城市的受访者有悬在大城市的感觉与日俱增。

答：删掉“有”。

（7）在电子政务迅猛发展的背景下，政府网站从合格如何迈向优秀，成为政府网站建设发展中的一项时代课题。

答："从合格"和"如何"调换位置。

(8)在莲花池公园，她看到粉红色的荷花发出的淡淡幽香。

答："看"应改为"闻"。

(9)林先生在门前空地种了芹菜、番茄、草莓、西瓜、高粱之类的蔬菜与水果。

答：删掉"高粱"。

(10)随着我国经济的迅猛发展和人民生活水平的提高，人们已不再满足于衣食住行。

答：改为：随着我国经济的迅猛发展和人民生活水平的提高，人们已不再满足于衣食住行等基本生活需求。

(11)为避免少受损失，签合同时，一定要区分清楚"订金"与"定金"。

答：删除"避免"(或删除"少受")。

(12)企业竞争能否取胜，关键在于核心竞争力。

答："能否取胜"应改为"取得胜利"(或"在于核心竞争力"改为"在于是否具有核心竞争力")。

70. 释词翻译题：阅读古文，解释文中加点的词语，并将画线的句子译成现代汉语。(本题12分)

答：(1)词语解释

①"比"译为"连续、接连"。

②"人莫之知"译为"人们不知道那是匹千里马"。

③"去"译为"离开"。

④"顾"译为"回头看"。

⑤"一旦"译为"一天"，这里译为"一会儿"。

(2)翻译

我有一匹好马想要卖掉它，连续三天站在集市上，没有人来和我交谈，希望您环绕着马看看它，离开的时候再回头看它一眼，我愿意付您一天的报酬。

2020年度全国出版专业技术人员职业资格考试
《出版专业基础知识(初级)》真题

一、单项选择题(共25题，每题1分。每题的备选项中，只有1个最符合题意)

1. 构成出版活动的基本要素是(　　)。

A. 编辑　校对　印制　　B. 复制　发行　校对

C. 发行　排版　编辑　　D. 编辑　复制　发行

2. 出版物的属性包括(　　)。

A. 一般产品的属性和个别产品的属性　　B. 文化产品的属性和非文化产品的属性

C. 精神产品的属性和物质产品的属性　　D. 积极产品的属性和消极产品的属性

3. 在我国，期刊社(　　)独立的法人资格。

A. 具有　　B. 不具有　　C. 有时具有　　D. 在整顿期间不具有

4. 依照《图书质量管理规定》，说法错误的是(　　)。

A. 图书质量分为合格和不合格两个等级

B. 图书质量包括内容质量、编校质量、设计质量、印制质量四项

C. 图书质量分为不合格、合格、良好、优秀四个等级

D. 差错率不超过万分之一的图书，其编校质量属于合格

5. 根据《图书出版管理规定》，图书出版单位的年度核验，每(　　)进行一次。

A. 半年　　B. 一年　　C. 两年　　D. 三年

6. 根据《图书质量保障体系》的规定，承担终校的工作人员必须是(　　)。

A. 出版部负责人

B. 图书的责任编辑

C. 具有副高级以上专业技术职称的社外专职校对人员

D. 具有中级以上专业技术职称的社内专职校对人员

7. 适用于著作权侵权人的刑事处罚包括有期徒刑、(　　)和罚金。

A. 管制　　B. 拘役　　C. 无期徒刑　　D. 死刑

8. 下列句子中，有错别字的是(　　)。

A. 窈窕淑女，君子好逑　　B. 桃之夭夭，灼灼其华

C. 风雨如晦，鸡鸣不已　　D. 颜色憔悴，形容枯槁

9. 下列词语中，注音正确的是(　　)。

A. 喟(kuì)叹　　B. 狙(zǔ)击　　C. 给(gěi)养　　D. 自诩(yǔ)

10. 下列句子中，标点符号使用符合规范的是(　　)。

A. 我不知道这件事是谁做的？但做这件事的人一定对我们的情况非常熟悉。

B. 那美丽的景色！令我如醉如痴。

C. 她小心地端起杯子，准备换个地方放，突然，随着一声：“别动我的杯子”的怒吼，一位年轻人一把夺走了杯子。

D. 记得她当时问我“what’s up？”。

11. 下列句子中，数字用法符合规范的是(　　)。

A．本节目播出时间：星期1至星期5每天晚上9:00至10:10

B．跳广场舞的有六、七十岁，甚至八十岁的老年人

C．装修一套100平方米左右的房子，花费10～20万元

D．随着共享单车的出现，我市出租车和网约车的生意减少了两三成

12．下列句子中，科技名词使用符合规范的是(　　)。

A．粘度系数是描述液体粘度性质的物理量

B．辨证施治是中医认识疾病和治疗疾病的基本原则

C．合理饮食对白血球低的患者有帮助

D．水蒸汽可能会造成温室效应

13．“琵琶”是(　　)。

A．双声联绵词　　B．叠韵联绵词

C．联合型合成词　　D．偏正型合成词

14．下列短语中，都是偏正短语的一组是(　　)。

A．宣传推广　说得清楚　　B．发展速度　开展工作

C．心情舒畅　传承弘扬　　D．热情接待　优秀校对

15．下列诗句中，使用双关修辞手法的是(　　)。

A．不畏浮云遮望眼，只缘身在最高层　　B．东边日出西边雨，道是无晴却有晴

C．一花独放不是春，百花齐放春满园　　D．宝剑锋从磨砺出，梅花香自苦寒来

16．下列句子中，概念划分符合逻辑的是(　　)。

A．听讲座的有编辑、老人、学生和妇女

B．直系亲属只包括父母和子女

C．我给要上学的儿子购买了纸、笔、直尺和课本等文具

D．严禁携带易燃品、爆炸品等危险品上车

17．“食物”与“植物”这两个概念之间是(　　)。

A．交叉关系　　B．同一关系　　C．属种关系　　D．全异关系

18．“文”的本义是“线条交错的图形、花纹”。下列句子中用了“文”的本义的是(　　)。

A．文首，白喙　　B．墨子蔽于用而不知文

C．不以文害辞，不以辞害志　　D．衡少善属文

19．下列句子中，有动词使动用法的是(　　)。

A．水至清则无鱼，人至察则无徒　　B．广故数言欲亡，忿恚尉

C．天下云集响应，赢粮而景从　　D．穷则独善其身，达则兼济天下

20．湖南省的衡阳、江苏省的江阴分别位于(　　)。

A．衡山之南，长江之南　　B．衡山之南，长江之北

C．衡山之北，长江之南　　D．衡山之北，长江之北

21．明清时期建于浙江宁波的藏书楼是(　　)。

A．文渊阁　　B．绛云楼　　C．天一阁　　D．汲古阁

22．下列不属于按照载体类型划分的数字出版产品是(　　)。

A．磁盘出版物　　B．光盘出版物　　C．网络出版物　　D．视频出版物

23．关于我国数字书报刊产业的发展，说法正确的是(　　)。

A．传统书报刊数字化业务应有互联网思维

B. 传统书报刊数字化业务实现了高速发展

C. 数字书报刊产业规模较大但是利润较低

D. 数字书报刊产业已形成成熟完整的产业链

24. 2020 年 7 月 23 日，长征五号运载火箭搭载我国自主研发的(　　)火星探测器顺利升空，并成功将探测器送入预定轨道。

A. “风云一号”　　B. “嫦娥二号”　　C. “天问一号”　　D. “神舟六号”

25. 全面建成小康社会，最艰巨的任务是(　　)。

A. 金融稳定　　B. 脱贫攻坚　　C. 粮食安全　　D. 城镇化建设

二、多项选择题(共 30 题，每题 2 分。每题的备选项中，有 2 个或 2 个以上符合题意，至少有 1 个错项。错选，本题不得分；少选，所选的每个正确项得 0.5 分)

26. 关于编辑与读者的关系，下列说法正确的有(　　)。

A. 读者是编辑的服务对象　　B. 读者是编辑工作的检验者和促进者

C. 编辑要无条件适应读者的消费需求　　D. 编辑要真诚地为读者服务

E. 编辑和读者之间相互影响、相互合作、相互促进

27. 编辑的职业素质主要表现为(　　)等。

A. 职业回报　　B. 职业敏感　　C. 职业设计　　D. 职业作风

E. 职业追求

28. 期刊依据内容范围可以划分为(　　)等。

A. 社会科学类　　B. 综合文化生活类

C. 半月刊　　D. 青年刊

E. 文学艺术类

29. 根据《图书质量管理规定》，图书的设计质量主要涉及(　　)等。

A. 整体设计　　B. 封面　　C. 扉页　　D. 发行模式

E. 插图

30. 属于图书编校差错的有(　　)。

A. 字母大小写和正斜体误用

B. 简化字、繁体字混用

C. 面封上书名的汉语拼音全部使用大写字母

D. 不同文种字母混用

E. 阿拉伯数字与汉字数字使用不规范

31. 下列选题中，需要进行重大选题备案的有(　　)。

A. 数字出版学术论文集

B. 涉及中国国界地图选题

C. 有关劳模先进事迹的选题

D. 涉及外交方面重要工作选题

E. 专门或集中反映、评价“文化大革命”等历史和重要事件、重要人物选题

32. 根据《中华人民共和国国家通用语言文字法》，说法正确的有(　　)。

A. 国家通用语言文字是普通话和规范汉字

B. 各民族都有使用和发展自己的语言文字的自由

C. 国家机关工作人员执行公务时不得使用方言

D. 题词和招牌的手书字可以使用繁体字

E. 中国人名、地名在英文中应以相应的汉语拼音表达

33. 根据《中华人民共和国民法典》第一百二十三条的规定，民事主体依法享有的知识产权的客体有(　　)等。

A. 作品　　B. 外观设计　　C. 野生植物　　D. 商号

E. 商业秘密

34. 张静花了五年时间，业余创作了一部小说。关于这部小说相关权利的行使，下列说法正确的有(　　)。

A. 张静有权决定何时发表这部小说　　B. 张静有权禁止某刊物连载这部小说

C. 张静有权在这部小说上署笔名　　D. 张静的单位有权禁止其发表这部小说

E. 张静有权在这部小说上不署名

35. 下列构成我国著作权法意义上作品的有(　　)。

A. 学者在学术会议上的演讲　　B. 人民法院的裁判文书

C. 幼儿园小朋友的涂鸦之作　　D. 天文历法

E. 某人用手机随手拍的风景照

36. 在法律规定的情况下使用已经发表的作品，可以不经著作权人许可，不向其支付报酬的情形有(　　)。

A. 在网站文学板块中推送著名作家汪曾祺的文章

B. 为介绍、评论某一作品或者说明某一问题，在向公众提供的作品中适当引用已经发表的作品

C. 将已经发表的作品改成盲文出版

D. 在网站图片鉴赏板块中推送当代摄影家摄影集中的作品

E. 为学校课堂教学或者科学研究，向少数教学、科研人员提供少量已经发表的作品

37. 关于汉字的使用，说法错误的有(　　)。

A. 我国出版物严禁使用繁体字

B. 在编辑出版工作中，要注意区别新旧字形，不让已经废除的旧字形在出版物中出现

C. 外国人名、地名和科技名词译成中文可以不使用规范汉字

D. 只要掌握汉字偏旁类推简化的规律，就可以造出简化字来使用

E. 世界上只有中国使用汉字

38. 下列汉语拼音中，符合拼写规范的有(　　)。

A. 鸭绿江 yā lù jiāng

B. 欧阳修 ōu yáng xiū

C. 概率论与数理统计 Gàilǜlùn yu Shuli Tongji

D. 西安 Xī’ān

E. 三潭印月 Sāntányìnyuè

39. 下列句子中，标点符号使用符合规范的有(　　)。

A. 听到指责，她不予理睬。于是转身而去。

B. 在毕业晚会上，他深情地为她唱了一首《勿忘我》。

C. 他经常对他的同事说："你真能干""你为人不错""你会干得更好"。

D. 白院长首先向与会的嘉宾表示欢迎！

E. 钱先生出版有《宋诗选注》、《管锥编》五卷、《七缀集》、《槐聚诗存》等。

40. 下列数字、量和单位用法，不符合规范的有（　　）。

A. 绝大多数花卉要求土壤呈中性，PH 值在 6.5 和 7.5 之间

B. 入汛以来最大洪峰抵达三峡，入库流量超 6 万立方米/秒

C. 三峡大坝为混凝土重力坝，最大浇筑坝高 181 米，正常蓄水位 175 米，防洪库容 221.5 亿立方米

D. 受强降雨影响，17 日 12 时，我市水文站流量超过 2220m/s，水位超过 414.3 米

E. 他体温 36°，可以正常登机

41. 下列各组科技名词中，符合规范的有（　　）。

A. 心肌梗塞　脑梗塞　　B. 抗原　抗体

C. 胶元蛋白　明胶　　D. 综合征　体征

E. 白炽灯　萤光灯

42. 下列短语中，“把”字用作虚词的有（　　）。

A. 把牛赶走　　B. 把住出口　　C. 打两把牌　　D. 把头一扭

E. 握住车把

43. 下列短语中，存在歧义的有（　　）。

A. 这份材料你写不好　　B. 我想起来了

C. 我选他当队长　　D. 他走了一天了

E. 他儿子在医院工作

44. “山坡上卧着些小村庄，小村庄的屋顶上卧着点雪。”这句话使用的修辞手法有（　　）。

A. 比拟　　B. 顶真　　C. 借代　　D. 比喻

E. 夸张

45. 下列句子中，词语运用不当的有（　　）。

A. 这位莘莘学子终于走进了大学的讲堂

B. 我的母亲勤俭朴素，一直把持着十几口人的家务

C. 我对那里的情况不熟悉，你却硬要派我去，这不是差强人意吗

D. 这位责任编辑敢对文字部分负责任，书籍的其他环节，如插图装订等，他就望尘莫及了

E. 生命的价值在于厚度而不在于长度，在于奉献而不在于获取。他的一番话入木三分，让我们深受教育

46. 下列句子中，符合逻辑思维基本规律的有（　　）。

A. 我是壮族人，而不是满族人　　B. 我不是壮族人，也不是非壮族人

C. 我既是壮族人，又不是壮族人　　D. 我既不是壮族人，也不是满族人

E. 我既不认为他是壮族人，也不认为他不是壮族人

47. 下列句子中，存在逻辑错误的有（　　）。

A. 我国有世界上没有的珍贵植物　　B. 有些邮票是纪念邮票

C. 主队将与客队争夺冠亚军　　D. 在这阳光灿烂的夜晚，我仰望星空

E. 经过努力，他终于拿到了博士后学位

48. 下列句子中，属于被动句的有（　　）。

A. 郤克伤于矢，流血及屦

B. 身死人手，为天下笑者，何也

C. 梁父即楚将项燕，为秦将王翦所戮者也

D. 吾长见笑于大方之家

E. 天不为人之恶寒也，辍冬

49. 下列句子中，“以”字意思是“因为”的有（　　）。

A. 余船以次俱进

B. 孙膑以此名显天下

C. 古之君子，其责己也重以周

D. 而吾以捕蛇独存

E. 晋侯、秦伯围郑，以其无礼于晋，且贰于楚也

50. 下列关于古代职官的说法，错误的有（　　）。

A. 大夫，既是官名，又是职官等级名，到宋代还是医官名，后世医生称大夫即源于此

B. 御史，历代都是负责修史记事的史官

C. 清代巡抚为一省之长，每省一人，主要处理民政事务，通称“抚台”

D. 驸马，是有史以来历代皇帝女婿的专称

E. 宰相，基本上是行政首脑的通称，但历代的名称有所不同

51. 下列节气中，在立夏之后的有（　　）。

A. 小满　　B. 谷雨　　C. 芒种　　D. 雨水

E. 白露

52. 数字出版的主要特征有（　　）等。

A. 内容生产数字化　　B. 管理过程数字化

C. 产品形态数字化　　D. 协同办公网络化

E. 传播渠道网络化

53. 关于数字出版产业的主要特征，说法正确的有（　　）。

A. 比传统出版产业的集中度更高　　B. 属于劳动密集型产业

C. 产业模式的创新速度较快　　D. 产业发展更加依赖技术和资金

E. 用户和渠道结合程度更加松散

54. 在庆祝中华人民共和国成立70周年大会上，习近平总书记发表重要讲话，强调在前进征程上，我们要（　　），全面贯彻执行党的基本理论、基本路线、基本方略，不断满足人民对美好生活的向往，不断创造新的历史伟业。

A. 坚持中国共产党领导　　B. 坚持人民主体地位

C. 坚持科技创新　　D. 坚持中国特色社会主义道路

E. 坚持独立自主外交

55. 党的十九届四中全会《决定》提出，要构建系统完备、科学规范、运行有效的制度体系，加强（　　），把我国制度优势更好转化为国家治理效能。

A. 系统治理　　B. 统一治理　　C. 依法治理　　D. 综合治理

E. 源头治理

三、选答选择题（共2组，其中★组主要考核传统出版内容，▲组主要考核数字出版内容。每组各10题，其中前5题为单项选择题，每题1分；后5题为多项选择题，每题2分。请任选其中1组作答，如2组都作答，只按★组计分）

★组　传统出版

选答单项选择题

56. 开展出版活动的基本条件中，首要的是(　　)。

A. 精神文化资源　　B. 人力资源和物质资源

C. 流通传播资源　　D. 市场资源

57. 国家支持、鼓励出版的重点出版物不包括(　　)。

A. 对促进国际文化交流有重大作用的出版物

B. 集中介绍党政机构设置的出版物

C. 及时反映国内外新的科学文化成果的出版物

D. 服务农业、农村和农民的出版物

58. 关于作品与作者的关系，说法错误的是(　　)。

A. 作品是一种精神文化成果，只有自然人才能创作作品

B. 作品是一种精神文化成果，只有心智成熟的人才能创作作品

C. 仅为创作作品提供或是搜集资料的人，不能成为作者

D. 仅为创作作品提供某些想法和建议的人，不能成为作者

59. 下列句子中，数字、量和单位使用规范的是(　　)。

A. 今年 1 月份至今，全市 4.1 万干部职工和学生，共献血 5.1 万吨，使我市平稳度过血液供应困难时期

B. 据悉，这些蝗虫每天吃掉的粮食相当于三万 5000 人一天的口粮

C. 那辆汽车行驶的平均速度是 85km/h

D. 张教授最近购买了一套 160 平米的商品房

60. 下列句子中，没有歧义的是(　　)。

A. 做手术的是小王　　B. 他知道这件事情不要紧

C. 这件衣服洗得干净　　D. 他每月花不了多少钱

选答多项选择题

61. 出版活动的一般过程由精神产品生产和(　　)等基本阶段组成。

A. 组稿活动　　B. 物质产品生产　　C. 财务结算　　D. 产品流通

E. 仓储管理

62. 关于国家对书号、刊号管理的规定，说法正确的有(　　)。

A. 同一种图书的不同装帧形式应该单独使用书号

B. 多卷本的丛套书均可作为一个品种使用一个书号

C. 相同内容不同开本的图书，应该单独使用书号

D. 同一期刊出版不同版本，可使用同一个刊号

E. 书号和刊号不能相互替代使用

63. 根据《中华人民共和国广告法》第十九条的规定，广播电台、电视台、报刊音像出版单位、互联网信息服务提供者不得以介绍健康、养生知识等形式变相发布(　　)广告。

A. 医疗　　B. 药品　　C. 医疗器械　　D. 保健食品

E. 化妆品

64. 甲侵犯乙著作权中的财产权，应依法向乙赔偿损失。关于赔偿额的计算，说法正确的有(　　)。

A. 甲应按乙的实际损失给予赔偿
B. 乙的实际损失难以计算的，可以按甲的违法所得给予赔偿
C. 乙的实际损失与甲的违法所得均不能确定时，人民法院可依侵权行为的情节，判决给予50万元以下的赔偿
D. 可以参照甲侵权行为发生期间所获利润加倍计算赔偿额
E. 人民法院可依据侵权行为的情节自由裁量

65. 下列数字用法，符合规范的有(　　)。
A. 腊月三十
B. 戊戌年五月玖日
C. 三四十年前
D. 4氧化3铁
E. 二〇二〇年2月20日

▲组　数字出版

选答单项选择题

66. 关于数字出版产品与服务的互动性，说法错误的是(　　)。
A. 多媒体是一种互动接口
B. 作者和读者的交流是一种互动
C. “交互”可以发生在人机之间
D. 超链接是一种互动入口

67. 关于传统出版物的数字化，说法正确的是(　　)。
A. 网络数据库必须是由纸质期刊经过数字化加工转化而来
B. 数字音像制品必须通过互联网以下载方式进行内容传播
C. 电子图书与有声书的主要区别是有声书中含有音频内容
D. 电子图书和数字报纸都可以由纸质出版物经过转换而来

68. 关于我国出版业的数字化转型升级，说法错误的是(　　)。
A. 思想观念的一次全方位创新
B. 多产品布局成为新常态
C. IP运营成为转型成功的标志
D. 制度保障体系更加稳固

69. 关于国家对数字出版产品的管理，说法正确的是(　　)。
A. 导向正确是对数字出版产品最基本的要求
B. 质量管理由出版社采用技术手段自行完成
C. 标识管理是对传统出版流程的优化
D. 过程管理是对数字产品内容的事前审批

70. 不属于数字动漫产品形式的是(　　)。
A. 电视动漫　　B. 网络动漫　　C. 纸书动漫　　D. 手机动漫

选答多项选择题

71. 关于网络出版服务，说法正确的有(　　)。
A. 网络出版服务是指通过信息网络向公众提供网络出版物
B. 网络出版物是指通过信息网络向公众提供的具有编辑、制作、加工等出版特征的数字化作品
C. 网络出版物均由纸质图书转化而来
D. 网络出版中的网络指有线网络
E. 传统出版单位经批准后可获得网络出版服务许可

72. 数字出版对出版物形态的影响有(　　)。
A. 出版物从平面媒介产品向跨媒体方向发展

B. 克服了传统出版物物理形态的局限性

C. 出版物的版本更加稳定

D. 同样的内容资源可以开发成多种形式

E. 优化了传统出版物的编审校流程

73. 我国数字出版产业发展中需要处理的重要关系包括(　　)等。

A. 内容和技术的关系

B. 产品形态和出版数量的关系

C. 传统出版经营管理模式与出版融合业务创新的关系

D. 传统内容资源和数字内容资源的关系

E. 产业转型升级与内容资源积累的关系

74. 关于典型的数字教育产品和服务，说法正确的有(　　)。

A. 电子书包以教师和学生家长为服务对象

B. 数字教材常具有多媒体性

C. 在线教学资源库通过网络形式提供服务

D. 在线课程应包含视频和课件等学习资源

E. 在线测评系统主要提供课程开发工具

75. 关于我国数字阅读产业，说法正确的有(　　)。

A. 数字阅读的内容不包括漫画和多媒体读物

B. 数字阅读与电子书有着严格的产业边界

C. 进入转型期的数字阅读全面超过纸质阅读

D. 总体来说我国数字阅读产业的集中度较低

E. IP开发正在推动数字阅读领域的跨界融合

四、综合题(共5题，100分。要求用黑色墨水笔在答题卡指定区域内作答)

76. 审稿题：审读短稿，按照审稿的基本要求指出其中存在的错误或缺漏。(本题20分)

从事出版活动，既会产生社会效益，又会带来经济效益。出版工作必须正确处理两个效益的关系，始终坚持把经济效益放在首位。出版工作者要大力弘扬中华民族优秀传统文化，自觉维护民族团结，牢固树立为中华民族伟大复兴奋斗的历史使命感和社会责任感。

编辑工作只是整个出版工作的一个次要环节，编辑人员要在编辑工作中严格把好出版物的内容质量关，防止某些偏离出版方针原则的作品流入社会。编辑工作是指以生产出版物的物质形态为目的，策划、组织、审读、选择和加工作品的一种专业性的物质生产活动。

编辑工作的正式启动是以选题策划为标志的。选题策划是一项复杂的工作，涉及的内容很多，始终以满足读者的一切需求为原则，这也是选题策划的重要前提。编辑一定要认真而慎重地对待。

审稿是编辑工作的重要环节，主要通过审读对稿件进行评价并作出选择，即可接受出版、不予接受出版、提出意见或建议退请作者修改补充后再作决定。我国目前实行的是五级审稿制度。一般情况下，担任初审的责任编辑是审稿的主要责任人，应该具有初级以上出版专业职业资格，必须对稿件作出基本判断，责任重大。

编辑加工环节主要是对经过审稿认为基本达到出版标准而决定采用的稿件精雕细琢，进一步完善原稿，提高质量，决定稿件的最终取舍。责任编辑有时还要自己动手撰写各种辅文。

审定发稿环节主要是将编辑加工整理完毕的稿件经审定后发往有关部门安排复制。审定发稿完成，标志着编辑过程的基本环节已经完成。

根据《图书质量管理规定》，连续3年造成图书不合格的责任编辑，注销其出版专业职业资格，3年之内不得从事出版编辑工作。

77. 计算简答题：根据所给材料回答问题。（需计算后回答的问题，须列出算式；每个问题计算过程中的小数均保留实际位数，计算结果有小数的，小数保留2位。）（本题20分）

2017年，陈亮将自己原创的有关古诗词创作和鉴赏的20篇文章分批发布在个人博客上，受到许多好评。2018年6月，陈亮将上述20篇文章和5篇新作，按一定的结构汇编，投稿到甲出版社。甲出版社经过审稿，发现其中部分内容与乙出版社2018年3月出版的作者署名“张海”的《古诗词赏析》构成相似，于是拒绝了陈亮。陈亮经过查证，将乙出版社与张海起诉至人民法院。

法院查明部分事实如下：2017年5月，乙出版社向张海约稿请其创作《古诗词赏析》。图书出版后，为做好产品宣传，乙出版社还在微信公众号上分批推出全书内容。关于稿酬，双方约定以基本稿酬加印数稿酬的方式支付，基本稿酬的标准为每千字150元，每印1000册，按基本稿酬的1%支付印数稿酬，不足1000册的，按1000册计算。《古诗词赏析》一书版权页载明：张海著，字数250千字，印数6500册。该书中约有12万字的内容与陈亮博客上的文字完全一致。最终，法院判定乙出版社与张海侵犯了陈亮的著作权，给陈亮造成一定的精神损害与经济损失，被告两方应承担相应的民事责任。

问题一：

陈亮是否有权将已发布在博客上的文章与新创作未公开的文章汇编出版？为什么？

问题二：

乙出版社与张海侵犯了陈亮哪些著作权权利？

问题三：

乙出版社与张海可能承担的民事责任有哪些？

问题四：

如果乙出版社拟按照与张海的约定向陈亮支付稿酬，则乙出版社向陈亮支付的基本稿酬、印数稿酬和税前稿酬各是多少？请计算作答。

78. 改错题：阅读短文，改正文中的文字、标点符号差错。（本题24分）

两百多年前，有位科学家曾经这样讲过，将来人类的知识会大大增长，今天想不到的新事物将会不断出现，他后悔出生过早，以致于不能知道将要产生的新事物。

他所讲的新事物，包括些什么呢？飞机，电灯、电话、电视、电影、光纤、计算机、夷岛素、器官移殖、原子弹、核能发电、人造卫星……等等，无穷无尽。

为什么在这两百多年里产生这么多的新事物呢？是因为科技的发展大大促进了人类的生产力。这个变化是非常惊人的。

我可以随便举个例子。一百年已前，世界农业人口占人口总数超过80%以上；今天，有些发达国家的农业人口比例大大下降，可是他们生产的粮食，不仅可以供本国人食用，还可以出口到世界各地。

我可以在举个例子。去年，“财富”杂志说，近三四十年来，新成立的科技公司的总资产，已经接近1萬亿美元，而这个增长速度还在于日俱增。

所以，我们可以想一想，这两百多年，尤其是近一百年、五十年来，世界是由三个互相关联的环节推动着前进的：科技带动了工业。工业则带动了经济，而经济的发展反过来又促进了科技的发展。

我们再看看过去的五十年，就会得出另一个重要结论：从科技发明转化为工业生产的速度，在这五十年尤其是近二三十年大大加快。有名的“摩尔定律”在1965年提出：芯片的容量每18个月就要加倍。1971年，一个芯片上有近3000个晶体管，但到目前，一个芯片上已经有10^7个晶体管。

更新的事物将会层出不穷，一些今天想不到的东西不久将会变成事实。人类的生产力将会大大提高，自然科学将会更蓬勃地发展，科技、工业、经济的发展将会持续下去。

79. 改错题：改正句子中的错误。（本题24分）

(1)春风一阵阵吹来，树枝摇曳着，月光、树影一齐晃动起来，发出沙沙的声响。

(2)随着北斗三号最后一颗全球组网卫星成功布阵太空，使我国提前半年全面完成北斗全球卫星导航系统星座部署。

(3)新型基础设施以新发展理念为引领，以技术创新为驱动，以信息网络为基础，面向高质量发展需要，提供数字转型、智能升级、融合创新等服务的基础设施体系。

(4)6月2日至7月3日是中央气象台近10年来首次32天连续发布全国暴雨预警。

(5)病毒溯源不仅是一个复杂的科学问题，还应由科学家在全球范围开展国际科学研究与合作。

(6)这是从无数经验教训中凝练出来的真知灼见，提醒我们不要犯同样的错误。

(7)每逢我重温《黄帝内经》，就会想起祖父儿时对我的医学启蒙。

(8)你们能否走出困境，全在于你们的正确决策。

(9)这家出版社目前将进行企业全媒体布局。

(10)这款新研制的壁纸既环保又美观，贴在您家里会让寒舍增色不少。

(11)在激烈的市场竞争中，我们所缺乏的，是创新活力不足。

(12)近年来，生态保护意识深入人心，当社会经济发展与林地保护管理发生冲突时，一些地方往往会选择前者。

80. 释词翻译题：阅读古文，解释文中画线的词，并将画线的句子译成现代汉语。（本题12分）

阮宣子有令闻。太尉王夷甫见而问曰：“老庄与圣教同异？”对曰：“将无同。”太尉善其言，辟之为掾。世谓“三语掾”。卫玠嘲之曰：“一言可辟，何假于三！”宣子曰：“苟是天下人望，亦可无言而辟，复何假于一！”

答案及详解

一、单项选择题(共25题，每题1分。每题的备选项中，只有1个最符合题意)

1. D 【考点】出版的概念及其构成要素

【解析】出版，是指有组织地编辑、复制作品并向公众发行的活动。构成出版活动的三个基本要素是编辑、复制和发行。

2. C 【考点】出版物的属性

【解析】出版物是精神生产活动的成果，承载着一定的精神文化内容，具有精神产品的属性；同时它们又是物质生产活动的成果，有一定的物质载体形式，具有物质产品的属性。这种既是精神产品又是物质产品的两重性，是出版物特有的属性。

3. A 【考点】我国出版业的构成

【解析】期刊社具有独立的法人资格，独立经营，单独核算，以其全部法人财产独立承担民事责任。

4. C 【考点】对图书质量的管理

【解析】C项，图书质量包括内容、编校、设计、印制四项，分为合格、不合格两个等级。内容、编校、设计、印制四项均合格，成品图书的质量属合格；若四项中有一项不合格，成品图书的质量属不合格。

5. C 【考点】出版单位年度核验制度

【解析】根据《图书出版管理规定》，图书出版社、音像制品出版社、电子出版物出版社的年度核验每两年进行一次。出版单位应该按照国家有关规定将年度核验材料按时提交所在地省级出版主管部门。

6. D 【考点】校对工作基本制度

【解析】《图书质量保障体系》第十一条规定，坚持责任校对制度和“三校一读”制度。终校必须由本社有中级以上专业技术职称的专职校对人员担任。

7. B 【考点】刑事责任

【解析】须承担刑事责任的情况，由《中华人民共和国刑法》规定。适用于著作权侵权人的刑事处罚，包括有期徒刑、拘役和罚金。

8. C 【考点】汉字使用规范

【解析】C项，“鸡鸣不己”应改为“鸡鸣不已”。

9. A 【考点】汉语拼音的拼写规则

【解析】B项，“狙(zǔ)击”注音应为“狙(jū)击”。C项，“给(gěi)养”注音应为“给(jǐ)养”。D项，“自诩(yǔ)”注音应为“自诩(xǔ)”。

10. D 【考点】标点符号的使用规范

【解析】A项，不是疑问句，不能用问号，要将“我不知道这件事是谁做的?”中的“?”改为“,”。B项，感叹号位置不当，应改为“那美丽的景色，令我如痴如醉!”。C项，只把引文作为一句话的一部分，则不需要用冒号，应将冒号删除。

11. D 【考点】数字用法

【解析】A项，数字作为语素而定型构成的词、词组、成语、惯用语、缩略语或具有修辞色彩的词语，应选用汉字数字。“星期1至星期5”应改为“星期一至星期五”。B项，相邻的两个数字并列连用表示概数，在这种情况下，两个数字中间不能用顿号隔开。“六、七十岁”应改为“六七十岁”。C项，在表示数量或顺序范围时，如使用的是百分率形式或以“万、亿”等作基本单位，前一个数字后不能漏百分号或“万、亿”等。“10～20万元”应改为“10万～20万元”。

12. B 【考点】科技名词的规范使用

【解析】A项，“粘度”应改为“黏度”。C项，“白血球”应改为“白细胞”。D项，“水蒸汽”应改为“水蒸气”。

13. A 【考点】词的构成

【解析】联绵词是由两个不同音节连缀成一个语素构成的词。根据音节之间的结构关系，联绵词可分为：①双声联绵词，如“琵琶”“坎坷”“踌躇”；②叠韵联绵词，如“逍遥”“披靡”“唠叨”等；③非双声叠韵联绵词，如“蝴蝶”“芙蓉”“垃圾”等。

14. D 【考点】短语

【解析】偏正短语由前偏后正的两部分组成，表达的是修饰关系。前一部分对后一部分起修饰限制作用，称为“修饰语”；后一部分是被修饰限制的对象，称为“中心语”。A项，“宣传推广”为递进的联合词语。“说得清楚”为述补短语。B项，“开展工作”为述宾短语。C项，“心情舒畅”为主谓短语。“传承弘扬”为递进的联合词语。

15. B 【考点】常见的汉语修辞方式

【解析】双关就是利用语音和语义的条件，有意使语句在特定的环境中带有明暗双重意义，言在此而意在彼。双关辞格表意以暗为主，以明为辅，使语言幽默风趣、含蓄曲折、机智巧妙。“东边日出西边雨，道是无晴却有晴”是两个巧妙的隐喻，用的是语意双关的手法。“东边日出”是“有晴”，“西边雨”是“无晴”。“晴”和“情”谐音，“有晴”“无晴”是“有情”“无情”的隐语。

16. D 【考点】常见的运用概念时的错误

【解析】A项，存在混淆概念，“编辑、老人、学生和妇女”几个概念存在交叉关系。B项，概念划分错误，直系亲属包括父母、子女和配偶。C项，课本与文具为并列关系，并非包含关系。

17. A 【考点】概念之间的关系

【解析】“食物”里有一部分是植物，“植物”里有一部分是食物，它们的外延部分重合，构成了交叉关系。

18. A 【考点】词的本义与引申义

【解析】A项，“文首，白喙”中的“文”通“纹”，译为“花纹”。B项，“墨子蔽于用而不知文”中的“文”译为“礼乐制度”。C项，“不以文害辞，不以辞害志”中的“文”译为“文字”。D项，“衡少善属文”中的“文”译为“文章”。

19. B 【考点】动词、形容词的使动用法

【解析】B项，“广故数言欲亡，忿恚尉”意为：吴广故意屡次说要逃走，使尉恼怒。其中，“忿恚”意为“使……恼怒”。

20. A 【考点】古文化常识

【解析】古人认为，山之南、水之北为阳，山之北、水之南为阴。正如：衡阳在衡山之南，洛阳在洛河之北，华阴在华山之北，江阴在长江之南。

21. C 【考点】藏书

【解析】明清时期地方上有很多著名的藏书家及藏书楼，如明代毛晋的汲古阁、范钦的天一阁、黄虞稷的千顷堂等，清代钱谦益的绛云楼、朱彝尊的曝书亭、黄丕烈的士礼居和百宋一廛、瞿绍基的铁琴铜剑楼、杨以增的海源阁、陆心源的皕宋楼、丁丙的八千卷楼等。其中，天一阁位于浙江省宁波市海曙区，占地面积2.6万平方米，已有400多年的历史。

22. D 【考点】数字出版产品与服务类型

【解析】按照内容依附的载体，数字出版产品与服务可分为磁带出版物、磁盘出版物（软盘、硬盘）、光盘出版物[普通只读光盘（CD－ROM）、交互式光盘（CD－I）、照片光盘（Photo－CD）、高密度只读光盘（DVD－ROM）、集成电路卡（ICCard）]、网络出版物（互联网、移动互联网和卫星网出版物）等。

23. A 【考点】数字书报刊产业

【解析】A项，数字书报刊产业的融合发展需要注意三个关键：①技术创新。②编辑创新。③理念创新，通过互联网共享、共赢理念引导发展，用互联网思维引导出版产业的融合发展。B项，从数据统计看，2012年至2018年数字书报刊产业总收入占比增长缓慢，尤其数字报纸（不含手机报）连续六年出现负增长。CD两项，总体来看，数字书报刊产业存在规模不足、利润率低、内容质量不高和盗版侵权等一系列问题，这可以说是数字书报刊产业链扩展还处于初级形态的表现，需要持续推动传统媒体的融合发展和各类新兴媒体的广泛应用。

24. C 【考点】时事新闻

【解析】2020年7月23日12时41分，我国用长征五号运载火箭成功发射我国自主研发的火星探测器“天问一号”。从卫星绕地、载人航天，到嫦娥探月、启程火星，探索浩瀚星空的征途上，中国航天留下了深刻的足印。

25. B 【考点】时事新闻

【解析】全面建成小康社会，最艰巨的任务是脱贫攻坚，最突出的短板在于农村贫困人口。2021年2月，习近平在全国脱贫攻坚总结表彰大会上发表重要讲话：经过全党全国各族人民共同努力，在迎来中国共产党成立一百周年的重要时刻，我国脱贫攻坚战取得了全面胜利，现行标准下9899万农村贫困人口全部脱贫，832个贫困县全部摘帽，12.8万个贫困村全部出列，区域性整体贫困得到解决，完成了消除绝对贫困的艰巨任务。

二、多项选择题（共30题，每题2分。每题的备选项中，有2个或2个以上符合题意，至少有1个错项。错选，本题不得分；少选，所选的每个正确项得0.5分）

26. ABDE 【考点】编辑与作者、读者的关系

【解析】编辑与读者之间的关系是相互影响、相互合作、相互促进的关系。主要体现在：①读者是编辑的服务对象。②编辑要真诚地为读者服务。③读者是编辑工作的检验者和促进者。④编辑负有引导读者的责任。

27. BDE 【考点】编辑人员的基本素质

【解析】不同的职业有不同的特点，对从业人员有不同的要求。职业素质是指在职业实践中逐渐形成的一种专业素养。编辑的职业素质包括出版理论修养和编辑实务经验，分别表现为职业追求、职业敏感和职业作风。

28. ABE 【考点】出版物的种类

【解析】按内容范围划分，期刊可分为时事政治类、社会科学类、自然科学类、工程技术类、文学艺术类、教学辅导类、综合文化生活类、科学普及类、情报检索类等。

29. ABCE 【考点】对图书质量的管理

【解析】设计质量主要涉及图书的设计。凡是整体设计和封面(包括封一、封二、封三、封底、勒口、护封、封套、书脊)、扉页、插图等设计均符合国家有关技术标准和规定，其设计质量属合格；如这些方面的设计中有一项不符合国家有关技术标准和规定，其设计质量属不合格。

30. ABDE 【考点】对图书质量的管理

【解析】根据《图书质量管理规定》所附《图书编校质量差错率计算方法》，图书编校质量差错主要包括文字差错、标点符号和其他符号差错、格式差错三类。具体为：①错字、别字、多字、漏字、倒字、混用简繁体字的差错；②知识性、逻辑性、语法性差错；③外文、少数民族文字、国际音标、汉语拼音的拼写差错；④字母大小写、正斜体、黑白体误用；⑤不同文种的字母混用，字母与其他符号混用；⑥科技相关图书使用计量单位不符合国家标准规定的中文名称，使用科技术语不符合全国科学技术名词审定委员会公布的规范词等差错；⑦阿拉伯数字与汉语数字使用不规范的差错。

31. BDE 【考点】对出版活动的管理

【解析】国家新闻出版署于2019年10月实施的《图书、期刊、音像制品、电子出版物重大选题备案办法》，规定需报备案的选题范围是：①有关党和国家重要文件、文献选题。②有关现任、曾任党和国家领导人讲话、著作、文章及其工作和生活情况的选题，有关现任党和国家主要领导人重要讲话学习读物类选题。③涉及中国共产党历史、中华人民共和国历史上重大事件、重大决策过程、重要人物选题。④涉及国防和军队建设及我军各个历史时期重大决策部署、重要战役战斗、重要工作、重要人物选题。⑤集中介绍党政机构设置和领导干部情况选题。⑥专门或集中反映、评价“文化大革命”等历史和重要事件、重要人物选题。⑦专门反映国民党重要人物和其他上层统战对象的选题。⑧涉及民族宗教问题选题。⑨涉及中国国界地图选题。⑩反映中国香港特别行政区、澳门特别行政区和台湾地区经济、政治、历史、文化、重要社会事务等选题。⑪涉及苏联、东欧等社会主义时期重大事件和主要领导人选题。⑫涉及外交方面重要工作选题。

32. ABD 【考点】国家通用语言文字的管理规定

【解析】A项，《中华人民共和国国家通用语言文字法》所称的国家通用语言文字是普通话和规范汉字。国家推广普通话，推行规范汉字。B项，各民族都有使用和发展自己的语言文字的自由。少数民族语言文字的使用依据宪法、民族区域自治法及其他法律的有关规定。D项，有下列情形的，可以保留或使用繁体字、异体字：①文物古迹；②姓氏中的异体字；③书法、篆刻等艺术作品；④题词和招牌的手书字；⑤出版、教学、研究中需要使用的；⑥经国务院有关部门批准的特殊情况。

33. ABE 【考点】出版相关法律法规

【解析】根据《中华人民共和国民法典》第一百二十三条的规定：民事主体依法享有知识产权。知识产权是权利人依法就下列客体享有的专有的权利：①作品；②发明、实用新型、外观设计；③商标；④地理标志；⑤商业秘密；⑥集成电路布图设计；⑦植物新品种；⑧法律规定的其他客体。

34. ABCE 【考点】著作权内容

【解析】张静业余创作了一部小说，拥有与小说相关的著作人身权与财产权。CE 两项，署名权是指表明作者身份、在作品上署名的权利。作者有权在自己的作品上署真名，署假名(笔名)，也可以不署名。对此，任何人不得强迫或干涉。ABD 三项，发表权是指作者自行决定是否将作品公之于众的权利。作品创作完成以后，作者有权决定该作品是否发表、什么时候发表、在何地发表、以何种形式发表等，并有权禁止他人未经许可擅自发表其作品。

35. ACE 【考点】作品

【解析】我国著作权法采用概括与非穷尽列举相结合的方法，规定了九大类受著作权法保护的作品：①文字作品；②口述作品；③音乐、戏剧、曲艺、舞蹈、杂技艺术作品；④美术、建筑作品；⑤摄影作品；⑥视听作品；⑦图形作品和模型作品；⑧计算机软件；⑨符合作品特征的其他智力成果。A 项为口述作品。C 项为美术作品。E 项为摄影作品。BD 两项，根据《著作权法》第五条的规定，三类客体不适用著作权法保护：立法、行政、司法性质的文件；单纯事实消息；历法、通用数表、通用表格和公式。

36. BCE 【考点】著作权限制

【解析】“合理使用”是指在法律规定的情况下使用已经发表的作品，可以不经著作权人许可，也不向其支付报酬，但应指明作者姓名或者名称、作品名称，并且不得影响该作品的正常使用，也不得不合理地损害著作权人的合法权益。《著作权法》第二十四条规定，在下列情况下使用作品，可以不经著作权人许可，不向其支付报酬，但应当指明作者姓名或者名称、作品名称，并且不得影响该作品的正常使用，也不得不合理地损害著作权人的合法权益：①为个人学习、研究或者欣赏，使用他人已经发表的作品；②为介绍、评论某一作品或者说明某一问题，在作品中适当引用他人已经发表的作品；③为报道新闻，在报纸、期刊、广播电台、电视台等媒体中不可避免地再现或者引用已经发表的作品；④报纸、期刊、广播电台、电视台等媒体刊登或者播放其他报纸、期刊、广播电台、电视台等媒体已经发表的关于政治、经济、宗教问题的时事性文章，但著作权人声明不许刊登、播放的除外；⑤报纸、期刊、广播电台、电视台等媒体刊登或者播放在公众集会上发表的讲话，但作者声明不许刊登、播放的除外；⑥为学校课堂教学或者科学研究，翻译、改编、汇编、播放或者少量复制已经发表的作品，供教学或者科研人员使用，但不得出版发行；⑦国家机关为执行公务在合理范围内使用已经发表的作品；⑧图书馆、档案馆、纪念馆、博物馆、美术馆、文化馆等为陈列或者保存版本的需要，复制本馆收藏的作品；⑨免费表演已经发表的作品，该表演未向公众收取费用，也未向表演者支付报酬且不以营利为目的；⑩对设置或者陈列在公共场所的艺术作品进行临摹、绘画、摄影、录像；⑪将中国公民、法人或者非法人组织已经发表的以国家通用语言文字创作的作品翻译成少数民族语言文字作品在国内出版发行；⑫以阅读障碍者能够感知的无障碍方式向其提供已经发表的作品；⑬法律、行政法规规定的其他情形。

37. ACDE 【考点】汉字使用规范

【解析】A 项，《中华人民共和国国家通用语言文字法》第二章第十七条规定，在特殊情形下可以保留或使用繁体字、异体字。C 项，《中华人民共和国国家通用语言文字法》第二十五条规定，外国人名、地名等专有名词和科学技术术语译成国家通用语言文字，由国务院语言文字工作部门或者其他有关部门组织审定。D 项，有些简化字不能作为简化偏旁去随意类推简化其他繁体字。如“兒”简化为“儿”，但不能把“倪、霓”简化为“仉、霓”。E项，世界上除中国外，受到汉文化影响的日本、韩国、新加坡、越南等国家也在使用部分汉字。

38. DE 【考点】汉语拼音的拼写规则

【解析】A项，“鸭绿江 yā lù jiāng”应改为“鸭绿江 Yālù Jiāng”。B项，“欧阳修 ōu yáng xiū”应改为“欧阳修 Ōuyáng Xiū”。C项，“概率论与数理统计 Gàilǜlùn yu Shuli Tongji”应改为“概率论与数理统计 Gàilǜlùn yu Shuli Tongji”。

39. BE 【考点】标点符号的使用规范

【解析】A项，“于是转身而去”为前句的结果状语，“她不予理睬。”中的句号应改为逗号。C项，各双引号之间应加逗号，用以间隔停顿。D项，该句为陈述语气，应将句末“！”改为“。”。

40. ABDE 【考点】数字与计量单位使用规范

【解析】A项，“PH值”应改为“pH值”。B项，“立方米/秒”应改为“米^3/秒”或“立方米每秒”。D项，“2220m/s”应改为“2220m^3/s”。E项，“36°”应改为“36℃”。

41. BD 【考点】科技名词使用规范

【解析】A项，“心肌梗塞”应改为“心肌梗死”，“脑梗塞”应改为“脑梗死”。C项，“胶元蛋白”应改为“胶原蛋白”。E项，“萤光灯”应改为“荧光灯”。

42. AD 【考点】词的分类

【解析】虚词没有词汇意义，只有语法意义。虚词的语法意义主要表现为在句子中起什么样的连接作用以及表达什么语气等。虚词主要有介词、连词、助词、语气词、叹词五类。AD两项，“把”字句是谓语动词前有介词“把”或“将”的句子，“把”为介词。B项，“把住”作为动词修饰“出口”。C项，“两把”为数量词，其中“把”为量词。E项，“车把”是骑车、推车、拉车时用手把住的柄。“把”意为“把柄”，为实词。

43. ABD 【考点】句子歧义的判断

【解析】A项，既可以表示“这份报告，你没能力写好”；又可以表示“这份报告，你来写不适合”。B项，既可以表示“我想起床或站起来了”，又可以表示“我记起来了”。D项，既可以表示“他步行了一天了”，也可以表示“他离开了一天了”。

44. AB 【考点】常见的汉语修辞方式

【解析】以“卧”这一动词将小村庄与雪拟人化，运用了比拟中拟人的修辞手法。“小村庄的屋顶上卧着点雪”用“山坡上卧着些小村庄”结尾的词语做下一句的起头，使邻近的句子或段落上递下接，首尾蝉联，运用了顶真的修辞手法。

45. ABCD 【考点】常见词语使用错误的纠正

【解析】A项，“莘莘学子”是集合概念，指众多的学生，不能用作特指某一位学生。B项，“把持家务”错误，此处应改为“操持家务”。C项，“差强人意”指“勉强使人满意”。与语境不符，此处应改为“强人所难”。D项，“望尘莫及”比喻远远落在后面，与语境不符，此处应改为“力不胜任”。

46. AD 【考点】逻辑思维的三条基本规律

【解析】逻辑思维的基本规律包括：①同一律，指在同一思维过程中，任何思想都必须与其自身保持同一。同一律的公式：A是A。②矛盾律，指在同一思维过程中，互相否定的思想不能同时为真，其中必有一假。矛盾律的公式：A不是非A。③排中律，指在同一思维过程中，两个互相矛盾的思想不能同假，必有一个是真的。排中律的公式：A或者非A。BC两项违反了矛盾律；E项违反了排中律。

47. ACDE 【考点】形式逻辑常识

【解析】逻辑思维的基本规律是能普遍适用于各种类型的逻辑形式的共同规律。逻辑思维的基本规律有同一律、矛盾律和排中律。A项，违反了矛盾律，“我国有”与“世界上没有”相违背；C项，“争夺冠亚军”应删去“亚”。D项，概念限制不当，用“阳光灿烂”限制“夜晚”，导致了逻辑上的自相矛盾。E项，概念误用，“博士后”表明的是一种经历。博士是最高学位，不能把“博士后”看成比博士更高一级的学位，对博士后研究人员不能再授予其他任何名义的学位称号，同时“博士后”也不是专业技术或行政职务。

48. ABCD 【考点】被动句

【解析】古代汉语的被动句式主要有以下几种形式：①在动词谓语后面用介词“于”引出动作、行为的发出者；②在谓语动词前加“见”字表示被动；③在谓语动词前加“为”字表示被动；④在“为”之后引出主动者，或者在动词前加上“所”字，构成“为……所……”的句式；⑤直接用“被”字。E项，“天不为人之恶寒也，辍冬”中的“为”指“因为、由于”。

49. BDE 【考点】连词

【解析】A项，“以”表示依据，译为：按照、依照、根据。C项，“以”作连词，意为“以……方式”。

50. BD 【考点】官制

【解析】B项，“御史”在秦代以前为史官，汉以后多指主管纠察的官吏。D项，早期的驸马是一种官职，汉武帝时就设有驸马都尉，负责管理皇帝外出时的车马事宜，魏晋以后才成为皇帝女婿的代称，而不再是官职。

51. ACE 【考点】历法

【解析】一年分为二十四个节气：立春、雨水、惊蛰、春分、清明、谷雨、立夏、小满、芒种、夏至、小暑、大暑、立秋、处暑、白露、秋分、寒露、霜降、立冬、小雪、大雪、冬至、小寒、大寒。

52. ABCE 【考点】数字出版

【解析】根据国家新闻出版总署2010年发布的《关于加快我国数字出版产业发展的若干意见》，数字出版是“指利用数字技术进行内容编辑加工，并通过网络传播数字内容产品的一种新型出版方式，其主要特征为内容生产数字化、管理过程数字化、产品形态数字化和传播渠道网络化”。

53. ACD 【考点】数字出版产业的特征

【解析】B项，数字出版产业为知识密集型产业。E项，数字出版产业与教育、科技、生产、医疗、广告、影视、法律、财务、金融和评估等行业紧密相关，通过信息内容与技术、渠道及用户不断进行跨界整合，数字出版产业融合发展的趋势日益明显。

54. ABD 【考点】时事政治

【解析】2019年10月1日，习近平总书记在庆祝中华人民共和国成立70周年大会上发表重要讲话，提出3个“坚持”的重要要求：“前进征程上，我们要坚持中国共产党领导，坚持人民主体地位，坚持中国特色社会主义道路，全面贯彻执行党的基本理论、基本路线、基本方略，不断满足人民对美好生活的向往，不断创造新的历史伟业。”

55. ACDE 【考点】时事政治

【解析】党的十九届三中全会深入贯彻习近平新时代中国特色社会主义思想，全面贯彻党的十九大精神，审议通过《中共中央关于深化党和国家机构改革的决定》和《深化党和国家机构改革方案》。《决定》明确提出，深化党和国家机构改革，目标是构建系统完备、科学规范、运行高效的党和国家机构职能体系。全方位地加强系统治理、依法治理、综合治理、源头治理，把我国制度优势更好转化为国家治理效能。

三、选答选择题(共2组，其中★组主要考核传统出版内容，▲组主要考核数字出版内容。每组各10题，其中前5题为单项选择题，每题1分；后5题为多项选择题，每题2分。请任选其中1组作答，如2组都作答，只按★组计分)

★组　传统出版

选答单项选择题

56. A 【考点】开展出版活动的条件

【解析】精神文化资源，指作者创作的作品。出版活动要以“作品”作为选择加工的对象，离开了“作品”这一精神文化资源，编辑的开发工作就成了“无米之炊”。所以，精神文化资源是开展出版活动的前提，成为其首要的、也是最基本的条件。

57. B 【考点】对出版物内容的管理

【解析】《出版管理条例》第五十五条规定，国家支持、鼓励出版下列优秀的、重点的出版物：①对阐述、传播宪法确定的基本原则有重大作用的。②对弘扬社会主义核心价值体系，在人民中进行爱国主义、集体主义、社会主义和民族团结教育以及弘扬社会公德、职业道德、家庭美德有重要意义的。③对弘扬民族优秀文化，促进国际文化交流有重大作用的。④对推进文化创新，及时反映国内外新的科学文化成果有重大贡献的。⑤对服务农业、农村和农民，促进公共文化服务有重大作用的。⑥其他具有重要思想价值、科学价值或者文化艺术价值的。

58. B 【考点】原始著作权主体

【解析】任何自然人，只要创作了文学、艺术和科学作品，均可以成为作者，而无须其他前提条件。

59. C 【考点】数字与计量单位使用规范

【解析】A项，“4. 1万干部职工和学生献血5. 1万吨”不符合客观实际，“5. 1万吨”应改为“5. 1万单位”。B项，在表示某一数据时，阿拉伯数字与汉语数字不能混用。“三万5000”应改为“35000”。D项，面积单位“m^2”的正确汉语名称为“平方米”，不能以其他简称代替。

60. D 【考点】句子歧义的判断

【解析】A项，既可以表示小王是患者，也可以表示小王是医生。B项，既可以表示他知道“这件事情不要紧”，又可以表示“他知道这件事情”不要紧。C项，既可以表示“这件衣服能洗干净”这一判断，又可以表示“这件衣服洗得很干净”这一评价。

选答多项选择题

61. BD 【考点】出版的一般过程

【解析】出版活动的一般过程由精神产品生产、物质产品生产和产品流通这三个基本阶段组成，与构成出版活动的三个基本要素相对应。

62. ACE 【考点】书号、刊号管理

【解析】B 项，多卷本的丛套书的书号使用，应根据定价方式确定。凡是每分卷册分别定价、可分册销售的，每分卷册应分别使用书号，分别统计品种；凡是各分卷册不分别定价，全套书只有一个总定价，不能分开销售的，可作为一个品种使用一个书号。D 项，根据新闻出版总署 2005 年 9 月发布的《期刊出版管理规定》，一个刊号只能对应出版一种期刊，不得用同一刊号出版不同版本的期刊。

63. ABCD 【考点】出版相关法律法规

【解析】《中华人民共和国广告法》第十九条规定：广播电台、电视台、报刊音像出版单位、互联网信息服务提供者不得以介绍健康、养生知识等形式变相发布医疗、药品、医疗器械、保健食品广告。

64. ABC 【考点】侵犯著作权的法律责任

【解析】依照我国著作权法规定，侵权人应当按照权利人的实际损失给予赔偿；实际损失难以计算的，可以按照侵权人的违法所得给予赔偿。权利人的实际损失或者侵权人的违法所得不能确定的，由人民法院根据侵权行为的情节，判决给予 50 万元以下的赔偿。在确定著作权损害赔偿额时，应该把权利人为制止侵权行为所支付的合理开支也包括在内。

65. AC 【考点】数字用法

【解析】B 项，2000 年 10 月通过了《中华人民共和国国家通用语言文字法》，其中第二章第十七条规定，有下列六种情形的，可以保留或使用繁体字或异体字：①文物古迹；②姓氏中的异体字；③书法、篆刻等艺术作品；④题词和招牌的手写字；⑤出版、教学、研究中需要使用的；⑥经国务院有关部门批准的特殊情况。至于其他场合，就要严格使用规范的简化字，否则就是滥用繁体(或异体)字。“戊戌年五月玖日”应改为“戊戌年五月九日”。D 项，数字作为语素而定型构成的词、词组、成语、惯用语、缩略语或具有修辞色彩的词语时，应选用汉字数字。“4 氧化 3 铁”应改为“四氧化三铁”。E 项，在同一场合出现的数字，应遵循“同类别，同形式”原则来选择数字的书写形式。如果要突出简洁醒目的表述效果，应使用阿拉伯数字；如果要突出庄重典雅的表达效果，应使用汉字数字。“二〇二〇年 2 月 20 日”应改为“2020 年 2 月 20 日”或“二〇二〇年二月二十日”。

▲组 数字出版

选答单项选择题

66. A 【考点】数字出版产品与服务特点

【解析】互动性是数字出版产品与服务的一个典型属性。互动的一个基础含义是，某种行动带来即刻后果，也就是即时反馈。对于数字出版产品而言，交互性可以是发生在人与人之间的对话，也可以是发生在人和计算机程序之间的对话。超链接、超文本和超媒体都可以是互动入口；用键盘输入命令、打印文本是体现交互性的输入和输出；而作者、读者和出版者也可以比以往进行更多的形式更丰富的互动交流。互动性改变了印刷出版物作者与读者之间的单向传播关系，可以增强读者和用户的融入感及参与性。

67. D 【考点】传统出版物的数字化版本

【解析】D 项，电子图书内容广泛，涉及各类学科，其来源主要有两方面：①从纸质图书转换而来，并以书的形式(即以书为单位)通过信息网络发布和传输；②内容直接通过网络发布的作品，发布形式大多为网页或与阅读终端软件相适应的文件格式，发布时往往以篇、章、节为单位。按出版发行方式，数字报纸可划分为印刷型与数字化兼有的数字报纸和纯数字报纸。前者以传统报社的数字报纸为代表，将纸质报纸数字化后上传至官网供受众阅览，这类报纸较好地保持了传统报纸的版面语言。

68. C 【考点】我国出版业的数字化转型升级

【解析】C项，经过多年努力，我国传统出版业数字化转型升级取得了初步成效，并未完全转型成功。

69. A 【考点】数字出版产品管理

【解析】对数字出版产品的具体管理要求大致有四个方面：①导向管理，导向正确是对出版产品最基本的要求。②质量管理，此处所指质量，特指数字出版产品的生产、加工及呈现质量，包括文字差错率、图像分辨率、内容传输速度、需求响应速度等。③标识管理，在出版领域，产品标识是正规合法出版产品的标志，也是权利人主张权利的依据。④过程管理，数字出版产品内容动态变化，更新频繁，除事前审批和相关管理外，事中和事后管理也是对数字出版产品管理的重要组成部分。

70. C 【考点】数字动漫出版产业

【解析】常见的数字动漫产品形式主要有以下三类：①网络动漫，即通过门户网站、视频分享网站、网络点播台等互联网网站进行传播的动漫产品。②手机动漫，即通过手机电视平台、手机漫画客户端、WAP、Web、彩信等方式传播的动漫产品。③以IPTV、VOD点播、移动电视为载体传播的动漫产品。

选答多项选择题

71. ABE 【考点】网络出版

【解析】C项，从内容来源看，网络出版物一般有两类：①从已出版的图书、报纸、期刊、音像制品、电子出版物等转换而来的作品；②经过编辑加工后直接进行数字出版的作品。D项，网络出版中的网络不局限于普通的互联网，还包括无线网络。

72. ABD 【考点】对出版物形态的影响

【解析】数字出版对出版物形态产生的重大影响，主要体现在以下几个方面：①出版物从平面媒介产品向跨媒体、多媒体、富媒体方向发展。②克服了传统出版物物理形态的局限性。③出版物呈开放状态。④同样的内容资源可以开发成多种形式，供用户选择。

73. ACD 【考点】产业发展中的五个重要关系

【解析】数字出版产业本质上是内容和创意产业，也是互联网技术和数字技术支撑发展的新兴产业形态。在坚定推进数字出版产业发展的同时，应注意处理好五个重要关系：①内容与技术；②产品与需求；③传统内容资源与数字内容资源；④传统出版经营管理模式与出版融合业务创新；⑤传统出版数字化转型升级与新兴出版业态。

74. BCD 【考点】数字教育出版产业

【解析】A项，电子书包是指以学生为服务对象，以个人电子终端和网络学习资源为载体，贯穿于预习、上课、作业、辅导、测评等各个学习环节的数字化教学系统。E项，在线测评系统是利用数字技术进行网络考试的计算机辅助教学系统。

75. CE 【考点】数字阅读产业

【解析】AB两项，广义数字阅读的阅读内容包括(不限于)电子书、数字报、电子杂志、漫画、图片、多媒体读物、博客及网页等。狭义数字阅读的阅读内容只包括电子书和网络文学作品。D项，总体来说，我国的数字阅读产业集中度较高，核心企业主要有阅文集团、掌阅科技、阿里文学、中文在线、咪咕阅读、沃阅读等。

四、综合题(共5题，100分。要求用黑色墨水笔在答题卡指定区域内作答)

76. 审稿题：审读短稿，按照审稿的基本要求指出其中存在的错误或缺漏。(本题20分)

答：(1)“始终坚持把经济效益放在首位”错误。应改为“始终坚持把社会效益放在首位”。

(2)“编辑工作只是整个出版工作的一个次要环节”错误。应改为“编辑工作是整个出版工作的中心环节”。

(3)“编辑工作是指以生产出版物的物质形态为目的”错误。“物质形态”应改为“精神文化内容”。

(4)“一种专业性的物质生产活动”错误。“物质生产活动”应改为“精神生产活动”。

(5)“始终以满足读者的一切需求为原则”错误。编辑应满足读者的正当需求。

(6)“我国目前实行的是五级审稿制度”错误。“五级审稿制度”应改为“三级审稿制度”。

(7)“应该具有初级以上出版专业职业资格”错误。应改为“应该具有中级及以上出版专业职业资格”。

(8)“，决定稿件的最终取舍”错误，应删除。决定稿件的取舍是审稿阶段的主要工作内容。

(9)“审定发稿完成，标志着编辑过程的基本环节已经完成”错误。“审定发稿完成”应改为“反馈信息收集的完成”。

(10)“连续3年造成图书不合格的责任编辑”错误。“连续3年”应改为“连续2年”。

77. 计算简答题：根据所给材料回答问题。(需计算后回答的问题，须列出算式；每个问题计算过程中的小数均保留实际位数，计算结果有小数的，小数保留2位。)(本题20分)

问题一：陈亮是否有权将已发布在博客上的文章与新创作未公开的文章汇编出版？为什么？

答：(1)陈亮有权将已发布在博客上的文章与新创作未公开的文章汇编出版。

(2)理由：汇编权是指将作品或者作品的片段通过选择或者编排汇集成新作品的权利。陈亮为20篇文章和5篇新作的原始著作权主体，具有与这一作品相关的著作人身权与财产权。

问题二：乙出版社与张海侵犯了陈亮哪些著作权权利？

答：乙出版社与张海侵犯了陈亮的发表权、署名权、信息网络传播权、复制权与发行权。

问题三：乙出版社与张海可能承担的民事责任有哪些？

答：实施了任何著作权侵权行为的人，都必须承担民事责任。乙出版社与张海可能承担的民事责任具体包括停止侵害、消除影响、赔礼道歉、赔偿损失等。

问题四：如果乙出版社拟按照与张海的约定向陈亮支付稿酬，则乙出版社向陈亮支付的基本稿酬、印数稿酬和税前稿酬各是多少？请计算作答。

答：乙出版社向陈亮支付的基本稿酬为18000元、印数稿酬为1260元、税前稿酬为19260元。具体算式如下：

(1)基本稿酬 $=120\times150=18000$(元)。

(2)印数稿酬 $=7\times1\%\times18000=1260$(元)。

(3)税前稿酬 = 基本稿酬 + 印数稿酬 $=18000+1260=19260$(元)。

78. 改错题：阅读短文，改正文中的文字、标点符号差错。（本题 24 分）

答：(1)"曾经这样讲过，"应改为[曾经这样讲过："]。

(2)"将会不断出现，"应改为[将会不断出现。"]。

(3)"以致于"应改为"以至于"。

(4)"飞机，"应改为"飞机、"。

(5)"夷岛素"应改为"胰岛素"。

(6)"器官移殖"应改为"器官移植"。

(7)"……等等"应删去省略号或删去"等等"。

(8)"惊入"应改为"惊人"。

(9)"一百年已前"应改为"一百年以前"。

(10)"超过 80% 以上"应改为"超过 80%"。

(11)"在举个例子"应改为"再举个例子"。

(12)["财富"]应改为"《财富》"。

(13)"1 萬亿美元"应改为"一万亿美元"。

(14)"于日俱增"应改为"与日俱增"。

(15)"工业。"应改为"工业，"。

(16)"篷勃"应改为"蓬勃"。

79. 改错题：改正句子中的错误。（本题 24 分）

(1)春风一阵阵吹来，树枝摇曳着，月光、树影一齐晃动起来，发出沙沙的声响。

答："树枝摇曳着"和"月光、树影一齐晃动起来"调换位置。

(2)随着北斗三号最后一颗全球组网卫星成功布阵太空，使我国提前半年全面完成北斗全球卫星导航系统星座部署。

答：删掉"随着"（或删除"使"）。

(3)新型基础设施以新发展理念为引领，以技术创新为驱动，以信息网络为基础，面向高质量发展需要，提供数字转型、智能升级、融合创新等服务的基础设施体系。

答："以新发展"应改为"是以新发展"。

(4)6 月 2 日至 7 月 3 日是中央气象台近 10 年来首次 32 天连续发布全国暴雨预警。

答：改为：6 月 2 日至 7 月 3 日，中央气象台近 10 年来首次连续 32 天发布全国暴雨预警。

(5)病毒溯源不仅是一个复杂的科学问题，还应由科学家在全球范围开展国际科学研究与合作。

答：改为：病毒溯源是一个复杂的科学问题，应由科学家在全球范围开展国际科学研究与合作。

(6)这是从无数经验教训中凝练出来的真知灼见，提醒我们不要犯同样的错误。

答："凝练"应改为"提炼"。

(7)每逢我重温《黄帝内经》，就会想起祖父儿时对我的医学启蒙。

答："儿时对我"应改为"对我儿时"。

(8)你们能否走出困境，全在于你们的正确决策。

答："正确决策"应改为"决策正确与否"。

(9)这家出版社目前将进行企业全媒体布局。

答：“将”应改为“正在”(或删除“目前”)。

(10)这款新研制的壁纸既环保又美观，贴在您家里会让寒舍增色不少。

答：“寒舍”应改为“贵府”。

(11)在激烈的市场竞争中，我们所缺乏的，是创新活力不足。

答：删掉“不足”。

(12)近年来，生态保护意识深入人心，当社会经济发展与林地保护管理发生冲突时，一些地方往往会选择前者。

答：“前者”应改为“后者”。

80. 释词翻译题：阅读古文，解释文中画线的词，并将画线的句子译成现代汉语。(本题12分)

答：(1)释词

①“令闻”译为“好名声”。

②“对”译为“回答”。

③“善”为意动用法，译为“认为……很好”。

④“辟”译为“征召”。

⑤“掾”译为“下属官员，地位较低的官吏”。

(2)翻译

卫玠嘲讽阮宣子说：“只说一个字就可以被征召，何必要借助三个字!”阮宣子说：“如果能成为天下人都尊重的人，不说话也能被征召，又何必要借助一个字呢!”

2019年度全国出版专业技术人员职业资格考试《出版专业基础知识(初级)》真题

一、单项选择题(共25题,每题1分。每题的备选项中,只有1个最符合题意)

1. 期刊与图书的主要区别是(　　)。
   A. 装订成册
   B. 经过编辑加工然后进行复制
   C. 既是精神产品,又是物质产品
   D. 连续出版并有表示可无限期持续出版的序号
2. 中国标准书号ISBN 978—7—110—11257—4中的“110”是(　　)。
   A. 出版序号　B. 出版者号　C. 出版代码　D. 出版物号
3. 出版专业职业资格登记的有效期为(　　)。
   A. 1年　B. 2年　C. 3年　D. 5年
4. 根据《图书出版管理规定》,出版(　　)类的图书,实行专门的资格准入制度。
   A. 文学　B. 地图　C. 科普　D. 古籍
5. 根据《图书质量管理规定》,对于编校质量不合格的图书,出版单位必须自检查结果公布之日起(　　)将其全部收回。
   A. 15天内　B. 20天内　C. 30天内　D. 60天内
6. 根据《宗教事务条例》,下列说法错误的是(　　)。
   A. 宗教团体按照国家有关规定可以编印宗教内部资料性出版物
   B. 涉及宗教内容的出版物均不得公开发行
   C. 涉及宗教内容的出版物不得含有宣扬宗教极端主义的内容
   D. 涉及宗教内容的出版物不得含有歧视、侮辱不信教公民的内容
7. 下列客体中,适用我国著作权法保护的是(　　)。
   A. 中学生创作的一篇散文
   B. 某报刊登的一则时事新闻
   C. 中学数学课本上的公式
   D. 《中华人民共和国产品质量法》的官方正式英译本
8. 下列权利中,不属于著作权范畴的是(　　)。
   A. 发行权　B. 汇编权　C. 翻译权　D. 定价权
9. 关于“岛”字的部首和偏旁,说法正确的是(　　)。
   A. 部首是“山”和“鸟”　B. 偏旁是“山”和“鸟”
   C. “山”既是偏旁,也是部首　D. “山”只是偏旁,不是部首
10. 下列各组词语的注音,没有错误的一组是(　　)。
    A. 省(xǐng)悟　宝藏(zàng)　B. 妊娠(chén)　憧(chóng)憬
    C. 偈(jié)语　论(lüèn)证　D. 边塞(sài)　提(tí)防
11. 下列句子中,标点符号使用符合规范的是(　　)。
    A. 北京——武夷山——广州航线于12月1日首航。

B. 你看过这本书吗，小王？

C. 与亲友们告别之后，她们母、女俩登上了飞往北京的飞机。

D. 本报将于今年暑期举办《中华魂杯》演讲比赛。

12. 下列句子中，数字用法符合规范的是(　　)。

A. 他看上去也就20几岁

B. 尽管是淡季，我市仍保证每天8～9万公斤蔬菜供应

C. 北京油价连续下跌，92号汽油每升已经跌破7元

D. 我向老王借了十万元买了辆车，三个月后，我先还了他80000元

13. 下列句子中，计量单位用法正确的是(　　)。

A. 比重的基本单位是千克/每立方米

B. 这间客厅的使用面积有25平方

C. 银河系的直径约为10万光年

D. 1个标准大气压下，20℃的水的质量热容约为4200焦耳每千克每开尔文

14. 下列句子中，用词恰当的是(　　)。

A. 会议一连开了七八天，讨论的问题很多，情况非常热烈

B. 窗外虽然是料峭的狂风，三九严寒，窗内却有熊熊的炉火，依然暖和得像春天

C. 刘大妈满心欢喜，又让座又倒水，她多么希望这一对反目成仇的父子早日破镜重圆啊

D. 队员们密切配合，越战越勇，连续成功地组织了三次进攻

15. 下列句子中，"和"字用法正确的是(　　)。

A. 他生怕我没听清和不注意，所以又嘱咐了一遍

B. 机场已经关闭，高速主干线和市区的轨道交通几乎陷于停顿

C. 我们应该严格按照设计的规格要求修建房屋、桥梁和道路、水利工程等

D. 这些劳动模范的共同特点是，对工作有高度的责任感和不断提高技术水平去克服困难

16. 在横线上依次填入关联词语，恰当的是(　　)。

______相隔万里，______心意相通，______无畏路途的遥远。

A. 虽然　只要　就　　B. 虽然　只有　才

C. 因为　但是　也　　D. 无论　那么　都

17. 下列概念关系中，属于反对关系的是(　　)。

A. 生　死　　B. 水果　香蕉　　C. 黑　白　　D. 模特　女性

18. 下列句子中，不存在逻辑错误的是(　　)。

A. 我是不赞成背诵的，但也不赞成不背诵，认为适当的背诵也是必要的

B. 如果大家都动手搞卫生，那么我们的健康和疾病就有保证了

C. 这些出土陶器上的花纹已具有文字的性质，但还不能算是文字

D. 在南极海岸地带，鸟的种类虽然少，数量却很多

19. "今夫弈之为数，小数也"中"数"的含义是(　　)。

A. 数目　　B. 才华　　C. 伎俩　　D. 技艺

20. 下列句子中，括号内对"道"的解释错误的是(　　)。

A. 有碑仆道(道路)　　B. 行军用兵之道(方法)

C. 不足为外人道也(说)　　D. 于是废先王之道(道理)

21. 下列古代文化常识，说法错误的是(　　)。

A. 天干和地支，古代既可用来纪年，也可用来纪日

B. “六部”中吏部主管官吏的任免、考核、升降及科举取士

C. 阴历是以月亮围绕地球转动的规律制定的

D. 古代“朔”指农历初一，“望”指农历十五，“晦”指农历三十

22. 近代史上的“庚子赔款”“辛亥革命”等语词中，使用的纪年方法是(　　)。

A. 帝王纪年　　B. 公元纪年　　C. 年号纪年　　D. 干支纪年

23. 中国古代称为“启明”的星是(　　)。

A. 木星　　B. 金星　　C. 水星　　D. 土星

24. 关于数字出版，说法正确的是(　　)。

A. 数字出版不等同于互联网出版　　B. 数字出版产品无需物质载体

C. 数字出版无需产品复制过程　　D. 数字出版产品是一种封装型出版物

25. 与传统出版产业相比，我国数字出版产业集中度的表现(　　)。

A. 明显较低　　B. 基本持平　　C. 明显较高　　D. 无法判断

二、多项选择题(共30题，每题2分。每题的备选项中，有2个或2个以上符合题意，至少有1个错项。错选，本题不得分；少选，所选的每个正确项得0.5分)

26. 加强出版工作者职业道德建设的措施包括(　　)等。

A. 加强自我修养　　B. 加强经营活动

C. 加强舆论引导和监督　　D. 加强教育

E. 加强制度化、法规化建设

27. 开展出版活动必须具备的基本条件有(　　)。

A. 精神文化资源　　B. 人力和物质资源

C. 宣传和广告资源　　D. 流通传播资源

E. 市场资源

28. 我国出版工作的主要任务包括(　　)等。

A. 满足读者的一切需求　　B. 建设社会主义核心价值体系

C. 弘扬中华文化　　D. 传播和积累科学文化知识

E. 促进国际文化交流

29. 我国出版行政管理的主要内容包括(　　)等。

A. 对设立出版物生产单位的管理　　B. 对出版从业人员的管理

C. 对出版活动的管理　　D. 对出版物的管理

E. 对出版物作者的管理

30. 关于我国对出版从业人员管理规定，说法正确的有(　　)。

A. 我国主要通过出版专业技术人员职业资格制度实施对出版从业人员的管理

B. 出版专业技术人员分为编辑类、技术编辑类和校对类

C. 取得出版专业中级资格的人员，可受聘担任技术编辑或一级校对

D. 对于连续两年造成图书质量不合格的责任编辑，应取消其职业资格并注销登记且两年内不得从事出版编辑工作

E. 出版单位聘用未取得责任编辑证书的人员从事责任编辑工作，应承担相应的法律

责任

31. 下列选题中，需要办理重大选题备案手续的有(　　)。

A. 《职业教育研究》　　B. 《天文学史话》

C. 《人类文明史》　　D. 《陈独秀传》

E. 《台湾自助游》

32. 根据《图书质量管理规定》，图书质量等级分为(　　)等。

A. 优质　　B. 良好　　C. 中等　　D. 合格

E. 不合格

33. 根据《出版管理条例》，下列选题中禁止出版的有(　　)。

A. 《谋杀案例精选》(少儿版)　　B. 《金瓶梅语言研究》

C. 《西方伪科学小史》　　D. 《算命转运365》

E. 《风水大师传》

34. 关于著作权的许可使用，说法正确的有(　　)。

A. 出版社出版图书应当与著作权人签订许可使用合同

B. 出版社出版图书只能行使著作权人明确许可使用的权利

C. 出版社出版图书经作者许可，可以对作品进行修改、删节

D. 期刊社刊载著作权人作品时必须与之签订书面的许可使用合同

E. 著作权人将作品投给期刊社的行为即表明其许可使用的意愿

35. 对著作权侵权行为人的行政处罚包括(　　)等。

A. 罚款　　B. 没收违法所得

C. 没收、销毁侵权制品　　D. 行政拘留

E. 剥夺政治权利

36. 著作权法中“合理使用”的必要条件包括(　　)等。

A. 使用的是已经发表的作品　　B. 经著作权人许可

C. 指明作者姓名　　D. 向著作权人支付报酬

E. 指明作品名称

37. 关于汉字，说法正确的有(　　)。

A. 汉字是表意体系的文字

B. “六书”是古人的六种造字方法

C. 汉字只有合体字才有偏旁，左为“偏”，右为“旁”

D. 汉字与汉语的语音有直接联系

E. 汉字标准化是指废除多音字和异体字，减少汉字总量

38. 下列各组词语中，没有错别字的有(　　)。

A. 畸形　意想天开　　B. 斟酌　诲人不倦

C. 肆虐　张灯节彩　　D. 怠慢　众志成城

E. 和谐　与时俱进

39. 下列句子中，标点符号使用不规范的有(　　)。

A. 北京市新开辟了红庙至动物园、前门、丰台至颐和园、香山至卧佛寺等多条游览线路。

B. 突然，一道闪电划破长空。

C. 他在书桌上刻了一个小字“早”。

D. 朋友送给我一套《辞源(第三版)》。

E. 他在中学就读过《孟子》《论语》、和《古文观止》里的部分文章。

40. 下列句子中，数字用法不规范的有(　　)。

A. 这家出版社 08 年盈利 5000 万元

B. 农历五月初五是中国的端午节

C. 第一次见到她是在 2018 年三、四月间

D. 13 届全国人大五次会议

E. 那本书是大 16 开的

41. 下列量和单位名称中，已废弃的有(　　)。

A. 公升　　B. 电流强度　　C. 公尺　　D. 马力

E. 密度

42. 下列句子中，画线词语使用恰当的有(　　)。

A. 生活中的“刷脸”应用已经屡见不鲜

B. 值此弹冠相庆之时，我谨向您表示衷心祝贺

C. 我的发言结束了，感谢各位洗耳恭听

D. 在家庭环境的熏陶下，他非常喜爱读书

E. 许多事业有成的校友忝列校史名人录

43. 下列句子中，词性误用的有(　　)。

A. 这种思想囹圄了我们的行动

B. 在处理人与人之间的矛盾时，一定要做到不主观、不偏见

C. 这篇小说展现给读者有趣的、感动的故事

D. 铺张浪费可耻，勤俭节约光荣

E. 这次考试能否通过，对我来说还是一个怀疑

44. “我跟他去过”，这句话的含义可能是(　　)。

A. 我和他都去过　　B. 我去过，他没去过

C. 我曾经跟他去过　　D. 我跟着他去过

E. 他带着我去过

45. 下列句子中，使用比喻修辞手法的有(　　)。

A. 一湾月泉镶嵌在金沙之中，涟漪萦回，碧如翡翠

B. 譬如观飞瀑，黯淡的光线使你无法领略飞瀑的气势

C. 孩子们盯着母亲手里的糖，似乎满嘴已都是蜜了

D. 人间幸福可不像漫地的野花，到时候会自己长出来

E. 三十多年过去了，他带着满头霜花回到故乡

46. 下列概念中，属于正概念的有(　　)。

A. 无产阶级　　B. 不自私　　C. 美丽　　D. 负数

E. 非正义战争

47. 下列句子中，存在逻辑错误的有(　　)。

A. 草原上的马跑得快，在没有汽车之前，什么也比不上它

B. 我喜欢读古典小说名著，像老舍的《四世同堂》我就很喜欢

C. 他从未去过海南三亚的天涯海角，只有一次去后第二天就返回了北京

D. 评选我社 2018 年最美图书时，我没有投弃权票，也没有投反对票

E. 到了海边，小林张开嘴巴，尽情地呼吸着新鲜的空气、海水和阳光

48. 下列句子中，名词用作状语的有(　　)。

A. 豕人立而啼

B. 嫂蛇行匍伏，四拜自跪而谢

C. 君为我呼之，吾得兄事之

D. 农夫、渔父过而陋之

E. 明君不官无功之臣

49. 下列句子中，“为”表示被动的有(　　)。

A. 谁为大王为此计者

B. 吾闻先即制人，后则为人所制

C. 王甚喜人之掩口也，为见王，必掩口

D. 兔不可复得，而身为宋国笑

E. 不足为外人道也

50. 下列涉及古代文化常识的句子中，说法错误的有(　　)。

A. “二十八宿”中“南方七宿”指的是斗、牛、女、虚、危、室、壁

B. 乡试都在秋天举行，故称“秋闱”，是三年一考的省级考试，考取的称秀才

C. 杜甫诗“人生不相见，动如参与商”中，“参”指西方的参宿，“商”指东方的心宿

D. “三省六部”中的“六部”指吏、户、礼、兵、刑、工等六个政务部门

E. 干支纪年法就是以十天干与十二地支两两相配，以纪年历，六十年一循环

51. 下列节气中，在清明之前的有(　　)。

A. 立春　　B. 谷雨　　C. 芒种　　D. 雨水

E. 惊蛰

52. 网络出版的主要传播途径有(　　)等。

A. 局域网　　B. 物联网　　C. 卫星网　　D. 有线互联网

E. 无线通信网

53. 数字出版产业发展中的重要关系包括(　　)等。

A. 印刷与发行

B. 产品与需求

C. 编辑与营销

D. 内容提供商与平台运营商

E. 传统内容资源与数字内容资源

54. 习近平总书记在“不忘初心、牢记使命”主题教育工作会议上强调，开展“不忘初心、牢记使命”主题教育要努力实现理论学习有收获、(　　)的具体目标。

A. 思想政治受洗礼

B. 干事创业敢担当

C. 为民服务解难题

D. 清正廉洁作表率

E. 旗帜鲜明反“四风”

55. 习近平总书记在看望参加全国政协十三届二次会议的文化艺术界、社会科学界委员并参加联组会时，对进一步做好文化文艺工作、哲学社会科学工作提出(　　)的要求。

A. 坚持与时代同步伐

B. 坚持以人民为中心

C. 坚持用心用情用功书写人民

D. 坚持以精品奉献人民

E. 坚持用明德引领风尚

三、选答选择题(共2组，其中★组主要考核“传统出版”内容，▲组主要考核“数字出版”内容；每组各10题，其中前5题为单项选择题，每题1分，后5题为多项选择题，每题2分；请任选其中1组作答，如2组都作答，只按★组计分)

★组　传统出版

选答单项选择题

56. 下列期刊类别，依据内容范围划分的是(　　)。

A. 社会科学类　　B. 半月刊　　C. 青年刊　　D. 电子期刊

57. 下列行为中，“一号多用”的是(　　)。

A. 成套图书分册定价、销售，使用不同的书号

B. 同一种图书的平装本和精装本，使用同一个书号

C. 成套图书只有一个总定价，不分册销售，使用同一个书号

D. 同一种图书的典藏版和普及版使用不同的书号

58. 我国对作者署名权的保护期为(　　)。

A. 作者终生及其死后五十年　　B. 作者终生及其死后六十年

C. 作者终生及其死后七十年　　D. 无限期

59. 下列句子中，科技名词使用规范的是(　　)。

A. 这款手机的摄像头分辨率较高，达到2000万像素

B. 经常饮用炭酸饮料影响人体对钙的吸收

C. 镭射雷达在气象与环境监测中正发挥着主要作用

D. 科学家们正在加紧研制根治爱滋病病毒感染的有效药物

60. 下列句子中，能与“鸟下绿芜秦苑夕”构成对偶的是(　　)。

A. 一上高城万里愁　　B. 故国东来渭水流

C. 山雨欲来风满楼　　D. 蝉鸣黄叶汉宫秋

选答多项选择题

61. 关于中国标准书号，说法正确的有(　　)。

A. 书号是主要用于图书、音像制品、非连续型电子出版物的标准化识别代码

B. 中国的组区号为8

C. 出版序号由出版者按出版物次序管理和编制

D. 校验码仅1位数字

E. 出版者号和出版序号连在一起共为8位数字

62. 我国出版管理制度中的准入制度包括(　　)等。

A. 法人准入　　B. 职业准入　　C. 岗位准入　　D. 品牌准入

E. 产品准入

63. 我国出版工作的方针包括(　　)等。

A. 为人民服务，为社会主义服务　　B. 百花齐放，百家争鸣

C. 为读者服务，为市场服务　　D. 古为今用，洋为中用

E. 多出好书，少出坏书

64. 根据《使用文字作品支付报酬办法》，除著作权人与图书出版者另有约定外，出版图书的付酬方式一般有(　　)。

A. 基本稿酬加印数稿酬　　B. 只付基本稿酬，不付印数稿酬

C. 版税　　D. 一次性付酬

E. 只付印数稿酬，不付基本稿酬

65. 下列各句中，科技名词使用不规范的有(　　)。

A. 皮肤和黏膜是人体抗感染的第一道防线，起着隔离外界病毒、细菌的作用

B. 炭是一种很常见的元素，广泛存在于大气、地壳和生物体中

C. 青蒿素是从一种植物中提取出来的抗疟有效成分

D. 我院门诊去年共收治了58例肾病综合症患者

E. 蒸锅里的水翻滚气化成水蒸汽，窜到蒸笼的最上一层，再散向空中

▲组　数字出版

选答单项选择题

66. 关于电子书，说法正确的是(　　)。

A. 电子书中只能放置文本内容　　B. 电子书内容必须从纸质图书转换而来

C. 电子书浏览需要阅读软件支持　　D. 电子书内容只能以网页形式发布

67. 移动端数字出版产品常用操作系统是(　　)。

A. Unix　　B. Linux　　C. DOS　　D. Android

68. 关于网络出版，说法错误的是(　　)。

A. 网络出版起源于联机情报检索服务系统

B. 移动出版也可视为网络出版的形式之一

C. 网络出版采用十进制编码进行内容生产和传播

D. 网络出版包含精神生产和物质生产两个阶段

69. 完善的技术标准是数字出版产业健康发展的重要保障，因为(　　)。

A. 数字出版产品和服务形式的多样性需要建立完整的技术标准体系

B. 标准的重复建设和资源浪费会弱化数字出版产业的高消耗性

C. 科学的标准体系可以形成较高的市场垄断，推动产业做大做强

D. 标准的互不兼容不但使用户选择余地大，还能推动产业发展壮大

70. 关于数字出版技术与内容的关系，说法错误的是(　　)。

A. 内容是数字出版的本质　　B. 技术是数字出版的手段

C. 技术是服务于内容编辑加工的　　D. 传统出版企业应聚焦于技术的深度研发

选答多项选择题

71. 与传统出版物相比，数字出版产品的优势主要表现在(　　)。

A. 开发与制作成本较低　　B. 可以提供信息间的跳转链接

C. 可以更好地服务于残障人士　　D. 内容的表现形式更加丰富

E. 编校工作难度低、时间短

72. 与基于PC端的数字出版产品相比较，手机出版产品的特点包括(　　)等。

A. 移动性　　B. 碎片化　　C. 封闭性　　D. 娱乐性

E. 个性化

73. 云计算技术的特点包括(　　)等。

A. 信息转移的复杂性　　B. 运行成本的低廉性

C. 协同工作的局限性　　D. 系统的可扩展性

E. 服务资源按需配置

74. 从事互联网出版业务，除符合《互联网信息服务管理办法》规定条件外，还应当具备的条件有(　　)等。

A. 确定的出版范围　　B. 符合法律、法规规定的章程

C. 稳定的作者队伍　　D. 必要的编辑出版机构和专业人员

E. 适应出版业务需要的资金、设备和场所

75. 关于数字期刊，说法正确的有(　　)。

A. 数字期刊可分为全文型期刊和摘要型期刊

B. 数字期刊可采用数据库出版的方式

C. 数字期刊的内容来源于印刷版期刊

D. 数字期刊的标识符通常采用 ISRC

E. 数字期刊可以让读者选择订购部分内容

四、综合题(共5题，100分。要求用黑色墨水笔在答题卡指定区域内作答)

76. 审稿题：审读短稿，按照审稿的基本要求指出其中存在的错误或缺漏。(本题20分)

所谓“出版”，是指创作、复制作品并向公众发行的活动，是人类文明发展到一定阶段的产物。它既是人类文明发展的重要成果，又是促进人类文明发展的有力工具。出版活动的成果是出版物。由于计算机技术的运用越来越普遍，人们可以很方便地借助计算机把自己或别人的精神文化成果整理出来，即成为出版物。出版物的内容由经过选择、优化、提炼的知识与信息构成，是作者和编辑人员的精神劳动成果。出版物直接影响人们的物质生活领域。

出版物可以分为图书、报纸、期刊、音像制品、电子出版物等。其中的前三种都是以纸介质为载体的连续出版物。出版物的质量，很大程度上是由编辑工作决定的。编辑工作中的各个环节，包括选题策划、组稿、审稿、加工整理、印制包装等，都至关重要。

为了加强出版专业技术人员的队伍建设，国家对在出版单位从事各项工作的人员实行职业资格制度。出版专业职业资格分为初级资格和中级资格两个级别，初级资格是可以从事出版专业工作的“入门”条件。凡取得初级资格者，可以受聘担任责任编辑。

新进入出版单位的出版专业技术人员，应在到岗前取得出版专业职业资格证书。已经获得职业资格证书者，还要每年接受48学时的继续教育，以适应出版业的发展对从业人员的新要求。

77. 计算简答题：根据所给材料回答问题。(需计算后回答的问题，须列出算式；每个问题计算过程中的小数均保留实际位数，计算结果有小数的，小数保留2位。)(本题20分)

张某、李某经商议共同创作一部作品《侵权案例分析》，两人约定写作分工，张某负责案情的改写，李某负责案例分析。该书于2012年由甲出版社出版，专有出版合同约定有效期4年，无稿酬。该书案例选取独到、分析问题精准且语言通俗易懂，市场反响很好。2016年11月，该书售罄。责任编辑王某于当年12月申报该书重新出版，出版社同意出版，于是联系作者希望再次合作。此时，张某健在，李某已故。王某就与张某签订新的出版合同，约定以版税方式结算稿酬，版税率为8%，以实际印数为基准。2017年6月，《侵权案例分析》一书付印，印数5000册，定价30元，作者署名为张某。图书出版两个月后，甲出版社向张某支付了稿酬。2018年2月，李某之子找到甲出版社主张权利。

问题一：

2017年出版的《侵权案例分析》是(　　)。

A. 委托作品

B. 合作作品

C. 个人作品

问题二：

李某之子是否有权向甲出版社主张权利？如果无权，为什么？如果有权，可主张哪些权利？为什么？

问题三：

按合同约定，甲出版社应向作者支付多少税前稿酬？

78. 改错题：阅读短文，改正文中的文字、标点符号差错。（本题 24 分）

“废墟”这两个字目前在我国绝大多数人的心目中还只是一个跟文化和美学不相干的贬意词。《现代汉语词典》对“废墟”的解释仅仅是“城市、村庄遭受破坏或灾害后变成的荒凉地方”；《辞海》的解释也是简单的一句：“受到破坏后变成的荒芜的地方”。是什么遭受破坏？是一块稻田，还是一条水渠？亦或一片树林？这些东西遭受破坏的结果只能叫荒地。诚然，按照中国文化去理解，现汉的解释并没有错，但若用世界知识来衡量，这样的理解就很不够。

“废墟”的词义变化是从欧洲的文艺复兴开始的。早在 15 世纪，人们从偶然的废墟挖掘中发现古希腊、古罗马时代那些栩栩如生的壁画、雕塑等绝妙艺术品，受到极大的震憾和鼓舞，于是决心以古代为榜样来复兴文学和艺术。古代那些巍莪的神庙和宫殿，尽管多半都在战火和天灾中沦为废墟了，但它们依然令人肃然起敬，不仅引起人们思古的幽情，更激发人们对艺术创造的热情。人们对前人伟大创造的历史证物，那怕只是一方残垣断壁，一堆碎石瓦砾，也刮目相看了！废墟的美学价值及其品位的提升，另一个重要进程是 18 世纪末十九世纪初的浪漫主义运动。经历了长期的工业发展，工业化运动的弊端已开始显现，欧洲人开始厌恶工业化的喧嚣，缅怀中世纪的田园生活和情调，创作中喜好远古的题材，爱好废墟的景象。第三股推动力量是 1820 年爱琴海米罗岛上的女性雕塑阿弗洛狄忒，即“断臂维纳斯”的发现。这尊被认为世界上最美的女性雕塑，多少人想复原她的双臂姿式都以失败告终，作为残缺美的经典永远定格，也为飞絮的残缺美进入美学殿堂提供了有力的旁证。

把废墟当荒地，一见残破就碍眼，不惜工本修茸一新，甚至铲平重建，是缺乏文化素养的表现。如以重修的行为破坏长城遗迹，对那些稍有文物意识的游客来说是倒胃口的。一次，我陪外国友人游览司马台长城，起初我也不知道它是“修旧如旧”过的，以为是被岁月“特赦”了的。直到走完最后一个完好的岗楼时，眼前突然出现乱石满地的残破的长城遗迹。大家不约而同喊了起来：“长城在这里呢”！不难理解，人家要瞻仰和领悟的是那尽管残破，却带着岁月沧桑。能唤起“悟性陶醉”的长城废墟，而不是任何用钱就能换来的崭新建筑。

79. 改错题：改正句子中的错误。（本题 24 分）

(1)市卫生局要求各体检站和体检医生，把关好体检标准，尤其是在重要脏器的检查和临床检验方面不得擅自提高或降低标准。

(2)经过几次化疗，他的白细胞数量比正常值减少了三倍。

(3)今年以来，该省农业继续保持多年来良好的发展势头，粮食和农民收入持续、稳步增长。

(4)半个世纪以来，他的足迹踏遍了全国各地，测量、研究的古建筑达 2000 座之多。

(5)妈妈亲切地走过来对我说：“你要多注意休息，不要熬夜。”

(6)经过销售人员再三解释，才使他怒气逐渐平息，最后不再要求退货。

(7)天山绵延几千里，处处有奇丽的景色。身处其间，我们有种既虔诚又兴奋的感觉是颇难形容的。

(8)现在勤奋求知，苦练本领，是同学们将来能否大有作为的关键所在。

(9)这座古村落融山乡水村与历史文化为一体，必将焕发出既古朴却不失美丽的容颜。

(10)从去年以来，这座城市已有多家环保不达标企业被严禁拒之门外。

(11)热列欢迎来自全国各地的莘莘学子们学习交流。

(12)郑板桥是我国清代著名的诗人、画家、书法家和艺术家，也是“扬州八怪”之一。

80. 释词翻译题：阅读古文，解释文中画线的词，并将画线的句子译成现代汉语。（本题12分）

厉王<u>虐</u>，国人<u>谤</u>王。召公<u>告</u>曰：“民不堪命矣！”<u>王怒，得卫巫，使监谤者。以告，则杀之。国人莫敢言，道路以目。</u>

答案及详解

一、单项选择题（共25题，每题1分。每题的备选项中，只有1个最符合题意）

1. D 【考点】出版物的种类

【解析】期刊又称“杂志”，是指有固定名称，用卷、期或年月顺序编号，通常以纸介质为载体并以印刷方式复制，装订成册的连续出版物。图书是主要以纸介质为载体并以印刷方式复制的、可以重印的非连续出版物。图书不同于报纸和期刊的主要特点，在出版方式上是“非连续出版”，即不能以一个只用序号相区别的固定名称一种接一种地连续出版下去，并且篇幅和出版周期都有较大的伸缩性；在内容上是讲究系统性和稳定性，即一般要按照一定的主题和结构组成一个独立的整体，且有较长的时间效用，可以重印或再版。

2. B 【考点】出版物标志

【解析】中国标准书号由不同长度的5段共13位阿拉伯数字组成，段之间以短线隔开，前面冠以ISBN作为标志符，如“ISBN 978—7—5064—2595—7”。各段数字分别表示EAN. UCC前缀、组区号、出版者号、出版序号和校验码。

3. C 【考点】对设立出版物生产经营单位的管理

【解析】出版专业职业资格登记有效期3年，每3年续展登记一次；如有特殊情况，登记有效期可适当延长，但最长不超过3个月。逾期仍不办理续展登记手续的，原登记自动失效。

4. B 【考点】对出版活动的管理

【解析】根据《图书出版管理规定》，出版辞书、地图、中小学教材等类别的图书，实行资格准入制度。出版单位如要出版这几类图书，须经国家出版主管部门批准。这对于保证辞书、地图和中小学教材的出版质量具有重要作用。

5. C 【考点】《图书质量管理规定》

【解析】根据《图书质量管理规定》第十七条，经检查属编校质量不合格的图书，差错率在万分之一以上万分之五以下的，出版单位必须自检查结果发布之日起30天内全部收回；改正重印后可继续发行；差错率在万分之五以上的，必须自检查结果发布之日起30天内全部收回。

6. B 【考点】《宗教事务条例》

【解析】根据《宗教事务条例》第七条规定，宗教团体按照国家有关规定可以编印宗教内部资料性出版物。出版公开发行的宗教出版物，按照国家出版管理的规定办理。涉及宗教内容的出版物，应当符合《出版管理条例》的规定，并不得含有下列内容：①破坏信教公民与不信教公民和睦相处的；②破坏不同宗教之间和睦以及宗教内部和睦的；③歧视、侮辱信教公民或者不信教公民的；④宣扬宗教极端主义的；⑤违背宗教的独立自主自办原则的。

7. A 【考点】作品

【解析】著作权法是确定相关主体对文学、艺术和科学作品享有著作权并提供保护，调整因创作、传播、使用作品而产生的各种利益关系的法律规范总和。著作权法中所说的

“作品”，是指文学、艺术和科学领域内具有独创性的并能以某种有形形式复制的智力成果。根据《著作权法》第五条的规定，三类客体不适用著作权法保护：①立法、行政、司法性质的文件（包括其官方正式译文）；②单纯事实消息；③历法、通用数表、通用表格和公式。

8. D 【考点】著作权内容

【解析】著作权法中的“财产权”又称“经济权利”，是指可以为著作权人带来经济收益的权利。通俗地说，这是作者因授权他人使用其作品而能够获得经济报酬的权利。除了一项比较笼统的“应当由著作权人享有的其他权利”之外，《著作权法》第十条具体列举了属于财产权的12项权利——复制权、发行权、出租权、展览权、表演权、放映权、广播权、信息网络传播权、摄制权、改编权、翻译权、汇编权。

9. C 【考点】汉字的笔画、偏旁、部首和笔顺

【解析】“岛”字以“山”为部首，同时该部首也是该字的偏旁。偏旁又称部件，是构成汉字的预制构件。合体字是由几个偏旁组合成的，独体字则由一个偏旁充当。部首也是偏旁，但偏旁不一定是部首。偏旁的数目远比部首多。部首大多数代表同部的字所表示的词义类别，而偏旁除了一部分表示词义类别外，更多的是字的表音成分。

10. A 【考点】汉语拼音与语音规范

【解析】B项，应改为：妊娠（shēn），憧（chōng）憬。C项，应改为：偈（jì）语，论（lùn）证。D项，应改为走到：提（dī）防。

11. B 【考点】标点符号使用规范

【解析】A项，一字线用于连接时间的起点和终点，表示时间段。“北京——武夷山——广州”应改为“北京—武夷山—广州”。C项，“母、女”之间的顿号应该删去。D项，“《中华魂杯》”应改为“中华魂”杯。

12. C 【考点】数字用法使用规范

【解析】A项，带有“几”字表示约数的数字，如“十几天”“一百几十次”“几十万分之一”等，应选用汉字数字。B项，在表示数量或顺序范围时，如使用的是百分率形式或以“万、亿”等作基本单位，前一个数字后不能漏百分号或“万、亿”等，如“35% ~50%”不能写成“35 ~50%”，“9万 ~10万”不能写成“9 ~10万”。D项，句子中前后两项的数字应统一规范，用法应保持一致。

13. C 【考点】计量单位

【解析】A项，“千克/每立方米”应改为“kg/m^3或千克每立方米”。B项，“平方”应改为“平方米”。D项，“焦耳每千克每开尔文”应改为“焦耳每千克开尔文”。

14. D 【考点】词形、词音和词义

【解析】A项，“热烈”指情绪高昂，兴奋激动，不适合修饰“情况”一词。B项，“料峭”常修饰春天，与“三九严寒”矛盾。C项，“破镜重圆”是指比喻夫妻失散或感情破裂后又重新相聚或和好，这里修饰“父子关系”使用不当。

15. B 【考点】虚词

【解析】A项，“没听清”和“不注意”两者只能选一，应用“或者”。C项，用“和”来连接三个以上的并列成分时，“和”应放在最后的两个成分之间，而前边的各成分用顿号隔开。D项，“和”连接动词短语有明显的限制：①动词必须是双音节的；②两个动词必须有共同的状语或共同的宾语。如“认真学习和坚决贯彻党的方针政策”。上面句子中

的“对工作有高度的责任感”和“不断提高技术水平去克服困难”是两个动词短语，但没有共同的状语或共同的宾语，因此不能用“和”来连接。

16. A 【考点】复句及其运用

【解析】选用“只要……就……”，先组成恰当的条件复句。前半句加入“虽然相隔万里”，再组成恰当的转折句。

17. C 【考点】概念之间的关系

【解析】A项，生和死属于矛盾关系，即两个概念的外延互相排斥，而它们的外延相加等于它们属概念的全部外延，这两个概念之间的关系便是矛盾关系。B项，水果和香蕉属于属种关系，即一个外延较大的概念包含着另外一个外延较小的概念。C项，两个概念的外延互相排斥，而它们的外延相加小于它们属概念的外延，这两个概念之间的关系是反对关系，如黑和白。D项，模特和女性属于交叉关系，即两个概念的外延只有一部分重合。

18. D 【考点】常见语法错误的纠正

【解析】A项违反排中律，对反映同一对象的两个相互矛盾的思想，含糊其词，骑墙居中，犯了“两不可”的错误；B项违反矛盾律，“健康”和“疾病”不能同时保证，自相矛盾；C项违反矛盾律，自相矛盾，“花纹已具有文字的性质”，说明花纹是文字，但后面又称“还不能算是文字”。

19. D 【考点】词形、词音和词义

【解析】“今夫弈之为数，小数也”的句意是下棋作为一种技艺，只是一种小技艺。

20. D 【考点】词义

【解析】D项，“于是废先王之道”意为“接着废除了原先历代帝王的治理之道”。

21. B 【考点】天文、历法

【解析】B项，六部即吏、户、礼、兵、刑、工。吏部掌管官吏的任免、铨叙、考绩、升降等；户部掌管户口、土地、赋税、财政等；礼部掌管礼仪、祭祀、科举、学校等；兵部掌管武官选用及军政；刑部掌管司法行政、狱讼等；工部掌管各项工程、营造、屯田、水利、交通等。

22. D 【考点】天文、历法

【解析】干支纪年法，是指以十天干与十二地支两两相配，以纪年历，六十年一循环。天干与地支一个循环配成六十组，通称为“六十甲子”。十天干是甲、乙、丙、丁、戊、己、庚、辛、壬、癸。十二地支是子、丑、寅、卯、辰、巳、午、未、申、酉、戌、亥。

23. B 【考点】天文、历法

【解析】金星古称“明星”“太白”“启明”（因其在黎明时见于东方）“长庚”（因其在黄昏时见于西方）。

24. A 【考点】数字出版

【解析】A项，互联网出版又称网络出版，其与数字出版的区别在于：电子出版和数字出版都可以用来指印刷出版的印前部分，涵盖利用计算机进行的编辑加工、排版印刷等活动；网络出版则不同，称其为出版的电子化或者数字化更加准确。

【说明】根据最新版考试教材，该知识点已删除。

25. C 【考点】数字出版产业的特征

【解析】与传统出版产业相比，数字出版产业的集中度明显较高。就国内情况而言，少数新兴数字出版单位拥有明显的市场优势。

【说明】根据最新版考试教材，目前我国的数字出版产业正处于成长期，与相关产业的融合正在逐步加强，产业结构不断优化，发展质量不断提升，产业集中度较高。

二、**多项选择题**(共30题，每题2分。每题的备选项中，有2个或2个以上符合题意，至少有1个错项。错选，本题不得分；少选，所选的每个正确项得0.5分)

26. ACDE 【考点】出版工作者的职业道德建设

【解析】加强出版工作者的职业道德建设，可以从以下几个方面进行：①加强自我修养。良好职业道德的养成需要出版工作者长期自觉努力。加强自我修养，在道德行为上自重、自省、自警、自励。以自我反省、自我评价、自我检点来净化人格心灵，培养良好的职业道德品质。②加强教育。出版工作者职业道德建设还需要依靠教育手段。要通过形式多样、持之以恒的职业道德教育，使出版工作者受到职业道德规范的启发、感化，从而提高职业道德修养。③加强舆论引导和监督。出版业要形成良好的职业道德风气，必须建立有效的职业道德舆论调控机制，即充分发挥传播媒介和公众舆论的引导和监督作用，使道德评价成为扬善抑恶的重要手段，为出版业的发展创造良好的道德氛围和人文环境。④加强制度化、法规化建设。出版工作者职业道德建设，不仅要依靠个人自我修养、教育、舆论调控，还要依靠法律、政策和规章制度支持。要加强出版业的规章制度建设，健全职业道德的预警机制。

27. ABDE 【考点】开展出版活动的条件

【解析】所谓出版，是指有组织地编辑、复制作品并向公众发行的活动。构成出版活动的三个基本要素是编辑、复制和发行。开展出版活动必须具备以下四个基本条件：①精神文化资源。②人力资源和物质资源。③流通传播资源。④市场资源。

28. BCDE 【考点】我国出版工作的主要任务

【解析】我国出版工作的根本任务，是促进社会主义先进生产力和先进文化的发展，满足人民群众日益增长的精神文化需求。具体地讲，主要有：①建设社会主义核心价值体系；②传播和积累科学文化知识，提高国家文化软实力；③弘扬中华文化；④促进国际文化交流；⑤促进国际文化交流。

【说明】根据最新版考试教材，作为党的宣传思想文化工作的重要组成部分，作为促进文化繁荣兴盛、建设社会主义文化强国的重要力量，出版工作必须围绕宣传工作的根本任务，承担以下主要任务：①广泛深入传播党的理论创新成果。②培育和弘扬社会主义核心价值观。③传播和积累科学文化知识。④弘扬中华优秀传统文化。⑤丰富和提高人民的精神生活。⑥促进国际文化交流。

29. ABCD 【考点】对出版活动的管理

【解析】我国出版行政管理的主要内容包括：①对设立出版物生产经营单位的管理；②对出版从业人员的管理；③对出版活动的管理；④对出版物的管理。

30. ABCE 【考点】对设立出版物生产经营单位的管理

【解析】D项，根据《图书质量管理规定》，一年内造成三种以上图书不合格的直接责任者，或者连续两年造成图书不合格的直接责任者，取消其出版专业职业资格并注销登记，且其三年之内不得从事出版编辑工作。

31. DE 【考点】对出版从业人员的管理

【解析】《出版管理条例》规定，重大选题备案的具体办法由国务院出版行政主管部门制定。国家新闻出版署于2019年10月实施的《图书、期刊、音像制品、电子出版物重大选题备案办法》，规定需报备案的选题范围是：①有关党和国家重要文件、文献选题。②有关现任、曾任党和国家领导人讲话、著作、文章及其工作和生活情况的选题，有关现任党和国家主要领导人重要讲话学习读物类选题。③涉及中国共产党历史、中华人民共和国历史上重大事件、重大决策过程、重要人物选题。④涉及国防和军队建设及我军各个历史时期重大决策部署、重要战役战斗、重要工作、重要人物选题。⑤集中介绍党政机构设置和领导干部情况选题。⑥专门或集中反映、评价“文化大革命”等历史和重要事件、重要人物选题。⑦专门反映国民党重要人物和其他上层统战对象的选题。⑧涉及民族宗教问题选题。⑨涉及中国国界地图选题。⑩反映中国香港特别行政区、澳门特别行政区和台湾地区经济、政治、历史、文化、重要社会事务等选题。⑪涉及苏联、东欧等社会主义时期重大事件和主要领导人选题。⑫涉及外交方面重要工作选题。

32. DE 【考点】对出版活动的管理

【解析】图书质量包括内容、编校、设计、印制四项，分为合格、不合格两个等级。内容、编校、设计、印制四项均合格，成品图书的质量属合格；若四项中有一项不合格，成品图书的质量属不合格。

33. ADE 【考点】对出版活动的管理

【解析】《出版管理条例》第二十五条规定，任何出版物不得含有以下内容：①反对宪法确定的基本原则的。②危害国家统一、主权和领土完整的。③泄露国家秘密、危害国家安全或损害国家荣誉和利益的。④煽动民族仇恨、民族歧视，破坏民族团结，或者侵害民族风俗、习惯的。⑤宣扬邪教、迷信的。⑥扰乱社会秩序，破坏社会稳定的。⑦宣扬淫秽、赌博、暴力或者教唆犯罪的。⑧侮辱或者诽谤他人，侵害他人合法权益的。⑨危害社会公德或者民族优秀文化传统的。⑩有法律、行政法规和国家规定禁止的其他内容的。《出版管理条例》第二十六条规定，以未成年人为对象的出版物不得含有诱发未成年人模仿违反社会公德的行为和违法犯罪的行为的内容，不得含有恐怖、残酷等妨害未成年人身心健康的内容。

34. ABCE 【考点】著作权许可使用合同

【解析】D项，除了报纸、期刊出版单位使用作品不必与著作权人签订书面的许可使用合同外(著作权人实际上是通过将作品自行投给报纸、期刊编辑部的行为来表明其许可使用的意愿)，其余各种出版社以出版方式使用作品，都必须与著作权人订立书面的许可使用合同——出版合同。

35. BC 【考点】侵犯著作权的行政责任

【解析】著作权管理部门依据《著作权法》《著作权行政处罚实施办法》等可实施的行政处罚包括：责令停止侵权行为，予以警告，没收违法所得，没收、无害化销毁处理侵权复制品以及主要用于制作侵权复制品的材料、工具、设备等。

说明：根据最新版考试教材，A项知识点已删除。

36. ACE 【考点】著作权限制

【解析】“合理使用”是指在法律规定的情况下使用已经发表的作品，可以不经著作权人许可，也不向其支付报酬，但应指明作者姓名或者名称、作品名称，并且不得影响该作品的正常使用，也不得不合理地损害著作权人的合法权益。

37. AB 【考点】汉字常识和汉字使用规范

【解析】C项，偏旁又称部件，是构成汉字的预制构件。合体字是由几个偏旁组合成的，独体字则由一个偏旁充当。D项，汉字与汉语的语音不发生直接的联系，同样一个汉字，不同方言区的人可以有不同的读音。E项，汉字定形的工作包括确定规范的简化字，整理异体字，废除旧字形，更改地名生僻字，淘汰计量单位用字中的复音字和生僻字等。

38. BDE 【考点】常见词语使用错误的纠正

【解析】A项，“意想天开”应改为“异想天开”。C项，“张灯节彩”应改为“张灯结彩”。

39. ADE 【考点】标点符号的使用规范

【解析】A项，只有同一层次内的并列词语之间才可用顿号，不同层次间的停顿要分别使用逗号或顿号，应改为“北京市新开辟了红庙至动物园，前门、丰台至颐和园，香山至卧佛寺等多条游览线路”。D项，“《辞源(第三版)》”应改为“《辞源》(第三版)”。E项，顿号与“和”不能同用，应删除顿号。

40. ACD 【考点】数字用法

【解析】A项，在表示年月日时，不能略去表示世纪的数字。“08年”应改为“2008年”。C项，去掉“三、四”之间的顿号。D项，数字作为语素而定型构成的词、词组、成语、惯用语、缩略语或具有修辞色彩的词语，如“星期五”“一律”“三心二意”“十五规划”“二氧化碳”“八国联军”“九三学社”“十月革命”“不管三七二十一”“白发三千丈”等应改用汉字数字。“13届”应改为“十三届”。

41. ABC 【考点】计量单位

【解析】AC两项都错用了应停用的单位名称，“公升”应改为“升”，“公尺”应改为“米”。B项使用了已废弃的旧名称。“电流强度”应改为“电流”。

42. AD 【考点】常见词语使用错误的纠正

【解析】B项，“弹冠相庆”偏向贬义，意为掸去帽子上的灰尘，准备做官。指官场中一人当了官或升了官，同伙就互相庆贺将有官可做。含贬义，指坏人得意的样子。C项，“洗耳恭听”表自谦，诙谐词，意为洗干净耳朵恭恭敬敬听别人讲话。E项，“忝列”为自谦含义，意思是有愧于排列在其中。

43. ABE 【考点】常见语法错误的纠正

【解析】A项，“囹圄”是名词，不能用作动词；B项，名词误用为形容词，“主观”是形容词，可以受副词“不”的修饰；“偏见”是名词，不能受副词修饰；E项，“怀疑”是动词，误用为名词。

44. ACDE 【考点】推理

【解析】“我跟他去过”句子中体现了两个人称，“跟”代表“和”的意思，表示二人均去过，且“过”表达过去时态。

45. AE 【考点】常见的汉语修辞方式

【解析】比喻就是把某一事物比作另一事物，也就是常说的“打比方”。其中，被说明或描绘的事物称为“本体”，用来打比方的事物称为“喻体”，联系本体和喻体的词语便是“喻词”。比喻可分为明喻、暗喻、借喻三种类型。A项，将“月泉”比作“翡翠”。E项，将“白发”比作“霜花”，突出头发的花白程度，体现岁月的沧桑。

46. ACD 【考点】概念的种类

【解析】正概念是反映对象具有某种属性的概念。如正义战争、自私、美丽等都是正概念。负概念是反映对象不具有某种属性的概念。如非正义战争、不自私、不美丽等都是负概念。从语言角度来看，表达负概念的语词往往带有“不”“非”等否定词。但带“无”“非”“不”等的语词所表达的概念并不一定都是负概念，如“无产阶级”“无机物”“非洲”等，关键在于这类概念中是否把“无”“非”“不”等当作否定词来使用。

47. ABCE 【考点】常见的运用判断时的错误、常见的运用概念时的错误

【解析】A 项，误用否定，应为“在出现汽车之前”。B 项，误用集合概念，《四世同堂》不属于古典小说名著。C 项，自相矛盾，“从未去过”和“只有一次”冲突。E 项，动宾搭配不当，“海水”和“阳光”是不能被呼吸的。

48. ABC 【考点】名词活用

【解析】A 项，“人”名词活用为状语，意为“像人一样站起来”。B 项，“蛇”名词活用为状语，意为“像蛇一样爬行”。C 项，“兄”名词活用为状语，意为“像兄长一样”。D 项，“陋之”为形容词的意动用法，意为“鄙视、轻视”。E 项，“官”是名词的使动用法，“使(让)……做官”。

49. BD 【考点】介词

【解析】A 项，第一个“为”是动词“替、给”，第二个“为”是“谋划、出”的意思讲。B 项，“为人所制”为被动，表“被人所制约”。C 项，“为”表达假如的意思，意为如果要与王接近。D 项，“身为宋国笑”表被动，指“自身被宋国耻笑”。E 项，“为”引出动作行为发生时涉及的对象，是“向”的意思。

50. AB 【考点】天文、历法

【解析】A 项，随着天文知识的丰富，人们把黄道和赤道附近的星空分为二十八个区域，称为“二十八宿”，并把二十八宿的东方七宿(角、亢、氐、房、心、尾、箕)想象成苍龙，西方七宿(奎、娄、胃、昴、毕、觜、参)为白虎，南方七宿(井、鬼、柳、星、张、翼、轸)为朱雀，北方七宿(斗、牛、女、虚、危、室、壁)为玄武，将这四种动物称为“四象”。B 项，乡试，是生员参加三年一考的省级考试，考取的称举人，第一名称解(jiè)元。考取乡试称为举人。

51. ADE 【考点】天文、历法

【解析】中国阴历(农历)按天时和气候的变化，将一年分为二十四个节气，它们是立春、雨水、惊蛰、春分、清明、谷雨、立夏、小满、芒种、夏至、小暑、大暑、立秋、处暑、白露、秋分、寒露、霜降、立冬、小雪、大雪、冬至、小寒、大寒。

52. CDE 【考点】我国数字出版产业现状

【解析】数字出版产品必须通过一定的信息网络系统实现传播，这一过程快速便捷、传播的成本很低，传播途径主要包括有线互联网、无线通信网和卫星网络等。

53. BE 【考点】产业发展中的五个重要关系

【解析】产业发展中的五个重要关系包括：①内容与技术；②产品与需求；③传统内容资源与数字内容资源；④传统出版经营管理模式与出版融合业务创新；⑤传统出版数字化转型升级与新兴出版业态。

54. ABCD 【考点】时事政治

【解析】开展“不忘初心、牢记使命”主题教育，具体目标是理论学习有收获、思想政治受洗礼、干事创业敢担当、为民服务解难题、清正廉洁作表率。

55. ABDE 【考点】时事政治

【解析】2019 年 3 月 4 日下午，中共中央总书记、国家主席、中央军委主席习近平看望了参加全国政协十三届二次会议的文化艺术界、社会科学界委员，并参加联组会，听取意见和建议。他强调，新时代呼唤着杰出的文学家、艺术家、理论家，文艺创作、学术创新拥有无比广阔的空间，要坚定文化自信、把握时代脉搏、聆听时代声音，坚持与时代同步伐、以人民为中心、以精品奉献人民、用明德引领风尚。

三、选答选择题(共 2 组，其中★组主要考核“传统出版”内容，▲组主要考核“数字出版”内容；每组各 10 题，其中前 5 题为单项选择题，每题 1 分，后 5 题为多项选择题，每题 2 分；请任选其中 1 组作答，如 2 组都作答，只按★组计分)

★组 传统出版

选答单项选择题

56. A 【考点】出版物的种类

【解析】期刊也可从各种角度作多种划分。譬如，按内容范围，可分为时事政治类、社会科学类、自然科学类、工程技术类、文学艺术类、教学辅导类、综合文化生活类、科学普及类、情报检索类等。

57. B 【考点】对出版从业人员的管理

【解析】所谓“一号多用”，就是书号、刊号虽然按规定用于相应的出版物，但是每个编号违反规定用于不止一个品种，给出版管理造成混乱。国家禁止“一号多用”的出版行为。根据新闻出版署 1994 年 11 月发布的《关于禁止中国标准书号“一号多用”的通知》，每一种不同形式的图书应分别使用书号，就是说，同一种图书的不同装帧形式、同一种图书的不同版本、相同内容不同开本的图书、相同内容不同文字类别的图书，都应该单独使用书号。多卷本的丛套书的书号使用，应根据定价方式确定。凡是每分卷册分别定价、可分册销售的，每分卷册应分别使用书号，分别统计品种；凡是各分卷册不分别定价，全套书只有一个总定价，不能分开销售的，可作为一个品种使用一个书号。根据新闻出版总署 2005 年 9 月发布的《期刊出版管理规定》，一个刊号只能对应出版一种期刊，不得用同一刊号出版不同版本的期刊；出版不同版本的期刊，须按创办新期刊办理审批手续。

58. D 【考点】著作权保护期

【解析】无限期保护适用于署名权、修改权和保护作品完整权。这些权利属于人身权，与特定人的身份相联系，不因人的死亡而消失，所以保护期不受限制。

59. A 【考点】科技名词的规范使用

【解析】B 项，“炭酸饮料”应改为“碳酸饮料”；C 项，“镭射雷达”应改为“激光雷达”；D 项，“爱滋病”应改为“艾滋病”。

60. D 【考点】常见的汉语修辞方式

【解析】对偶是汉语所特有的，就是把意义相关、字数相等、结构相同的两个语句对称地排列在一起，表达相对、相似、相关或相承的意思，又称对仗、对子或联语。对偶的一般规则，是名词对名词，动词对动词，形容词对形容词，副词对副词。从形式上看，它音节整齐匀称、韵律感强；从内容上看，它表意凝练集中、概括力强。恰当地运用对偶能增强语言的形式美、音韵美和感染力。“鸟下”对应“蝉鸣”，“绿芜”对应“黄叶”，“秦苑”对应“汉宫”，“夕”对应“秋”。

选答多项选择题

61. ACDE 【考点】出版物标志

【解析】中国标准书号是主要用于图书、音像制品、非连续型电子出版物的标准化识别代码。中国标准书号由不同长度的 5 段共 13 位阿拉伯数字组成，段之间以短线隔开，前面冠以 ISBN 作为标志符，如“ISBN 978—7—5064—2595—7”。各段数字分别表示 EAN. UCC 前缀、组区号、出版者号、出版序号和校验码。EAN. UCC 前缀由 3 位数字组成，是国际物品编码协会分配的产品识别编码，由国际 ISBN 中心向国际 EAN 组织申请获得。中国的 EAN. UCC 前缀为 978 和 979，目前使用 978，何时使用 979 由国际 ISBN中心决定。组区号由国际 ISBN 中心分配，中国的组区号为 7。出版者号由中国 ISBN 中心分配，分别由 2 ~ 7 位数字组成。非连续型电子出版物使用专用的中国标准书号，其中的出版者号均为 6 位数。出版序号由出版者按出版物的出版次序管理和编制，分别由 1 ~ 6 位数字组成，具体位数取决于出版者号的位数，即出版者号和出版序号连在一起须共为 8 位数字。校验码用以检查中国标准书号编号的正确性，仅 1 位数字，采用模数 10 的加权算法对前 12 位数字计算后得出。B 项，组区号由国际 ISBN 中心分配，中国的组区号为 7。

62. ABCE 【考点】党和国家对出版的管理

【解析】我国的出版管理制度围绕“法人准入、职业准入、岗位准入、产品准入”这四大准入制度体系而构建。法人准入是对各类出版物生产经营单位的资质准入制度；职业准入是对从业人员从事出版职业的准入制度；岗位准入是对从事出版工作特定岗位（如责任编辑）的准入制度；产品准入是对出版物标准、出版物质量的管理制度。

63. ABD 【考点】我国出版工作的方针原则

【解析】为了充分发挥出版工作正确影响社会的作用，出版工作者应该在工作实践中坚持贯彻、执行一些基本的方针原则：①为人民服务、为社会主义服务；②百花齐放、百家争鸣；③古为今用、洋为中用；④弘扬主旋律、提倡多样化；⑤将社会效益放在首位，实现社会效益与经济效益相结合；⑥坚持质量第一；⑦坚持走改革创新之路。

【说明】根据最新版考试教材，为了取得良好的社会效益，实现社会效益与经济效益相统一，出版工作应该坚持贯彻、执行一些基本的方针原则，包括：①坚持正确政治方向；②坚持以人民为中心；③坚持把社会效益放在首位；④坚持质量第一；⑤坚持改革创新；⑥坚持党管出版。

64. ACD 【考点】出版单位使用作品的付酬

【解析】根据《使用文字作品支付报酬办法》，除著作权人与图书出版者另有约定外，出版图书的付酬方式一般可分三种：①版税方式。版税是根据图书定价的一定比例乘以一定册数计算的作品使用费。以版税形式向著作权人支付作品使用费，就是付酬的版税方式。②基本稿酬加印数稿酬方式。按照这种方式，出版者应根据作品的字数向作者支付一定的基本稿酬；再根据图书的印数，按基本稿酬的一定比例向著作权人支付印数稿酬；图书重印时只付印数稿酬，不再付基本稿酬。③一次性付酬方式。按照这种方式，出版者根据作品的质量、篇幅，作者的知名度、影响力，使用的方式、范围和授权期限等因素计算出报酬，并一次性向作者付清。付酬的标准和计算方式可参照基本稿酬。

65. BDE 【考点】科技名词的规范使用

【解析】B 项，“碳”的使用主要有三种情况：①与元素 C 对应的汉文名称；②涉及碳元素、碳原子的名词及其衍生词、派生词；③涉及碳的化合物的名词及其衍生词、派生词。D 项，“肾病综合症”应改为“肾病综合征”。E 项，“气化”使用不规范，应改为“汽化”。

▲组　数字出版

选答单项选择题

66. C 【考点】数字书报刊产业

【解析】电子书(又称数字图书、电子图书、eBook)是指将文字、图片、声音、影像等信息内容数字化的出版物。它包括三个基本要素：①电子书的内容，即文字、图片、声音、影像等数字化信息；②电子书阅读器，即阅读的载体，包括各种 PC、平板电脑、智能手机和专门为读取电子书而开发的阅读器等终端阅读设备；③电子书的阅读软件，这是保证数字化信息内容能够为阅读设备展现的关键，如 Adobe Reader、掌阅 Reader 及 Amazon Reader 等。

67. D 【考点】移动操作系统

【解析】使用移动操作系统的设备通常有智能手机、平板电脑等，另外也包括嵌入式系统、移动通信设备、无线设备等。为大家所熟知的移动操作系统有 Android、IOS、Windows Phone。其他正在使用的移动操作系统有 BlackBerryol、Firefox OS、Sailfish OS 等，但是市场占有率普遍较低。

【说明】根据最新版考试教材，该知识点已删除。

68. C 【考点】网络出版

【解析】C 项，2002 年由国家新闻出版总署和信息产业部联合出台的《互联网出版管理暂行规定》对当时主要的网络出版形式——互联网出版作了界定，即：“指互联网信息服务提供者将自己创作或他人创作的作品经过选择和编辑加工，登载在互联网上或者通过互联网发送到用户端，供公众浏览、阅读、使用或者下载的在线传播行为。”该规定对“互联网信息服务提供者”的资格和“作品”的范畴作了进一步限定。从这几年的发展状况来看，网络出版中的网络不局限于互联网，还可以是无线网络、卫星网络等。同时随着数字出版活动在互联网中的逐步发展，还出现了“互联网出版”“手机出版”“互联网出版产品”和“互联网出版单位”等与数字出版活动相关的概念。

69. A 【考点】数字出版产业的特征

【解析】数字出版产品及服务的形式多种多样，不同的产品及服务形式具有不同的技术标准，所以数字出版产业的技术标准比较复杂。同时，参与数字出版业务的企业往往实施不同的技术标准，也使数字出版产业技术标准难以统一。建立层次分明、分类科学、完整适用的技术标准体系，可以减少因标准不统一而造成的资源浪费和消费者使用不便等问题。

70. D 【考点】产业发展中的五个重要关系

【解析】内容与技术是数字出版的两个基本要件。其中，内容是数字出版的本质，技术是数字出版的手段，所谓“内容为体，技术为用”。“内容为体”，强调数字出版的本质是对内容的选择、对内容的编辑加工和对内容的传播；“技术为用”，表明数字技术的特征或属性决定了数字出版的内容选择、编辑加工和传播的方式。

选答多项选择题

71. BCD 【考点】数字出版产品与服务特点

【解析】数字出版产品与传统出版物相比具有多方面的特点，并会在不同的数字出版产品中不同地表现出来，主要包括：①多媒体性。②超链接。③开放性。④互动性。⑤信息海量。⑥传播效率高。⑦使用便捷。⑧可获得性。例如，传统印刷型出版物包括一些盲文出版物，对于视觉和听觉障碍人士而言，在使用上存在较大的困难。而对于采用了图文、音视频和交互功能综合集成的数字出版产品来说，它将大大地提升上述残障人士获取知识和信息的机会。

【说明】根据最新版考试教材，数字出版产品与传统出版物相比具有多方面的特点，并会在不同的数字出版产品中不同地表现出来，主要包括：①多媒体与多模态；②超链接；③文本开放性与智能化；④互动性；⑤便捷性。

72. ABDE 【考点】手机出版

【解析】手机出版的产生和发展适应了数字新时代社会对信息的需求。与通过 PC 终端发布的数字出版产品相比，手机出版具有移动性、碎片化、娱乐性、开放性、个性化等明显特征，给监管提出了新的课题。

73. BDE 【考点】新技术驱动产业变革

【解析】云计算技术以其信息转移的便捷性、运行成本的低廉性、系统的灵活性和可扩展性，将进一步拓展数字出版产业的发展空间，出版企业可通过互联网以按需、易扩展的方式获得所需要的软件、硬件、计算能力、存储空间等服务资源。

【说明】根据最新版考试教材，该知识点已删除。

74. ABDE 【考点】《互联网信息服务管理办法》

【解析】按照规定，从事互联网出版业务，除符合《互联网信息服务管理办法》规定的条件以外，还应当具备以下条件：①有确定的出版范围；②有符合法律、法规规定的章程。③有必要的编辑出版机构和专业人员。④有适应出版业务需要的资金、设备和场所。

75. ABE 【考点】数字教育出版产业

【解析】A 项，按内容，数字期刊可分为全文型数字期刊和摘要型数字期刊。B 项，数字期刊出版主要表现为网络版数字期刊出版和期刊在线数据库出版两大门类，以光盘、磁盘等形式出版的数字期刊已越来越少。E 项，读者可以根据兴趣购买所需内容，而无须购买整本期刊；阅读时可实现内容检索、设置超文本链接等，使用更方便。

【说明】根据最新版考试教材，E 项知识点已删除。

四、综合题(共 5 题，100 分。要求用黑色墨水笔在答题卡指定区域内作答)

76. 审稿题：审读短稿，按照审稿的基本要求指出其中存在的错误或缺漏。(本题 20 分)

答：(1)［所谓“出版”，是指创作、复制作品并向公众发行的活动］错误。“创作”应改为“编辑”。

(2)“人们可以很方便地借助计算机把自己或别人的精神文化成果整理出来，即成为出版物”错误。这样的作品未经过出版过程，不是出版活动的成果，因而不是出版物。

(3)“出版物的内容由经过选择、优化、提炼的知识与信息构成，是作者和编辑人员的精神劳动成果”错误。“优化”应改为“优化加工”。

(4)“出版物直接影响人们的物质生活领域”错误。“物质生活领域”应改为“精神领域”。

(5)“前三种都是以纸介质为载体的连续出版物”错误。“前三种”应改为“期刊与报纸”。

(6)“加工整理、印制包装等，都至关重要”错误。应删除“、印制包装”。

(7)“出版专业职业资格分为初级资格和中级资格两个级别”错误。应改为“出版专业职业资格分为初级、中级与高级资格三个级别”。

(8)“凡取得初级资格者，可以受聘担任责任编辑”错误。“可以受聘担任责任编辑”应该为“可受聘担任助理编辑（助理技术编辑或二级校对）职务”。

（9）“新进入出版单位的出版专业技术人员，应在到岗前取得出版专业职业资格证书”错误。“到岗前”应改为“到岗 2 年内”。

（10）“已经获得职业资格证书者，还要每年接受 48 学时的继续教育”错误。“48”应改为“90”。

77. 计算简答题：根据所给材料回答问题。（需计算后回答的问题，须列出算式；每个问题计算过程中的小数均保留实际位数，计算结果有小数的，小数保留 2 位。）（本题 20 分）

问题一：2017 年出版的《侵权案例分析》是（　　）。

A. 委托作品　　B. 合作作品　　C. 个人作品

【答案】B

【考点】作品著作权的归属

【解析】合作作品是由两个或两个以上作者合作创作的作品，著作权归合作作者共有。张某、李某经商议共同创作一部作品《侵权案例分析》，并约定写作分工。二者都对作品《侵权案例分析》付出了创造性劳动，这一作品属于合作作品。

问题二：李某之子是否有权向甲出版社主张权利？如果无权，为什么？如果有权，可主张哪些权利？为什么？

答：（1）李某之子有权向甲出版社主张权利。

（2）理由：两个或两个以上作者合作创作的作品，著作权归合作作者共有；合作作品如果是可以分割使用的，则合作作者对各自创作的部分可以单独享有著作权并单独使用，不过单独使用时不得侵犯合作作品整体的著作权。李某已故，则其对合作作品《侵权案例分析》的著作权由其继承人享有。由于李某只对《侵权案例分析》案例分析部分进行了创作，所以李某之子仅享有对这部合作作品案例分析部分的著作权，可主张财产权。

问题三：按合同约定，甲出版社应向作者支付多少税前稿酬？

答：按合同约定，甲出版社应向作者支付税前稿酬 12000 元。具体算式如下：

税前稿酬 = 图书定价 × 实际印数 × 版税率 = 30 × 5000 × 8% = 12000（元）。

78. 改错题：阅读短文，改正文中的文字、标点符号差错。（本题 24 分）

答：（1）“贬意词”应改为“贬义词”。

（2）[地方”。]应改为[地方。”]

（3）“是一块稻田，还是一条水渠？”应改为“是一块稻田，还是一条水渠，”。

（4）“亦或”应改为“抑或”。

（5）“现汉”应改为“《现代汉语词典》”。

（6）“震憾”应改为“震撼”。

（7）“巍莪”应改为“巍峨”。

（8）“那怕”应改为“哪怕”。

（9）“18 世纪末十九世纪初”应改为“18 世纪末、19 世纪初”。

（10）“姿式”应改为“姿势”。

（11）“飞絮”应改为“废墟”。

（12）“旁证”应改为“依据”。

（13）“修茸一新”应改为“修葺一新”。

（14）“文物”应改为“文物保护”。

（15）[”！]应改为[！”]。

(16)“沧桑。”应改为“沧桑，”。

79. 改错题：改正句子中的错误。（本题 24 分）

(1)市卫生局要求各体检站和体检医生，把关好体检标准，尤其是在重要脏器的检查和临床检验方面不得擅自提高或降低标准。

答：删去“和体检医生”。

(2)经过几次化疗，他的白细胞数量比正常值减少了三倍。

答：“三倍”应改为“三分之一”。

(3)今年以来，该省农业继续保持多年来良好的发展势头，粮食和农民收入持续、稳步增长。

答：“粮食”应改为“粮食产量”。

(4)半个世纪以来，他的足迹踏遍了全国各地，测量、研究的古建筑达 2000 座之多。

答：“踏遍了”应改为“遍布”。

(5)妈妈亲切地走过来对我说：“你要多注意休息，不要熬夜。”

答：“亲切地走过来”应改为“走过来亲切地”。

(6)经过销售人员再三解释，才使他怒气逐渐平息，最后不再要求退货。

答：删去“才使”。

(7)天山绵延几千里，处处有奇丽的景色。身处其间，我们有种既虔诚又兴奋的感觉是颇难形容的。

答：“我们有种既虔诚又兴奋的感觉是颇难形容的”应改为“我们既虔诚又兴奋的感觉是颇难形容的。”

(8)现在勤奋求知，苦练本领，是同学们将来能否大有作为的关键所在。

答：删去“能否”。

(9)这座古村落融山乡水村与历史文化为一体，必将焕发出既古朴却不失美丽的容颜。

答：“容颜”应改为“生机”。

(10)从去年以来，这座城市已有多家环保不达标企业被严禁拒之门外。

答：删去“严禁”。

(11)热列欢迎来自全国各地的莘莘学子们学习交流。

答：“热列”应改为“热烈”；“莘莘学子们”应改为“莘莘学子”。

(12)郑板桥是我国清代著名的诗人、画家、书法家和艺术家，也是“扬州八怪”之一。

答：删去“和艺术家”。

80. 释词翻译题：阅读古文，解释文中画线的词，并将画线的句子译成现代汉语。（本题 12 分）

答：(1)词语解释

①虐：暴虐；

②谤：指责；

③告：对……说。

(2)翻译

厉王听了勃然大怒，找到卫国的巫师，让卫国的巫师去监视批评王君的人。并按照卫国巫师的报告杀掉批评王君的人。老百姓们不敢说话，路上碰见熟人都只用眼神交流，不敢高声交谈。

2018年度全国出版专业技术人员职业资格考试《出版专业基础知识(初级)》真题

一、单项选择题(共25题，每题1分。每题的备选项中，只有1个最符合题意)

1. 关于出版物消费过程的文化性，说法错误的是(　　)。
   A. 消费者取得出版物的过程是一个文化选择的过程
   B. 完整的出版物消费过程由取得和使用出版物两个环节构成
   C. 消费者对出版物内容的消费过程与其他物质产品的消费过程相同
   D. 出版物消费过程是消费者满足精神文化需求的过程
2. 图书可以根据不同角度进行划分，论文集、教科书、工具书主要是根据(　　)进行分类的。
   A. 学科知识内容　B. 读者对象　C. 装帧形式　D. 功能
3. 根据《图书出版管理规定》，出版(　　)类的图书，实行资格准入制度。
   A. 挂图　B. 地图　C. 绘本　D. 宗教
4. 下列选项中，不属于编辑类中级技术职务人员主要职责的是(　　)。
   A. 研究学术和出版信息，提出选题，进行组稿
   B. 独立审读，加工整理稿件
   C. 做好宣传工作，撰写书讯、书评
   D. 复审稿件
5. 根据《出版管理条例》，国家禁止出版的出版物是(　　)。
   A.《中美关系史》　B.《赌博致富术》
   C.《法律知识读本》　D.《中国水资源调查》
6. 根据《计算机软件保护条例》，关于计算机软件的使用与保护，说法错误的是(　　)。
   A. 中国公民对其所开发的软件，不论是否发表，均享有著作权
   B. 对软件著作权的保护不延及开发软件所用的思想、处理过程、操作方法或者数学概念等
   C. 软件的合法复制品所有人可以根据使用的需要把软件装入计算机
   D. 软件的合法复制品所有人不得对软件作任何修改
7. 我国著作权法中所说的作品，是指文学、艺术和科学领域的具有独创性的并能以某种有形形式(　　)的智力成果。
   A. 传播　B. 承载　C. 复制　D. 呈现
8. 关于电影作品的著作财产权权利保护期，说法正确的是(　　)。
   A. 无限期保护
   B. 保护期为制片人逝世后50年
   C. 保护期截至首次公映后的第50年的12月31日
   D. 保护期截至首次公映后的第30年的12月31日
9. 关于汉字的特点，说法错误的是(　　)。
   A. 汉字一个音节只表示一个语素　B. 汉字可分为单义字和多义字
   C. 汉字可分为单音字和多音字　D. 用汉字记录汉语不需分词连写
10. 下列词语中，有错别字的一组是(　　)。

A. 喧嚣　震古烁今

B. 肄业　翻来覆去

C. 耽搁　趋之若鹜

D. 暮霭　走头无路

11. 关于汉语拼音拼写规则，说法错误的是(　　)。

A. 拼写普通话基本上以词为书写单位

B. 表示一个整体概念的双音节和三音节结构连写

C. 汉语人名按姓和名分写，姓的开头字母大写，名的开头字母小写

D. 四字成语可以分为两个双音节的，中间加连接号

12. 下列句子中，标点符号使用符合规范的是(　　)。

A. 我也不知道你喜欢不喜欢这种颜色。

B. 他擅长把小说、话剧、歌剧、报告文学……等等文艺作品改写成电影文学剧本。

C. 你就是这样带领这个团队的!?

D. 团结社区举办了以《社会公德》《环境卫生》《幸福家庭》为主要内容的系统培训。

13. 下列句子中，计量单位用法符合规范的是(　　)。

A. 这台空调的耗电量比较低，24 小时用电不到 2 度

B. 他每天早晨陪儿子跑 3000 公尺

C. 大洋深处的海啸虽然有数百千米甚至更长的波长，但波高不超过 1m

D. 在 4℃时，水的密度是 $1.0\times10^3kg/m^3$

14. “花费”和“花朵”中的“花”是(　　)。

A. 同音词　B. 近义词　C. 同义词　D. 一词多义

15. 下列句子中，词语使用不当的是(　　)。

A. 我们全体动员，上下其手，圆满完成了任务

B. 他们最终统一了意见

C. 诗里充溢着江南的田园情趣

D. 这是一部情节曲折的文艺作品

16. 下列短语中，没有歧义的是(　　)。

A. 学生家长　B. 出口产品　C. 报社的书亭　D. 翻译小说

17. 下列各组概念中，具有属种关系的是(　　)。

A. 动　静　B. 植物　柳树　C. 白　黑　D. 青年　编辑

18. “有些大学教授不是博士”这个性质判断是(　　)。

A. 全称否定判断

B. 特称否定判断

C. 单称肯定判断

D. 特称肯定判断

19. 下列句子中画线的词，解释正确的是(　　)。

A. <u>丈夫</u>(指女子的配偶)亦爱怜其少子乎

B. 沛公奉卮酒为寿，约为<u>婚姻</u>(指男女成婚)

C. 皆祖屈原之<u>从容</u>(形容不慌不忙，镇定沉着)辞令

D. 云鬓半偏新<u>睡觉</u>(入睡后醒来)，衣冠不整下堂来

20. 下列句子中，属于名词使动用法的是(　　)。

A. 故人不独亲其亲，不独子其子

B. 先生之恩，生死而肉骨也

C. 渔人甚异之

D. 假舟楫者，非能水也，而绝江河

21. 魏晋时期玄学研究中，被称为“三玄”的经典不包括(　　)。

A.《孟子》　　B.《老子》　　C.《庄子》　　D.《周易》

22. 在我国古代科举考试中，通过(　　)考取的称为举人。

A. 院试　　B. 乡试　　C. 会试　　D. 殿试

23. 古代称为“晨星”的是(　　)。

A. 木星　　B. 火星　　C. 水星　　D. 金星

24. 数字出版是指(　　)。

A. 纸质图书出版管理过程的数字化

B. 经由网络书店销售纸质图书

C. 使用数字印刷设备印制出版物

D. 利用数字技术进行内容编辑加工，并通过网络传播的出版方式

25. 根据《深化党和国家机构改革方案》，中央宣传部对外加挂(　　)的牌子，承担新闻出版管理方面的重要职责。

A. 国家新闻出版总署　　B. 国家新闻出版总局

C. 国家新闻出版局　　D. 国家新闻出版署

二、多项选择题(共 30 题，每题 2 分。每题的备选项中，有 2 个或 2 个以上符合题意，至少有 1 个错项。错选，本题不得分；少选，所选的每个正确项得 0. 5 分)

26. 构成出版活动的基本要素包括(　　)。

A. 编辑　　B. 创作　　C. 复制　　D. 评论

E. 发行

27. 关于书号、刊号，说法正确的有(　　)。

A. 书号主要用于图书、音像制品和非连续型电子出版物

B. 刊号只能用于期刊

C. 国际标准连续出版物号的标志符是 ISSN

D. 中国标准书号的标志符是 ISBN

E. 不能用同一个刊号出版不同版本的期刊

28. 对“双百方针”的理解，正确的有(　　)。

A. 要强调作者“文责自负”，允许各种作品自由出版

B. 要发扬学术民主、艺术民主

C. 要提倡不同观点和学派的充分讨论

D. 要让已具有百年以上历史的传统作品都能出版

E. 要让不同形式、不同风格的作品都有出版的机会

29. 设立非独立的期刊编辑部，应具备(　　)等条件。

A. 有出版单位的名称、章程

B. 有符合国家规定的一定数额的注册资本

C. 有固定的作者队伍

D. 有确定的业务范围

E. 有符合国家规定条件的固定工作场所

30. 下列选题中，需要进行重大选题备案的有(　　)。

A. 涉及中国外交方面的选题　　B. 涉及中国国界的各类地图选题

C. 涉及儿童画册的选题　　D. 涉及国外先进科技成果的选题

E. 涉及中国人民解放军军史的选题

31. 出版了有禁止内容的出版物，根据情节严重程度可能受到的行政处罚有(　　)。

A. 责令限期停业整顿　　B. 没收出版物、违法所得

C. 按违法经营额的一定倍数处以罚款　　D. 由原发证机关吊销许可证

E. 给予警告，处以三万元以下的罚款

32. 根据《出版管理条例》，任何出版物不得含有的内容有(　　)等。

A. 反对宪法确定的基本原则的　　B. 反对食品保鲜新技术的

C. 危害国家安全的　　D. 侮辱或者诽谤他人的

E. 损害国家荣誉和利益的

33. 根据《图书质量管理规定》，关于图书质量管理，说法正确的有(　　)。

A. 内容、编校、设计与印制质量全部合格的图书才算合格

B. 内容质量合格的评判依据是读者满意

C. 图书的整体设计不符合国家有关技术标准的，其设计质量属不合格

D. 对出版了编校质量不合格图书的出版单位，可以处三万元以下罚款

E. 差错率超过万分之一的图书，其编校质量属不合格

34. 下列选项中，不适用我国著作权法保护的客体有(　　)。

A. 口述作品　　B. 舞蹈艺术作品

C. 通用表格和公式　　D. 美术、建筑作品

E. 司法文件

35. 关于期刊使用作品的付酬，说法正确的有(　　)。

A. 期刊刊载作品可以比照图书出版的付酬方式

B. 期刊刊载作品只适用一次性付酬方式

C. 甲期刊摘编乙期刊已发表的作品，未能找到著作权人，可将稿酬连同其他费用转交中国文字著作权协会，托其收转

D. 甲期刊摘编乙期刊已发表的作品，应当自出版之日起 2 个月内按每千字 100 元的标准向著作权人支付报酬

E. 甲期刊摘编乙期刊已发表的作品，应当自出版之日起 2 个月内按每千字 100 元的标准向乙期刊社支付报酬

36. 下列各类作品中，属于文字作品的有(　　)。

A. 以数字符号表现的作品　　B. 以线条表现的作品

C. 以速录符号表现的作品　　D. 以色彩表现的作品

E. 以中文或外文形式表现的作品

37. 下列各组词语中，书写全部正确的有(　　)。

A. 疆场　百叶窗　嘉言懿行　　B. 神祇　圆明园　杳无音信

C. 颓唐　哈密瓜　嘎然而止　　D. 慰藉　胃痉挛　义愤填膺

E. 陡峭　汨罗江　霄壤之别

38. 下列词语中画线的字，汉语拼音拼写错误的有(　　)。

A. 相形见绌(zhuō)　　B. 妄自菲薄(báo)

C. 越俎代庖(bāo)　　D. 茕(qióng)茕孑立

E. 风流倜(chóu)傥

39. 下列句子中，标点符号使用符合规范的有(　　)。

A. 她手里拿着一个碗，空的。

B. 我再说一遍：我、恨、你！

C. 她说了一声："抱歉！"就走了。

D. "朱门酒肉臭，路有冻死骨。"我忽然想起了杜甫的这句诗。

E. 今晚的宴会，是参加呢？还是不参加呢。

40. 下列句子中，数字用法符合规范的有(　　)。

A. 他看上去有七八岁

B. 他收藏了一件明万历47年的山地买卖文契

C. 1982年我国人口普查总数为10亿3188万2511人

D. 2018年，我校高三毕业生95%被本科第一批志愿录取

E. 《水浒传》共刻画了1百零8位英雄好汉形象

41. 下列句子中，科技名词使用规范的有(　　)。

A. 碳是一种很常见的元素，广泛存在于大气、地壳和生物体中

B. 木炭是制造二硫化炭的较理想的原料

C. 炭化硼是黑色有光泽的晶体，可用于研磨金刚石

D. 活性炭具有吸附、催化性能，多在葡萄糖、医药和味精生产中使用

E. 碳纳米管由呈六边形排列的碳原子构成

42. 下列各组词语中，完全是贬义的有(　　)。

A. 隐私　兔死狐悲　若即若离

B. 漏网　死灰复燃　文过饰非

C. 图谋　瞠目结舌　软硬兼施

D. 软弱　心惊肉跳　呼朋引类

E. 效尤　夸夸其谈　变本加厉

43. 下列句子中，属于双宾句的有(　　)。

A. 他送给弟弟一支笔用

B. 他给了我很多帮助

C. 我有事问你

D. 张老师教我们的英语

E. 他请教老师两个问题

44. "黑发不知勤学早，白首方悔读书迟"句中使用的修辞手法有(　　)。

A. 比喻　B. 借代　C. 对偶　D. 对比

E. 双关

45. 下列句子中，属于假设关系复句的有(　　)。

A. 多读多写，作文就会进步

B. 要是你不去，那么谁去

C. 你临时有事的话，可以打个电话来

D. 基本公式都弄错了，可见没有认真学

E. 要想皮肤好，吃饭别太饱

46. "崇高"属于(　　)。

A. 普遍概念　B. 单独概念　C. 集合概念　D. 正概念

E. 负概念

47. 下列选项中，概念划分错误的有(　　)。

A. 文房四宝指笔、墨、纸、砚

B. 直系亲属包括父母和子女

C. 我们购买了纸、笔、圆规、直尺和课本等文具

D. 编辑可分为图书编辑、报纸编辑、期刊编辑、广播影视编辑和网络编辑

E. 听讲座的有工人、售货员、老人、学生和妇女

48. 下列句子中画线的词，与现代汉语用法相同的有(　　)。

A. 牺牲玉帛，弗敢加也　　B. 寡君之以为戮，死且不朽

C. 穷不失义，达不离道　　D. 先帝不以臣卑鄙，猥自枉屈

E. 甘露时雨，不私一物

49. 下列句子中，存在宾语前置的有(　　)。

A. 客何为者　　B. 如太行、王屋何

C. 微斯人，吾谁与归　　D. 自古及今，未之尝闻

E. 徐公何能及君也

50. 皇帝的命令称为(　　)等。

A. 制　　B. 诏　　C. 教　　D. 敕

E. 令

51. 关于“六部”，说法正确的有(　　)。

A. 六部制始于隋唐

B. 武官的选用归吏部掌管

C. 官吏的考绩归礼部掌管

D. 户口、土地、赋税、财政等由户部掌管

E. 工程、营造、屯田、水利、交通等归工部掌管

52. 关于数字期刊内容的主要来源，说法正确的有(　　)。

A. 从纸质期刊转换而来　　B. 从纸质图书转换而来

C. 网络上直接发布的内容　　D. 从纸质报纸转换而来

E. 从光盘和磁带转换而来

53. 党的十九大报告对我国社会主义经济建设、(　　)等方面作出了全面部署。

A. 政治建设　　B. 城市建设　　C. 社会建设　　D. 文化建设

E. 生态文明建设

54. 在2018年8月21日至22日召开的全国宣传思想工作会议上，习近平总书记指出，我们必须把人民对美好生活的向往作为我们的奋斗目标，既解决实际问题又解决思想问题，更好(　　)。

A. 强信心　　B. 聚民心　　C. 暖人心　　D. 筑同心

E. 树雄心

55. 习近平总书记指出，实施乡村振兴战略，是党的十九大作出的重大决策部署，要坚持乡村全面振兴，抓重点、补短板、强弱项，实现乡村产业振兴、(　　)。

A. 人才振兴　　B. 文化振兴　　C. 体育振兴　　D. 生态振兴

E. 组织振兴

三、选答选择题(共2组，其中★组主要考核传统出版内容，▲组主要考核数字出版内容。每组各10题，其中前5题为单项选择题，每题1分；后5题为多项选择题，每题2分。请任选其中1组作答，如2组都作答。只按★组计分)

★组　传统出版

选答单项选择题

56. 关于出版活动中的“编辑工作”，说法错误的是(　　)。

A. 编辑是包括策划、组织、审读、选择和加工作品等在内的活动

B. 编辑是对原始信息进行开发并形成编辑加工对象的活动

C. 编辑是对作品进行选择、优化的过程

D. 编辑工作的目的是形成社会和消费者需要的出版物内容

57. 关于国家对设立出版物生产经营单位的规定，说法错误的是(　　)。

A. 出版单位不必报请审批就可以从事本版书的发行活动

B. 出版单位的设立应符合国家关于出版单位总量、结构、布局的规划

C. 设立期刊社，应经国家新闻出版有关部门审批

D. 国家实行印刷经营备案制度，未经工商部门登记备案，任何单位和个人不得从事印刷经营活动

58. 著作权中具有“一次用尽”特点的权利是(　　)。

A. 署名权　　B. 改编权　　C. 翻译权　　D. 发表权

59. 下列科技名词中，全称与简称不对应的是(　　)。

A. 冠状动脉粥样硬化性心脏病　冠心病

B. 获得性免疫缺陷综合征　艾滋病

C. 无线电探测与定位　GPS

D. 脱氧核糖核酸　DNA

60. 下列复句中，不是目的关系复句的是(　　)。

A. 他优柔寡断，以致错失良机

B. 你最好多穿点衣服，以免感冒

C. 最好提醒他一下，免得他忘了

D. 小王学习特别勤奋，想毕业后报考研究生

选答多项选择题

61. 下列物品中，属于出版物的有(　　)。

A. 电视剧光盘　　B. 电子期刊　　C. 邮票　　D. 纪念币

E. 宋版图书

62. 关于出版从业人员的管理，说法正确的有(　　)。

A. 一年内造成两种以上图书不合格的直接责任者，取消其出版专业职业资格并注销登记

B. 职业资格登记有效期三年，每三年续展登记一次

C. 凡取得中级资格的专业技术人员，可以受聘担任编辑职务

D. 初级资格和中级资格通过全国统一举行的考试获得

E. 高级资格是从事出版专业特别重要岗位工作的必备条件

63. 《期刊出版形式规范》要求，CN 应按规定格式印在期刊的(　　)。

A. 封面　　B. 扉页　　C. 版权页　　D. 封二

E. 封底

64. 歌曲《美丽的山川》的词作者是张某，曲作者是李某。下列说法正确的有(　　)。

A. 《美丽的山川》的著作权属于张某和李某共有

B. 王某想在一场商业演出中朗诵《美丽的山川》的歌词，应征得张某和李某的同意

C. 赵某想在一场商业演出中钢琴独奏《美丽的山川》的曲子，应征得张某和李某的同意

D. 钱某想把《美丽的山川》曲子的节奏改编后以二胡独奏用于商业演出，应征得李某同意

E. 孙某想把《美丽的山川》的歌词译成英文向某英文刊物投稿，应征得张某同意

65. 下列汉字的笔画数，错误的有（　　）。

A. 及（3 画）　B. 卯（5 画）　C. 逊（8 画）　D. 幽（10 画）

E. 涎（11 画）

▲组　数字出版

选答单项选择题

66. 关于数字出版产品的开放性特点，说法正确的是（　　）。

A. 数字出版产品容易定制　B. 数字出版产品容量变化范围小

C. 数字出版产品版本确定，难于修改　D. 数字出版产品边界固定

67. 在产品结构设计方面，数字出版产品可以细化到的最小粒度是（　　）。

A. 篇　B. 章节　C. 整本书　D. 结构化信息单元

68. 在出版领域，POD 是指（　　）。

A. 按需创作　B. 按需编辑　C. 按需印刷　D. 按需发行

69. 关于数字出版产业，说法正确的是（　　）。

A. 指电子书出版产业

B. 指出版单位的信息化建设

C. 指数字音乐出版产业

D. 指传统出版业的数字化部分和新兴出版业态

70. 用户通过扫描纸质图书的二维码获取音频、视频等资源的技术属于（　　）。

A. 语音识别技术　B. 语义分析技术

C. 物联网技术　D. 区块链技术

选答多项选择题

71. 按照用户对象区分，数字出版产品可以分为（　　）等。

A. 虚构类数字出版产品　B. 非虚构类数字出版产品

C. 大众类数字出版产品　D. 教育类数字出版产品

E. 专业类数字出版产品

72. 数字出版对出版流程的影响，主要表现在（　　）等。

A. 对编辑加工的影响　B. 对设计制作的影响

C. 对知识传播的影响　D. 对发行销售的影响

E. 对产业集中的影响

73. 阅读电子书的设备包括（　　）等。

A. 智能手机　B. 平板电脑　C. POS 机　D. 扫描仪

E. PC 机

74. 数字出版产业的特征包括（　　）等。

A. 产业集中度高　B. 具有低附加值

C. 业务活动平台化　D. 具有高消耗性

E. 以技术标准为保障

75. 出版社开展数字出版业务，需要制定的规范包括(　　)等。

A. 图书数字化加工与标引规范　　B. 服务器存放地保密规范

C. 出版社数字出版业务流程规范　　D. 图书数字资源保存与流转规范

E. 数字出版产品质量要求与评价规范

四、综合题(共5题，100分。要求用黑色墨水笔在答题卡指定区域内作答)

76. 审稿题：审读短稿，按照审稿的基本要求指出其中存在的错误或缺漏。(本题20分)

长期以来我国的出版行政管理主要由各级经济主管部门负责实施。2001年国务院颁布、2016年修订的《图书质量管理规定》，是有关出版工作的最基本、最重要的行政法规。

我国的出版行政管理制度围绕“法人准入、职业准入、岗位准入、市场准入”这四大准入制度体系而构建。国家规定，任何印刷品都必须由依法设立的出版单位出版。我国对出版单位、制作单位、印刷复制单位、发行单位等出版物生产经营单位的设立实行登记制，对擅自设立这些单位或者擅自从事出版物出版、制作、印刷复制、发行业务的行为，国家要予以处罚。

国家对出版从业人员的管理主要依据出版专业技术人员职业资格制度来实施。出版专业职业资格分为初级资格和中级资格。新进入出版单位的出版专业技术人员应在到岗前取得出版专业技术人员职业资格证书，否则不得从事出版专业技术工作。已经获得职业资格证书者，应当在取得证书后6个月内由所在出版单位统一申报职业资格登记。

国家对出版活动的管理包括对业务范围、重大选题备案、书号和刊号的管理。书号和刊号可以相互代替使用，禁止“一号多用”、买卖书号和刊号。对出版物的管理包括对出版物内容的管理以及图书质量的管理。图书质量包括内容质量、编校质量、设计质量、印制质量四项，分为优秀、良好、合格、不合格四个等级。

77. 计算简答题：根据所给材料回答问题。(需计算后回答的问题，须列出算式；每个问题计算过程中的小数均保留实际位数，计算结果有小数的，小数保留2位。)(本题20分)

张老师的一篇文章在《朝华教育》杂志上发表。李老师读后有不同意见，就以笔名“郑见”写了一篇文章，投给《春天教育》编辑部。3个月后，李老师的文章在《春天教育》杂志发表，署的却是李老师的真名。李老师对此很不满意。李老师的文章共90行，每行40字，《春天教育》编辑部拟按每千字100元的标准向李老师支付稿酬。

李老师的文章发表后，张老师发现该文使用了自己文章里的约300字内容，认为李老师和《春天教育》编辑部侵犯了自己的著作权，遂要求李老师和编辑部赔礼道歉，并要求编辑部为引用的文字向自己支付稿酬。李老师和《春天教育》编辑部认为张老师的要求不符合法律规定，予以拒绝。

《教学文摘》杂志全文转载了李老师的文章。李老师认为，《教学文摘》杂志未经许可使用作品且没有付酬，是侵权行为，要求该杂志社赔礼道歉并支付报酬。《教学文摘》杂志社辩称自己的行为合法，因为李老师并没有声明禁止转载。

问题一：《春天教育》杂志应付李老师多少稿酬?

问题二：《春天教育》杂志发表李老师的作品是否存在侵权行为，为什么?

问题三：李老师和《春天教育》杂志是否侵犯张老师的著作权，为什么?

问题四：《教学文摘》杂志的转载是否合法，为什么? 该杂志社的行为有无不妥之处，为什么?

78. 改错题：阅读短文，改正文中的文字、标点符号差错。（本题24分）

人生是个多彩的舞台，它不断上演着行行色色的人情冷暖、世态炎凉。挫折磨难、痛苦忧伤、欺瞒刁难，啥事都可能碰上，现实生活中人们必需能够承受这一切。如果没有大海一般的包容心，高山一般的肩负力，你是很难撑得过来的。这时，请不要忘记世间尚有俩个字可化干戈为玉帛：“宽容。”

宽容犹如缕缕和熙的春风，吹开我们心中的愁结；宽容犹如冬日正午的阳光，常常令冰冷的心墙渐渐溶化。有了宽容心，你完全可以对哪些鸡毛蒜皮的小事付诸于一笑，你完全可以对并不重要的事糊涂一下，你完全可以对无关紧要的事网开一面。如果你这样做了，你会处于一种快乐的心镜之中，正如人们常说的“原谅使人快乐。”

宽容，就是以宽大的胸怀和气量，对别人的不足和短处予以包容，对别人的失礼和失态予以谅解。宽容也就是善于放弃，它是历经迭宕起伏之后对世俗的一种轻视；是饱经人间沧桑之后对生活的一种感悟，是运畴帷幄成竹在胸充满自信的一种流露。只有在了如执掌后才会懂得放弃并善于放弃，只有在懂得并善于放弃之后才会获得大成功。

79. 改错题：改正句子中的错误。（本题24分）

(1)媒体不仅包括报刊、杂志、电视、广播等传统媒体，也包括网络媒体等新兴媒体。

(2)有越来越多的读者通过手机了解新闻已经成了新的社会风尚。

(3)郑和行香碑拓片记载了郑和第五次下西洋前特地来到泉州东郊的灵山圣墓祈求庇佑航海成功。

(4)这位设计师的出色工作和独特设计，已被有关单位采用，并受到大家一致好评。

(5)这篇文章讲述了一个工人抢救国家财产的故事。

(6)我们正在稳健地实现中华民族伟大复兴的目标奋进。

(7)作为一名普通的莘莘学子，他的创新精神让人敬佩。

(8)年轻编辑要勤于学习，不耻下问地向老编辑请教；老编辑也要满腔热忱地给予指导。

(9)他发表的那篇关于饮食习惯与健康的文章，批评的人很多。

(10)你与其找他当面对质，不如我先侧面了解一下情况。

(11)广大中小投资者特别是新入市的投资者要及时了解公司披露的信息，切忌不要道听途说、盲目跟风。

(12)市乒乓球团体赛女团决赛，高新区队将与市中区队争夺冠亚军。

80. 释词翻译题：阅读古文，解释文中画线的词，并将画线的句子译成现代汉语。（本题12分）

王蓝田（王述）为人<u>晚成</u>，时人乃谓之痴。王丞相<u>以</u>其东海子，<u>辟</u>为<u>掾</u>。常集聚，王公每发言，众人<u>竞</u>赞之。<u>述于末座曰：“主非尧舜，何得事事皆是？”丞相甚相叹赏。</u>

答案及详解

一、单项选择题(共25题，每题1分。每题的备选项中，只有1个最符合题意)

1. C 【考点】出版工作的文化性

【解析】完整的出版物消费过程，由取得出版物与使用出版物两个环节构成。取得出版物的过程，是一个文化选择的过程。消费者总是选择那些符合自己的精神文化需要，与自己的阅读、理解能力和欣赏趣味相适应的出版物。使用出版物的过程，是消费者对出版物内容进行认识、领悟、吸收、评判和赏析的过程。它与物质产品的消费过程不同，因为这是一个满足精神文化需要的过程，是一种精神文化享受。

2. D 【考点】出版物的种类

【解析】图书可从各种角度再作多种划分。譬如，按功能分，有专著、论文集、教科书、工具书、资料书等；按学科知识内容分，有政治读物、经济读物、文学读物、艺术读物、科技读物等。还可从读者对象、装帧形式等其他各种角度进行分类，而其中每一大类下又可以细分出许多小类。

3. B 【考点】对出版活动的管理

【解析】根据《图书出版管理规定》，出版辞书、地图、中小学教材等类别的图书，实行资格准入制度，出版单位如要出版这几类书，须经国家出版主管部门批准。

4. D 【考点】出版专业技术人员

【解析】三个类别的中级技术职务人员，因工作岗位的不同而应该承担不同的工作职责。其中编辑类别里，中级技术职务人员的主要职责是：①搜集研究本学科的学术动态和编辑出版信息，提出选题设想，进行组稿。②独立审读、加工整理稿件，检查图书成品。③做好图书宣传工作，撰写书讯、书评。④总结编辑工作经验，指导、培养助理编辑。D项，复审稿件是高级技术职务人员(编审或副编审)的主要职责。

5. B 【考点】对出版物的管理

【解析】《出版管理条例》第二十五条规定，任何出版物不得含有以下内容：①反对宪法确定的基本原则的；②危害国家统一、主权和领土完整的；③泄露国家秘密、危害国家安全或损害国家荣誉和利益的；④煽动民族仇恨、民族歧视，破坏民族团结，或者侵害民族风俗、习惯的；⑤宣扬邪教、迷信的；⑥扰乱社会秩序，破坏社会稳定的；⑦宣扬淫秽、赌博、暴力或者教唆犯罪的；⑧侮辱或者诽谤他人，侵害他人合法权益的；⑨危害社会公德或者民族优秀文化传统的；⑩有法律、行政法规和国家规定禁止的其他内容的。

6. D 【考点】著作权保护的客体

【解析】计算机软件是著作权保护的客体，适用于著作权保护的各项条件。A项，著作权人自作品创作完成之日便自动享有著作权，不论是否将作品发表。B项，著作权保护作品的表达，而不延及表达的思想、过程与方法。历法、通用数表、通用表格和公式也不在著作权保护范围之内。C项，软件的合法复制品所有人可以根据使用的需要把软件装入计算机。D项，为了把该软件用于实际的计算机应用环境或者改进其功能、性能，可以进行必要的修改。但是，除合同另有约定外，未经该软件著作权人许可，不得向任何第三方提供修改后的软件。

7. C 【考点】作品及其著作权人

【解析】著作权法中所说的“作品”，是指文学、艺术和科学领域内具有独创性的并能以某种有形形式复制的智力成果。作者和其他依法对作品享有著作权的公民、法人或者非法人组织为著作权人。著作权法对著作权人的保护，就体现为保护其享有的著作权权利不受侵犯。

8. C 【考点】著作权权利的保护期

【解析】视听作品，其发表权的保护期为50年，截止于作品创作完成后第50年的12月31日；其财产权的保护期为50年，截止于作品首次发表后第50年的12月31日，但作品自创作完成后50年内未发表的，不再给予保护。

9. A 【考点】汉字的特点

【解析】汉字、音节和语素之间不是一种单一的关系，主要体现在：①有时一个音节表示一个语素，写作一个汉字，例如hén(痕)、zěn(怎)；②有时一个音节表示几个语素，写作一个汉字，如duì——对(面~、~岸、校~)；③有时一个音节表示多个语素，写作不同的汉字，如wei——卫(~生)、味(~道)、位(~置)；④有时几个不同的音节表示不同的语素，却写作同一个汉字，如maí——埋(~葬)，mán——(埋~怨)。

10. D 【考点】错别字

【解析】D项，“走头无路”应为“走投无路”。

11. C 【考点】汉语拼音拼写规则

【解析】C项，汉语人名中的姓和名分写，姓在前，名在后。姓和名的首字母分别大写，双姓两个字首字母都大写，如：Lǐ Huá(李华)、Dōngfāng Shuò(东方朔)。

12. A 【考点】标点符号使用规范

【解析】B项，省略号不能和“等等”并用，应去掉省略号。C项，该句为反问句，问号应提到感叹号前面。D项，“《社会公德》《环境卫生》《幸福家庭》”不能使用书名号，应将书名号改为双引号。

13. D 【考点】计量单位使用规范

【解析】AB两项，“度”和“公尺”是应停用的单位名称，“度”应改为“千瓦时”，“公尺”应改为“米”。C项，前后单位应统一，应将“m”改为“米”。

14. A 【考点】同音词

【解析】“花费”和“花朵”是同形同音词，前者的“花”是“耗费”的意思，后者的“花”是“一种用来欣赏的植物”。

15. A 【考点】常见词语使用错误的纠正

【解析】A项，“上下其手”比喻玩弄手法、串通作弊，是贬义词，与语境不符。

16. C 【考点】歧义短语

【解析】A项，“学生家长”为并列结构时，含义是“学生和家长”，为偏正结构时，含义是“学生的家长”。BD两项，可表示述宾关系，表示“将产品出口”“将小说翻译”；也可表示偏正关系，表示“出口的产品”“翻译的小说”。

17. B 【考点】属种关系

【解析】一个外延较大的概念包含着另外一个外延较小的概念，这样的关系称为属种关系。其中外延较大的概念为属概念，外延较小的概念为种概念。B项，“植物”是属概念，“柳树”是种概念，柳树属于植物，构成属种关系。A项为矛盾关系；C项为反对关系；D 项为交叉关系。

18. B 【考点】判断的种类

【解析】性质判断是断定某对象具有或不具有某种属性的判断。特称否定判断是反映某类的部分对象不具有某种性质的判断。本题中，“有些大学教授”是特称量项，“不是博士”是否定判断，其性质判断应为特称否定判断。

19. D 【考点】词的古义和今义

【解析】A 项，“丈夫”表示对男子的称呼。B 项，“婚姻”表示儿女亲家。C 项，“从容”指委婉蕴藉。

20. B 【考点】名词活用

【解析】B 项，“肉”是名词的使动用法，意为“使……长肉”。A 项，“亲”和“子”是名词的意动用法，意为“把……当作自己的父母”“把……当作自己的子女”。C 项，“异”是意动用法，形容词作动词，表示“以……为异、对……感到惊异、认为……是奇异的”。D 项，“水”是名词活用为动词，意为“游泳”。

21. A 【考点】三玄

【解析】魏晋时期，传统儒学与道、名、法诸家学说会通，形成玄学。玄学之所以得名，是由于当时学人以号称“三玄”的《老子》《庄子》和《周易》这三部著作为经典而展开学术研究。

22. B 【考点】科举考试

【解析】科举制度是分设科目考取士人的选官制度。这种制度在唐宋时期进一步发展，到明清时期日趋完备，形成严格的四级考试形式，即院试、乡试、会试和殿试。考取院士的称生员，俗称秀才；考取乡试的称举人；考取会试的称贡士；考取殿试的称进士。

23. C 【考点】晨星

【解析】古人把日、月、星这三种常见的天体称为“三光”，把日、月和金、木、水、火、土五星合起来称为“七政”或“七曜”。金星古称“明星”“太白”“启明”，木星古称“岁星”“岁”，水星又名“晨星”，火星古称“荧惑”，土星古称“镇星”。

24. D 【考点】数字出版的概念

【解析】根据国家新闻出版总署 2010 年发布的《关于加快我国数字出版产业发展的若干意见》，数字出版是“指利用数字技术进行内容编辑加工，并通过网络传播数字内容产品的一种新型出版方式，其主要特征为内容生产数字化、管理过程数字化、产品形态数字化和传播渠道网络化”。

25. D 【考点】我国出版管理体系

【解析】2018 年 2 月，党的十九届三中全会审议通过了《中共中央关于深化党和国家机构改革的决定》和《深化党和国家机构改革方案》，其中规定“将国家新闻出版广电总局的新闻出版管理职责划入中央宣传部”，“由中央宣传部统一管理新闻出版工作，对外加挂国家新闻出版署(国家版权局)牌子”。

二、多项选择题(共 30 题，每题 2 分。每题的备选项中，有 2 个或 2 个以上符合题意，至少有 1 个错项。错选，本题不得分；少选，所选的每个正确项得 0.5 分)

26. ACE 【考点】出版的构成要素

【解析】出版是指编辑、复制作品并向公众发行，以传播科学文化、信息和进行思想交流的一种社会活动。即构成出版活动的三个基本要素是编辑、复制和发行。

27. ACDE 【考点】书号、刊号管理

【解析】ACD 三项，中国标准书号是主要用于图书、音像制品、非连续型电子出版物的标准化识别代码。中国标准书号由不同长度的 5 段共 13 位阿拉伯数字组成，段之间以短线隔开，前面冠以 ISBN 作为标志符。中国标准连续出版物号由前缀“ISSN”和 8 位数字组成，可以简称“ISSN”。B 项，中国标准连续出版物号是在中华人民共和国境内分配的与国际标准连续出版物号（ISSN）的编码结构一致的连续出版物的标识符。适用于传统的期刊、报纸、年度出版物等连续出版物，也适用于更广义的连续性资源。E 项，国家对于书号、刊号的管理规定，禁止“一号多用”，根据《期刊出版管理规定》，一个刊号只能对应出版一种期刊，不得用同一刊号出版不同版本的期刊；出版不同版本的期刊，须按创办新期刊办理审批手续。

28. BCE 【考点】我国出版工作的方针原则

【解析】2014 年 10 月，习近平在全国文艺工作座谈会上指出，要坚持百花齐放、百家争鸣的方针，发扬学术民主、艺术民主，营造积极健康、宽松和谐的氛围，提倡不同观点和学派充分讨论，提倡体裁、题材、形式、手段充分发展，推动观念、内容、风格、流派切磋互鉴。“百花齐放、百家争鸣”的方针（简称“双百”方针）是指：艺术上不同的形式和风格可以自由发展，科学上不同的学派可以自由争论，不应当强制推行一种风格、一种学派，禁止另一种风格、另一种学派；艺术和科学中的是非问题，应当通过艺术界、科学界的自由讨论去解决，通过艺术和科学的实践去解决，不应当采取简单的方法去解决。在出版工作中贯彻“双百”方针，就要努力推动不同形式、不同风格的作品的创作，为艺术界、科学界的自由讨论创造条件，让不同的学术观点和不同的艺术、学术流派的成果都能出版。

【说明】根据最新版考试教材，该知识点已删除。

29. ABDE 【考点】出版业的构成

【解析】国家规定，任何出版物都必须由依法设立的出版单位出版，而设立出版单位必须具备一定的条件并办理一定的手续。无论是设立出版社，还是设立期刊社或非独立的期刊编辑部，都应该具备下列条件：①有出版单位的名称、章程；②有符合国家出版主管部门认定的主办单位及其主管机关；③有确定的业务范围；④有符合国家规定的一定数额的注册资本和符合国家规定条件的固定工作场所；⑤有适应业务范围需要的组织机构和符合国家规定的职业资格条件的编辑出版专业人员；⑥法律法规规定的其他条件。

30. ABE 【考点】对出版活动的管理

【解析】重大选题是指涉及国家安全、社会稳定等方面内容的选题。《出版管理条例》规定，涉及重大选题，未在出版前报备案的出版物，不得出版。需报备案的选题范围包括：①有关党和国家重要文件、文献选题；②有关现任、曾任党和国家领导人讲话、著作、文章及其工作和生活情况的选题，有关现任党和国家主要领导人重要讲话学习读物类选题；③涉及中国共产党历史、中华人民共和国历史上重大事件、重大决策过程、重要人物选题；④涉及国防和军队建设及我军各个历史时期重大决策部署、重要战役战斗、重要工作、重要人物选题；⑤集中介绍党政机构设置和领导干部情况选题；⑥专门或集中反映、评价“文化大革命”等历史和重要事件、重要人物选题；⑦专门反映国民党重要人物和其他上层统战对象的选题；⑧涉及民族宗教问题选题；⑨涉及中国国界地图选题；⑩反映香港特别行政区、澳门特别行政区和台湾地区经济、政治、历史、文

化、重要社会事务等选题；⑪涉及苏联、东欧等社会主义时期重大事件和主要领导人选题；⑫涉及外交方面重要工作选题。

31. ABCD 【考点】对出版物的管理

【解析】《出版管理条例》规定出版载有禁止内容的出版物，实施者要承担相应的法律责任，即受到行政处罚或刑事处罚。行政处罚由出版行政主管部门衡量违法行为的情节严重程度后依法实施，主要包括：责令限期停业整顿，没收出版物、违法所得，并处罚款；情节严重的，由原发证机关吊销许可证。E 项，属于出版单位违反国家关于出版专业职业资格制度的相关规定须承担的法律责任。

32. ACDE 【考点】对出版物的管理

【解析】《出版管理条例》第二十五条规定，任何出版物不得含有以下内容：①反对宪法确定的基本原则的；②危害国家统一、主权和领土完整的；③泄露国家秘密、危害国家安全或损害国家荣誉和利益的；④煽动民族仇恨、民族歧视，破坏民族团结，或者侵害民族风俗、习惯的；⑤宣扬邪教、迷信的；⑥扰乱社会秩序，破坏社会稳定的；⑦宣扬淫秽、赌博、暴力或者教唆犯罪的；⑧侮辱或者诽谤他人，侵害他人合法权益的。⑨危害社会公德或者民族优秀文化传统的；⑩有法律、行政法规和国家规定禁止的其他内容的。

33. ACDE 【考点】图书质量管理

【解析】ABE 三项，图书质量包括内容、编校、设计、印制四项，分为合格、不合格两个等级。四项均合格，成品图书的质量属合格；若四项中有一项不合格，成品图书的质量属不合格。内容质量标准以《出版管理条例》第二十五条、二十六条的相关规定为依据。图书编校质量标准以差错率为依据，差错率超过万分之一的图书，其编校质量属不合格。C 项，设计质量主要涉及图书的整体设计，凡是封面、扉页、插图等设计均符合国家有关技术标准和规定，其设计质量属合格；如有一项不符合国家有关技术标准和规定，其设计质量属不合格。D 项，《图书质量管理规定》第十六条规定，对出版编校质量不合格图书的出版单位，由省级以上新闻出版行政部门予以警告，可以根据情节并处 3 万元以下罚款。

34. CE 【考点】不适用著作权法保护的几种客体

【解析】作品是著作权所指向的对象，在法学理论中称为“著作权的客体”。根据《著作权法》第五条的规定，有三类客体不适用著作权法保护：①立法、行政、司法性质的文件；②单纯事实消息；③历法、通用数表、通用表格和公式。

35. BCD 【考点】报纸和期刊刊载作品的付酬方式

【解析】报纸和期刊刊载作品只适用一次性付酬方式，即按每千字若干元的标准乘以作品的字数。报刊依照《著作权法》的相关规定转载、摘编其他报刊已发表的作品，应当自报刊出版之日起 2 个月内，按每千字 100 元的付酬标准向著作权人支付报酬。报刊出版者未按规定向著作权人支付报酬的，应当将报酬连同邮资与转载、摘编作品的有关情况送交中国文字著作权协会代为收转。报刊出版者将相关报酬转交给中国文字著作权协会后，对著作权人不再承担支付报酬的义务。

36. ACE 【考点】文字作品

【解析】文字作品是指小说、诗词、散文、论文等以文字形式表现的作品。除文字以外，以数字、记号等类似文字的各种符号表现的作品，也都统称为文字作品。

37. ABE 【考点】错别字

【解析】C 项，“嘎然而止”应改为“戛然而止”。D 项，“义愤填赝”应改为“义愤填膺”。

38. ABCE 【考点】汉语拼音拼写规范

【解析】A 项，相形见绌(chù)。B 项，妄自菲薄(bó)。C 项，越俎代庖(páo)。E 项，风流倜(tì)傥。

39. AD 【考点】标点符号使用规范

【解析】B 项，只有同一层次内的并列词语之间才可用顿号。C 项，只把引文作为一句话的一部分，则不需要用冒号。E 项，选择问句一般只在句末用一个问号，分句中用逗号。

40. AD 【考点】数字的使用规范

【解析】B 项，在表示干支纪年、农历月、历史朝代纪年，以及其他传统采用汉字形式的非公历纪年等时，应该用汉字数字，“万历 47 年”应改为“万历四十七年”。C 项，在表示计数的数值时，应用阿拉伯数字，“10 亿 3188 万 2511 人”应改为“1031882511 人”。E 项，当数字作为语素而定型构成的词、词组、成语、惯用语、缩略语或具有修辞色彩的词语时，应用汉字数字，“1 百零 8”应改为“一百零八”。

41. ADE 【考点】科技名词使用规范

【解析】“碳”的使用主要有三种情况：①与元素 C 对应的汉文名称；②涉及碳元素、碳原子的名词及其衍生词、派生词；③涉及碳的化合物的名词及其衍生词、派生词，如碳元素、碳原子等。“炭”基本上是在以碳为主并含有其他物质的混合物中使用，常用于各种工业制品，如炭尘、炭粉等。B 项，“二硫化炭”应改为“二硫化碳”。C 项，“炭化硼”应改为“碳化硼”。

42. BE 【考点】贬义词

【解析】贬义词是指表明说话人对事物的厌恶、贬斥感情的词。A 项，“隐私”是中性词；C 项，“瞠目结舌”是中性词；D 项，“心惊肉跳”是中性词。

43. ABE 【考点】双宾句

【解析】双宾句是指句中动词(一般做谓语)之后先后出现两个宾语的句子。A 项，“弟弟”是间接宾语，“一支笔”是直接宾语。B 项，“我”是间接宾语，“帮助”是直接宾语。E 项，“老师”是间接宾语，“问题”是直接宾语。

44. BCD 【考点】修辞手法

【解析】借代就是不直接说出某事物，而借用另一种与之有关的事物来代替。对偶是汉语所特有的，就是把字数相等、结构相同的两个语句对称地排列在一起，表达相对、相似、相关或相承的意思。对比就是把两种对立的事物或同一事物的两个不同方面并举出来，相互比较。本题中，黑发指代年轻人，白首指代老年人，运用了借代的修辞手法；描述了黑发和白首时候的两种不同情景，运用了对比；且此句字数相等、结构相同、意义对称，使用了对偶的修辞手法。

45. BC 【考点】假设关系复句

【解析】假设关系的复句中，偏句提出假设，正句说明假设实现后所产生的结果。假设关系复句常用的关联词有“如果(假如、假使、假若、假设、倘若、倘使、若是、若、要是)……就(那么、那、便、则、也)……”“即使(就是、就算、纵使、纵然、哪怕)……也(还)……”“那么”“则”等。A 项为条件关系复句；D 项为因果关系复句；E 项为条件关系复句。

46. AD 【考点】概念的种类

【解析】根据外延所反映对象的数量，概念可分为单独概念和普遍概念。根据外延所反映的对象是否为同一事物的群体，概念可分为集合概念和非集合概念。根据概念外延所反映的对象是否具有某种属性，概念可分为正概念和负概念。“崇高”的外延所反映的对象是一类事物的概念，形容词也常常表达普遍概念，因此“崇高”是普遍概念；“崇高”具有某种属性，因此是正概念。

47. BCE 【考点】概念划分

【解析】B 项，“直系亲属”是指和自己有直接血缘和婚姻关系的人，正确的划分应为“父母、子女和配偶”，子项缺了“配偶”，犯了“划分不全”的错误。C 项，“文具”是被划分的母项，“纸、笔……课本”是划分后的子项。而“课本”不是“文具”的种概念，犯了“多出子项”的错误。E 项，“工人、售货员、学生”是从职业划分的，“老人”是从年龄划分的，“妇女”是从性别划分的，概念每次划分只能依据同一个标准，违反这一规则便会造成混淆根据的错误。

48. BE 【考点】词的古义和今义

【解析】A 项，“牺牲”古义是祭祀或祭拜用的牲畜，今义是为坚持信仰而死。C 项，“穷”古义是不得志，今义是贫困。D 项，“卑鄙”古义是见识短浅、身份低微，今义是品质低劣、下流。

49. ACD 【考点】宾语前置

【解析】古汉语中常见的宾语前置有：①疑问句宾语前置；②否定句宾语前置；③表示强调的宾语前置。A 项，疑问代词“何”作为宾语在动词“为”之前，原义应为“何为客者”；C 项，疑问代词“谁”作宾语前置，原义应为“吾与谁归”；D 项，否定句中代词“之”作宾语前置，原义应为“未尝闻之”。

50. ABD 【考点】官制

【解析】国家的最高统治者从秦代开始称皇帝，此后与皇帝有关的称号发生了一系列变化：皇帝自称“朕”，臣民称皇帝为“陛下”，史官记事称“上”，皇帝的命令称“制”“诏”“敕”“谕旨”“圣旨”。

51. DE 【考点】六部

【解析】三省六部制是西汉以后长期发展形成，至隋朝正式确立，唐朝进一步完善。六部即吏、户、礼、兵、刑、工。吏部掌管官吏的任免、铨叙、考绩、升降等；户部掌管户口、土地、赋税、财政等；礼部掌管礼仪、祭祀、科举、学校等；兵部掌管武官选用及军政；刑部掌管司法行政、狱讼等；工部掌管各项工程、营造、屯田、水利、交通等。

52. AC 【考点】数字出版产品与服务类型

【解析】互联网期刊指通过网络发布、有固定名称的连续出版物，其来源主要有两方面：①从纸质期刊转换而来；②在网络上直接发布的内容。

53. ACDE 【考点】时事政治

【解析】十九大报告作出了决胜全面建成小康社会第一个百年目标的总动员、总部署，启航全面建成社会主义现代化国家新目标，这是我们党走出历史周期律，达到长治久安、再攀高峰、再创辉煌新的长征。习近平总书记从经济建设、政治建设、文化建设、社会建设、生态文明建设、国防军队建设、外交和平建设和党的建设等诸多方面做出了新部署，明确了新任务。

54. ABCD 【考点】时事政治

【解析】在全国宣传思想工作会议上，习近平总书记在谈到我们党要团结带领人民实现党的十九大确定的战略目标，夺取中国特色社会主义新胜利，更加需要坚定自信、鼓舞斗志，更加需要同心同德、团结奋斗之时，明确提出了我们必须把人民对美好生活的向往作为我们的奋斗目标，既解决实际问题又解决思想问题，更好强信心、聚民心、暖人心、筑同心。

55. ABDE 【考点】时事政治

【解析】在2018年全国两会期间，习近平总书记在参加山东代表团审议时提出了“五个振兴”的科学论断。党的十九大再次强调实施乡村振兴战略，习近平总书记提出要坚持乡村全面振兴，抓重点、补短板、强弱项，实现乡村产业振兴、人才振兴、文化振兴、生态振兴、组织振兴。“五个振兴”是扎实实践基础、丰富经验积累和深邃理论思考的结晶，是习近平新时代中国特色社会主义思想的重要组成部分，指明了实施乡村振兴战略的主攻方向。

三、选答选择题(共2组，其中★组主要考核传统出版内容，▲组主要考核数字出版内容。每组各10题，其中前5题为单项选择题，每题1分；后5题为多项选择题，每题2分。请任选其中1组作答，如2组都作答。只按★组计分)

★组　传统出版

选答单项选择题

56. B 【考点】出版的概念及其构成要素

【解析】编辑是指策划、组织、审读、选择和加工作品的活动。编辑是对作者创作的作品进行选择、优化。接受原始信息，将其归纳成知识，形成编辑加工对象的作品，这主要由作者完成。编辑是对作品进行选择、优化的过程。这种选择、优化是按照社会和消费者的需要进行的。编辑工作的目的就是通过对所选作品的精神文化内容进行加工、整理和完善，形成适合社会和消费者需要的出版物内容。

57. D 【考点】对设立出版物生产经营单位的管理

【解析】D项，国家实行印刷经营许可制度。未依照国家规定取得印刷经营许可证，任何单位和个人不得从事印刷经营活动。设立出版物印刷单位时，需首先向所在地省级出版主管部门提出申请，经批准取得印刷经营许可证后，持印刷经营许可证向公安部门申请获得特种行业许可证，再持这两种许可证向工商行政管理部门登记注册，依法领取营业执照后，才可开展出版物印刷业务。

58. D 【考点】发表权的特点

【解析】发表权是指作者自行决定是否将作品公之于众的权利。这里所说的“公之于众”，是指将作品向不特定的人公开，但不以公众知晓为构成条件。任何作品只要“公之于众”一次，就不可能再“秘而不宣”，所以，发表权具有“一次用尽”的特点。

59. C 【考点】科技名词的规范使用

【解析】C项，GPS是英文Global Positioning System(全球定位系统)的简称。

60. A 【考点】目的关系复句

【解析】目的关系的复句中，偏句表示行为，正句表示行为的目的。目的关系复句常用的关联词有“以便”“以”“用以”“以免”“免得”“为的是”等。A项属于因果关系复句。

选答多项选择题

61. ABE 【考点】出版物的种类

【解析】根据载体、内容、表现形式、生产方式等方面的总体特征，出版物可以分为图书、报纸、期刊、音像制品、电子出版物。A 项为音像制品；B 项为电子出版物；E 项为图书。

62. BCDE 【考点】对出版从业人员的管理

【解析】A 项，根据《图书质量管理规定》，对于 1 年内造成 3 种以上图书不合格的直接责任者，或者连续 2 年造成图书不合格的直接责任者，取消其出版专业职业资格并注销登记，且其 3 年之内不得从事出版编辑工作。

63. ACE 【考点】关于期刊刊号的规定

【解析】期刊 CN(国内统一连续出版物号)以 CN 为前缀，由 6 位数字(前 2 位为地区代码，后 4 位为地区连续出版物的序号)和分类号组成，是由原新闻出版总署负责分配给一种期刊的唯一代码。CN 应按规定格式和字体印在期刊封面、版权页或封底上。

64. ADE 【考点】合作作品著作权的归属

【解析】两个或两个以上作者合作创作的作品，著作权归合作作者共有，合作作品如果是可以分割使用的，则合作作者对各自创作的部分可以单独享有著作权并单独使用。本题中，《美丽的山川》词作者是张某，曲作者是李某，为合作作品，二人对各自创作的部分单独享有著作权。B 项，王某朗诵《美丽的山川》的歌词，只需征得词作者张某同意。C 项，赵某钢琴独奏《美丽的山川》的曲子，只需征得曲作者李某的同意。

65. CDE 【考点】汉字的笔画

【解析】笔画是构成汉字的各种点和线。从落笔到起笔所写的点或线叫一笔或一画。汉字的基本笔画有五种，即横(一)、竖(丨)、撇(丿)、点(丶)、折(乛)。C 项，“逊”共 9 画，笔画名称为横撇/横钩、竖钩、提、竖钩、撇、点、点、横折折撇、捺。D 项，“幽”共 9 画，笔画名称为竖、撇折、撇折、点、撇折、撇折、点、竖折/竖弯、竖。E 项，“涎”共 9 画，笔画名称为点、点、提、撇、竖、横、竖折/竖弯、横折折撇、捺。

▲组 数字出版

选答单项选择题

66. A 【考点】数字出版产品的特点

【解析】与传统出版物相比，数字出版产品与服务具有开放性和智能化特征。开放性主要表现在：①除预设为“只读”形式外，数字出版产品与服务通常很难有一个确切的“定本”。②数字出版产品与服务的单位和容量的变化范围极大。③数字出版产品与服务具备智能化特征。由于开放性和智能化，数字出版产品与服务是比较容易定制的，所以能够更好地满足读者和用户个性化的阅读和使用需求。

67. D 【考点】数字出版对出版流程的影响

【解析】在产品的结构设计方面，数字化技术改变了传统出版产品以“本”或“篇”为基本单元的设计思路，取而代之的是将内容按照一定逻辑关系拆分成可以灵活操作处理的信息单元，以便根据读者需要重组和生成个性化出版产品。

68. C 【考点】按需印刷

【解析】POD 即按需出版或按需印刷，都是指收到读者和顾客的订单后才印刷、装订和销售出版物——即使印数很少，甚至只有一本。在出版领域，POD 既是一种技术，也是一种业务模式，它是数字印刷和数字出版技术发展到一定阶段的必然产物。

69. D 【考点】数字出版产业的概念

【解析】数字出版产业大致包括两部分：①传统出版数字化升级，如电子书出版、数据库出版、开放存取出版等；②新兴出版业态，如数字阅读、数字教育、数字音乐、网络动漫、网络游戏、网络广告等。

70. C 【考点】数字出版技术应用现状

【解析】物联网技术是指物体通过智能感应装置，经过传输网络，到达指定的信息处理中心，最终实现物与物、人与物之间的自动化信息交互与处理的智能网络。通常的处理方法是，通过给物品加贴电子标签，将其与互联网连接起来，以构建信息交换和通信基础，实现智能化识别、定位、跟踪、监控和管理。例如，在纸质书籍中的某些段落插入二维码，当读者阅读到相关内容时，可扫描二维码获得更加丰富的图像和音视频等资源。

【说明】根据最新版考试教材，该知识点已删除。

选答多项选择题

71. CDE 【考点】数字出版产品的分类

【解析】我国的数字出版产业主要包括电子书出版产业、数字期刊出版产业、数字报纸出版产业、数字教育出版产业、数字动漫出版产业、网络游戏出版产业、数字音乐产业和网络广告产业等多个产业类型，并同数字内容产业和知识服务产业具有较强的相关性。按照用户对象，数字出版产品与服务可以分为：①大众类数字出版产品；②教育类数字出版产品；③专业类数字出版产品等。

72. ABD 【考点】数字出版对出版流程的影响

【解析】20 世纪中后期以来，随着计算机在出版领域的广泛应用，出版机构的组稿方式、编校方式、生产方式、发行方式和经营模式等发生了翻天覆地的变化。数字技术改变了传统出版业务流程，使之在信息组织与生产、编辑审读与测试、生产过程与管理、传播形式与渠道等方面更具有优越性，主要表现在以下四个方面：①对编辑环节的影响；②对设计环节的影响；③对复制环节的影响；④对发行环节的影响。

73. ABE 【考点】电子书

【解析】电子书就是利用计算机、电子阅读器、智能手机等终端阅读设备进行读取的数字化图书。它包括三个基本要素：①电子书的内容；②电子书阅读器，即阅读的载体，包括各种 PC、平板电脑、智能手机和专门为读取电子书而开发的阅读器等终端阅读设备；③电子书的阅读软件，这是保证数字化信息内容能够为阅读设备展现的关键。

74. ACE 【考点】数字出版产业的特征

【解析】数字出版产业作为一种新兴出版业态，与传统出版产业相比，表现出一些鲜明的产业特征。包括：①产业集中度高；②低消耗性和高附加值；③业务活动的平台化；④技术和平台商推动产业链重构；⑤以技术标准为保障。

【说明】根据最新版考试教材，数字出版产业作为一种新兴出版业态，与传统出版产业相比，表现出一些鲜明的产业特征。包括：①产业发展平台化；②产业集中度较高；③业态创新较快；④以技术和资本为保障。

75. CD 【考点】数字出版产业的特征

【解析】2013 年，借助中央文化企业的数字化转型升级项目的开展，我国制定了一系列数字出版标准规范，包括《转型升级项目管理指南》《图书数字资源数据保存与流转要求》《出版社数字出版业务流程规范》等。2019 年，有关新闻出版行业知识服务的系列国家标准也正式发布。建立层次分明、分类科学、完整适用的技术标准体系，可以减少因标准不统一而造成的资源浪费和消费者使用不便等问题。

四、综合题(共 5 题，100 分。要求用黑色墨水笔在答题卡指定区域内作答)

76. 审稿题：审读短稿，按照审稿的基本要求指出其中存在的错误或缺漏。(本题 20 分)

答：(1)“各级经济主管部门”应改为“各级政府出版行政主管部门”。

(2)“2001 年国务院颁布、2016 年修订的《图书质量管理规定》”应改为“2004 年国务院颁布的《出版管理条例》”。

(3)“市场准入”应改为“产品准入”。

(4)“印刷品”应改为“出版物”。

(5)“登记制”应改为“许可制”。

(6)“初级资格和中级资格”应改为“初级资格、中级资格和高级资格”。

(7)“到岗前”应改为“到岗 2 年内”。

(8)“6 个月”应改为“3 个月”。

(9)“书号和刊号可以相互代替使用”应改为“书号和刊号不能相互代替使用”。

(10)“对出版物的管理包括对出版物内容的管理以及图书质量的管理”应改为“国家对出版物的管理是多方面的，主要为对出版物内容的管理以及图书质量的管理”。

(11)“分为优秀、良好、合格、不合格四个等级”应改为“分为合格、不合格两个等级”。

77. 计算简答题：根据所给材料回答问题。(需计算后回答的问题，须列出算式；每个问题计算过程中的小数均保留实际位数，计算结果有小数的，小数保留 2 位。)(本题 20 分)

问题一：《春天教育》杂志应付李老师多少稿酬?

答：《春天教育》杂志应付李老师 400 元稿酬，具体计算如下：

报刊刊载作品只采用一次性付酬方式。稿酬的计算以千字为单位，刊载作品不足五百字的，按千字作半计算；超过五百字不足千字的，按千字计算。

字数 $=90\times40=3600$(字)，则取 4 千字计算。

稿酬 = 稿酬标准 × 千字数 $=100\times4=400$(元)。

问题二：《春天教育》杂志发表李老师的作品是否存在侵权行为，为什么?

答：《春天教育》杂志发表李老师的作品存在侵权行为。

理由：李老师以笔名“郑见”将文章投给《春天教育》，但《春天教育》杂志社发表作品时，署的是李老师的真名，侵犯了李老师的署名权，存在侵权行为。

问题三：李老师和《春天教育》杂志是否侵犯张老师的著作权，为什么?

答：李老师和《春天教育》杂志没有侵犯张老师的著作权。

理由：李老师文章中使用张老师文章的内容属于为介绍、评论某一作品或者说明某一问题而在作品中适当引用已发表作品。关于“适当引用”的数量界限，我国《图书期刊保护试行条例实施细则》第十五条明确规定，引用非诗词类作品不得超过2500 字或被引用作品的十分之一；凡引用一人或多人的作品，所引用的总量不得超过本人创作作品总量的十分之一。李老师的作品字数为 3600 字，其中使用张老师文章内容约 300 字，不足全文的十分之一，所以不构成侵权行为。

问题四：《教学文摘》杂志的转载是否合法，为什么？该杂志社的行为有无不妥之处，

为什么？

答：《教学文摘》杂志的转载合法，但其行为有不妥之处。

理由：《著作权法》第三十二条第二款规定，作品刊登后，除著作权人声明不得转载、摘编的外，其他报刊可以转载或者作为文摘、资料刊登，但应当按照规定向著作权人支付报酬。依照《著作权法》的相关规定，报刊转载、摘编其他报刊已发表的作品，应当自报刊出版之日起2个月内，按每千字100元的付酬标准向著作权人支付报酬。李老师的文章是已经发表的作品，没有声明禁止转载，所以《教学文摘》杂志可以转载，但应向李老师支付报酬。

78. 改错题：阅读短文，改正文中的文字、标点符号差错。（本题24分）

答：(1)“行行色色”应改为“形形色色”。

(2)“必需”应改为“必须”。

(3)“包容心”应改为“包容”。

(4)“俩个字”应改为“两个字”。

(5)[“宽容。”]应改为[宽容。]。

(6)“和熙”应改为“和煦”。

(7)“溶化”应改为“融化”。

(8)“哪些”应改为“那些”。

(9)“付诸于一笑”应改为“付诸一笑”。

(10)“心镜”应改为“心境”。

(11)[“原谅使人快乐。”]应改为[“原谅使人快乐”。]。

(12)“迭宕起伏”应改为“跌宕起伏”。

(13)“它是历经之后对世俗的一种轻视；”中的分号应改为逗号。

(14)“运畴帷幄成竹在胸充满自信”应改为“运筹帷幄、成竹在胸”。

(15)“了如执掌”应改为“了如指掌”。

79. 改错题：改正句子中的错误。（本题24分）

(1)媒体不仅包括报刊、杂志、电视、广播等传统媒体，也包括网络媒体等新兴媒体。

答：删去“杂志、”。

(2)有越来越多的读者通过手机了解新闻已经成了新的社会风尚。

答：在“已经成了新的社会风尚。”前加上“，这”。

(3)郑和行香碑拓片记载了郑和第五次下西洋前特地来到泉州东郊的灵山圣墓祈求庇佑航海成功。

答：在句末加上“的历史事迹”。

(4)这位设计师的出色工作和独特设计，已被有关单位采用，并受到大家一致好评。

答：应改为“这位设计师工作出色，其独特设计已被有关单位采用，并受到大家一致好评。”

(5)这篇文章讲述了一个工人抢救国家财产的故事。

答：将“一个”改为“一名”。

(6)我们正在稳健地实现中华民族伟大复兴的目标奋进。

答：在“实现”前加“朝着”。

(7)作为一名普通的莘莘学子，他的创新精神让人敬佩。

答：将“莘莘学子”改为“学生”。

(8)年轻编辑要勤于学习，不耻下问地向老编辑请教；老编辑也要满腔热忱地给予指导。

答：将“不耻下问”改为“虚心”。

(9)他发表的那篇关于饮食习惯与健康的文章，批评的人很多。

答：在句首加上“对于”。

(10)你与其找他当面对质，不如我先侧面了解一下情况。

答：“与其”和“你”位置互换。

(11)广大中小投资者特别是新入市的投资者要及时了解公司披露的信息，切忌不要道听途说、盲目跟风。

答：删去“切忌”或“不要”。

(12)市乒乓球团体赛女团决赛，高新区队将与市中区队争夺冠亚军。

答：删去“亚”。

80. 释词翻译题：阅读古文，解释文中画线的词，并将画线的句子译成现代汉语。（本题12分）

答：(1)词语解释

①晚成：年岁较大才有成就；

②以：因为；

③辟：征召；

④掾：佐吏；

⑤竞：争着。

(2)句子翻译

坐在末次座位上的王述却说：“主公不是尧、舜，怎么可能事事都对?”丞相(对于他的直言而不阿谀)非常赞赏。

2021年度全国出版专业技术人员职业资格考试《出版专业理论与实务(初级)》真题

一、单项选择题(共30题，每题1分。每题的备选项中，只有1个最符合题意)

1. 最新版《新华字典》的出版机构是(　　)。

A. 中华书局　　B. 上海辞书出版社

C. 商务印书馆　　D. 崇文书局

2. 下列工具书中，可以用来查找汉字古文字形体的是(　　)。

A.《现代汉语词典》　　B.《汉语大字典》

C.《辞海》　　D.《辞源》

3. 按照中图法，《马克思主义大辞典》的大类标记符号是(　　)。

A. A　　B. B　　C. D　　D. G

4. 布尔逻辑运算的次序是(　　)。

A. 逻辑“非”—逻辑“与”—逻辑“或”　　B. 逻辑“与”—逻辑“或”—逻辑“非”

C. 逻辑“或”—逻辑“非”—逻辑“与”　　D. 逻辑“非”—逻辑“或”—逻辑“与”

5. 选题策划工作的核心是(　　)。

A. 信息梳理　　B. 选题设计　　C. 选题论证　　D. 选题优化

6. 根据我国的出版审稿制度，不能担任终审的人员是(　　)。

A. 具有编审职称的副总编辑

B. 社长、总编辑指定的具有编审职称的人员

C. 具有编辑职称的副社长

D. 具有副编审职称的社长

7. 关于审稿工作，说法错误的是(　　)。

A. 对于符合出版要求的稿件，审稿结论为接受出版

B. 初审者认为达不到出版要求的稿件应及时退稿

C. 期刊出版单位对决定采用的稿件应及时以书面形式通知作者

D. 对涉及重大选题内容的稿件，三审后须向有关部门申报备案

8. 最常用、最主要的组稿方式是(　　)。

A. 群体集稿　　B. 社会征稿　　C. 个别约稿　　D. 有奖征稿

9. 音像制品编辑工作的流程不包括(　　)。

A. 组织脚本作者　　B. 审核脚本　　C. 设计界面　　D. 节目录制

10. 书刊表面整饰设计的内容不包括(　　)。

A. 装订样式的选择　　B. 装帧材料的选用

C. 纸张的选用　　D. 表面整饰工艺方案的选择

11. 关于书眉设计，说法错误的是(　　)。

A. 篇章开始的第一面通常不印书眉　　B. 书眉字号应该小于正文所用字号

C. 全书双码排章节名，单码排书名　　D. 可设置书眉线与版心相隔

12. 版心的组成要素不包括(　　)。

A. 文字、符号　B. 线条、底纹　C. 图表、间空　D. 天头、地脚

13. 关于书刊的左翻本形态，说法正确的是(　　)。
A. 书口在上　B. 翻开后双码面在右侧
C. 书脊在左　D. 文字从右向左排列

14. 关于线装，说法错误的是(　　)。
A. 封面选用软质纸　B. 订线露在外面
C. 书页依中缝对折　D. 均在左侧用线穿订

15. 各种书刊的终校担任者必须是(　　)。
A. 作者
B. 责任编辑
C. 外校公司的高级校对人员
D. 本社具有中、高级出版专业职业资格的专职校对

16. 关于校是非，说法错误的是(　　)。
A. 校是非又称活校，难度更大
B. 根据电子原稿生成的校样，是非差错较少
C. 校是非的主要功能是消除校样中的隐性错误
D. 校出的“非”，需提交编辑核实后处理

17. 利用《中国大百科全书》校正校样的知识性差错，运用的是(　　)。
A. 点校法　B. 折校法　C. 本校法　D. 他校法

18. 书刊印刷的必备要素不包括(　　)。
A. 原稿　B. 图文载体　C. 印刷机械　D. 运输设备

19. 关于计算机直接制版，说法错误的是(　　)。
A. 制版软件程序复杂，延长了印刷准备时间
B. 能够减少和降低对环境的污染
C. 省去了传统制版工艺中的晒版环节
D. 能实施高保真印刷，提高印刷品质量

20. 关于出版物发行渠道，说法正确的是(　　)。
A. 发行渠道本质上反映的是出版物的空间变更路线
B. 长渠道至少选用三个环节的中间商
C. 窄渠道是只选用一个中间商
D. 发行渠道由商品流通环节串联而成

21. 采用包销时，发行商从出版单位买断的是某种出版物的(　　)。
A. 所有权　B. 著作权　C. 出版权　D. 印刷权

22. 关于出版物出租，说法正确的是(　　)。
A. 转让的是出版物商品的所有权
B. 从事出版物出租业务须到省级出版主管部门备案
C. 租金必须按日或按月收取
D. 纸质出版物和数字出版物均可用于出租

23. 关于选题报告，说法错误的是(　　)。
A. 选题报告是选题设想通过论证后所撰写的书面报告

B. 一套出版物可以只撰写一份选题报告
C. 选题报告中的选题名称不能空缺，但可以是暂名
D. 在选题报告中须对出版物的营销提出建议

24. 关于撰写出版物广告文字，说法错误的是(　　)。
A. 可采用不同体裁　　B. 需要考虑受众的特点
C. 内容应面面俱到　　D. 目的是激发读者购买欲望

25. 编辑计划的内容通常不包括(　　)。
A. 编辑方针或指导思想　　B. 组织机构和编写力量
C. 营销计划和相关安排　　D. 组织活动和经费预算

26. 在数字资源加工过程中，一本书如有多种版本，收集验证排版资源时应优先收集(　　)。
A. 初版版本　　B. 最新版本　　C. 精装版本　　D. 平装版本

27. 下列选项中，专题数据库产品更新时的主要工作是(　　)。
A. 包装更新　　B. 内容更新　　C. 硬件更新　　D. 服务更新

28. 下列选项中，与内容相关的元数据是(　　)。
A. 关键词　　B. 素材格式　　C. 编码参数　　D. 载体信息

29. 关于数字内容资源的审核，说法错误的是(　　)。
A. 对不符合要求的内容要出具审核意见
B. 内容资源不得用计算机辅助进行审核
C. 审核员和标引加工人员不能是同一人
D. 标引加工人员可交叉进行内容审核

30. 从资源类型的角度看，图书发行数量统计记录属于(　　)。
A. 数据类资源　　B. 图像类资源
C. 文本类资源　　D. 复合数字对象类资源

二、多项选择题(共35题，每题2分。每题的备选项中，有2个或2个以上符合题意，至少有1个错项。错选，本题不得分；少选，所选的每个正确项得0.5分)

31. 要查找清人诗句“些小吾曹州县吏，一枝一叶总关情”的出处，可利用(　　)。
A.《史记》　　B.《现代汉语词典》
C. 中华经典古籍库　　D. 中国基本古籍库
E.《古今俗语集成》

32. 查阅成语、典故，一般可利用的工具书有(　　)。
A.《广韵》　　B.《辞源》　　C.《集韵》　　D.《渊鉴类函》
E.《艺文类聚》

33. 根据选词原则和编制方法等的不同，主题法可以分为(　　)等。
A. 关键词法　　B. 标题法　　C. 音序法　　D. 叙词法
E. 号码法

34. 四部分类法不包括(　　)。
A. 经部　　B. 史部　　C. 韵部　　D. 集部
E. 丛部

35. 选题策划的原则要求包括(　　)等。

A. 符合党和国家的出版方针　　B. 遵守国家的法律规范
C. 正确积极引导消费者　　D. 具有一定的独创性
E. 把经济效益放在首位

36. 期刊中观层次的选题策划包括(　　)等。
A. 读者定位　　B. 出版周期　　C. 栏目设计　　D. 专题策划
E. 作品组配

37. 图书正文编辑加工整理通常包括(　　)等。
A. 纠正知识性差错　　B. 修正标题
C. 核对引文　　D. 核改索引
E. 加工封面文字

38. 编辑加工整理的作用主要包括(　　)等。
A. 决定稿件取舍　　B. 履行出版单位把关职责
C. 坚持正确的政治导向　　D. 贯彻党的出版方针
E. 保证出版物质量

39. 责任编辑发稿送审时，应附上的相关文件主要包括(　　)等。
A. 审读加工记录单　　B. 图书装帧设计单
C. 图书在版编目数据申报单　　D. 发稿单
E. 付印单

40. 电子出版物半成品的质量检测环节包括(　　)等。
A. 素材集成　　B. 交互性检测
C. 容错功能检测　　D. 数据调用和存储检测
E. 运行环境测试

41. 图书的必备结构部件不包括(　　)。
A. 目录页　　B. 封面　　C. 腰封　　D. 正文书页
E. 附书名页

42. 关于图书版面字数，说法正确的有(　　)。
A. 版面字数少于实际字数
B. 计算一个页面的版面字数，一般用主体文字的每行字数乘以该面行数
C. 版面字数是图书版本记录页上记载的字数
D. 版面字数的计算不包括书眉等处的文字
E. 版面字数通常取决于版心中所排印刷字的字号和行距

43. 关于页码，说法正确的有(　　)。
A. 单页型插页应采用明码　　B. 空码的页面不应计入印张数
C. 篇章页一般采用空码　　D. 正文页码的位置应全书相对固定
E. 明码是最常见的页码形式

44. 书刊内文版式设计不包括(　　)。
A. 版心尺寸规格的确定　　B. 文字规格的选择及其排式设计
C. 开本的选择　　D. 护封的形式设计
E. 衬页的形式设计

45. 按版心分割状况，书刊版面可分为(　　)。

A. 通栏版面　　B. 多栏版面　　C. 竖排版面　　D. 和合版面
E. 复合分栏版面

46. 关于“单字不成行，单行不成面”，说法正确的有(　　)。
A. 缩行的首选方法是调整标点符号　　B. 在付印样上不宜缩行
C. 校对人员可删除不重要的词以缩面　　D. 在付印样上不宜缩面
E. 伸字的可选方法是增加词语

47. 责任校对的主要工作职责包括(　　)等。
A. 监督检查各校次的质量　　B. 负责校样的技术整理工作
C. 负责校样的通读工作　　D. 处理作者在校样上的修改
E. 负责誊样

48. 关于折校的缺点，说法正确的有(　　)。
A. 校对人员工作时头部要左右或上下摆动，容易疲劳
B. 拉长了来回看原稿与校样的时间
C. 多字漏字容易被忽略
D. 容易忽略对内容的理解
E. 有时着重号、专名号容易被折缝或手指遮盖，导致漏校

49. 关于校对，说法正确的有(　　)。
A. 如果是新输出的三校样，要先核红再通读
B. 对蓝样采取点校的方式进行
C. 通读要脱离原稿
D. 三校要增强校是非的功能
E. 核红一律用色笔进行标记

50. 书刊印刷中常见的质量问题包括(　　)等。
A. 墨色不一　　B. 套印不准　　C. 糊版　　D. 存在错别字
E. 透印

51. 数字印刷的书刊印制工艺过程包括(　　)等。
A. 原稿检核　　B. 图文处理　　C. 制作印版　　D. 印刷装订
E. 成品入库

52. 将图像输入计算机的方式主要有(　　)。
A. 扫描输入　　B. 打印机输入
C. 数字文件直接输入　　D. 视频捕获卡输入
E. 数字化仪输入

53. 关于出版物网络发行渠道，说法正确的有(　　)。
A. 实体出版物和非实体出版物均可发行
B. 打破了时间和地域对经营的限制
C. 增加了批发商和零售商的库存压力
D. 为更多的出版物提供了展示空间
E. 不利于提供多种增值服务

54. 出版物间接发行渠道的不足之处包括(　　)等。
A. 一定条件下的发行成本有所增加　　B. 出版单位控制渠道的力度降低

C. 可能传递失真信息　　D. 不利于促进专业化分工

E. 不利于广泛分销

55. 关于出版物批发，说法正确的有(　　)。

A. 购货方必须先付款再提货　　B. 采用统一的购销形式

C. 可灵活地确定发行折扣率　　D. 应保持合理的库存

E. 可采取电子商务交易

56. 按照不同的分类标准，北京国际图书博览会属于(　　)。

A. 著作权贸易型书展　　B. 销售型书展

C. 国际性书展　　D. 订货型书展

E. 综合性书展

57. 关于出版前言，说法正确的有(　　)。

A. 每本书都应有出版前言　　B. 可说明出版目的和价值

C. 必须注明撰写人姓名　　D. 可说明图书的内容和特点

E. 可表明出版单位的立场和态度

58. 相对出版物预告，出版物简介的特点有(　　)。

A. 发表时间自由，出版前后均可

B. 字数限制宽松，少则数十字，多可上千字

C. 读者对象主要是出版物发行工作人员

D. 一般不用表格形式

E. 需要明确标注定价和购买方式

59. 关于作者简介，说法正确的有(　　)。

A. 不能由作者撰写　　B. 形式可以多样化

C. 选取材料应真实可靠　　D. 内容越详细越好

E. 对作者的评价要恰当

60. 关于凡例，说法正确的有(　　)。

A. 凡例是面向读者的“产品说明书”

B. 凡例必须由编辑撰写

C. 凡例一般置于目录之后

D. 凡例的重点是介绍体例

E. 点校本古籍的凡例要交代校勘所用底本和校本

61. 对数字资源进行内容特征标引时可参考(　　)。

A. 汉语主题词表　　B. 中国分类主题词表

C. 中国图书馆分类法　　D. 数字内容资源评估规范

E. 图书在线信息交换规则

62. 属于音视频内容审核的工作有(　　)。

A. 著作权审核　　B. 技术参数审核　　C. 稿件版本审核　　D. 内容质量审核

E. 产品上线审核

63. 属于在线课程制作环节的工作有(　　)。

A. 策划报告编制　　B. 教学功能设计

C. 视频资源制作　　D. 非视频资源制作

E. 在线课程测试

64. 关于数字内容资源的存储，说法正确的有(　　)。

A. 相比数据库，文件库检索功能更强

B. 文件库适合对个人文件和少量文件进行管理

C. 数据库适合海量文件管理

D. 云存储是一种离线存储方式

E. 云存储可降低出版单位硬件投入成本

65. 根据检索对象，数字内容资源的信息检索类型有(　　)。

A. 机器检索　　B. 数据检索　　C. 书目检索　　D. 全文检索

E. 手工检索

三、综合题(共5题，100分。要求用黑色墨水笔在答题卡指定区域内作答)

66. 编辑加工题：阅读分析短稿，并按照稿件加工整理的规范进行编辑加工。(本题22分)

中国天眼

与人们熟悉的天文望远镜不同，中国的500米口径球面射电望远镜既不架在山顶，也不像“哈勃”那样傲游太空，而且是在贵州一片名为大窝凼的喀斯特洼地中立足。作为当今世界上最大且最灵敏的射电望远镜，它犹如一只巨大的“天眼”，试图探测遥远、神秘的太空。

“天眼”，多么贴切的词语！它就像躲在群山之中静静观察宇宙的一只‘观天巨眼’，仿佛是全人类眼睛的延伸，能看到“光年之外”，能洞悉宇宙的“前生后世”，身在洼地却心系深空，探索和验证困扰人类已久的宇宙奥秘。

除了功能，“天眼”这个名字也非常形象。在无人机的帮助下，从500平方米高空俯瞰，你会发现：“天眼”的馈源舱就像瞳孔，反射面板是眼球，圈梁部分是眼眶，周围的六座支撑塔是眼睫毛，群山则是眼睑——当夕阳西下，反射面板映射出金色的余晖，再没有比这样的场景更能形象地表达“火眼金睛”的意思了。

人们站在“天眼”旁的观景台上，看着夕阳缓缓落下，月亮或银河缓缓升起。于此同时，“天眼”也是这样安静地看着深邃的宇宙，试图为人类找寻“我从哪里来，要往哪里去的终极答案。

在“中国天眼”建成前，美国阿雷西博(Arecibo)望远镜曾是世界上最大的单口径射电望远镜。2020年12月1日，阿雷西博望远镜突然坍坍塌，这也使“中国天眼”的运行更凸显出重要价值。

2021年四月一日起，全球科学家可以通过在线方式向中国国家天文台提交观测申请，并于8月起分配观测时间。在美国阿雷西望远镜结束57年天文生涯后，中国将世界最大且最灵敏的射电望远镜面向全球科学界开放。这也意味着全球科学家将打破疆域的限制，在同一片天空下仰望苍穹、探索未知，为人类共同的前途与命运而努力。这是多么令人振奋的消息啊！

经历了调试、试运行和正式开放运行近6000多个机时的观测服务积累，目前“中国天眼”运行稳定可靠，灵敏度稳居世界射电望远镜之首，其有效探索的空间范围也远超此前最先进的射电望远镜。今后，“中国天眼”也注定将为人类共同的未来承担起更大的责任。

67. 校对题：按照原稿纠正校样中的错误；若认为原稿有差错，用黑色墨水笔以校对质疑的方式指出。(本题20分)

【原稿】

翻译《共产党宣言》：“对中国做了一件好事”

“五四”新文化运动以来，尽管经过以李大钊为代表的先进分子的共同努力，马克思主义在中国得到了迅速而广泛地传播，但马克思主义经典著作的完整中译本依然没有出版。在上海，陈独秀在与李汉俊、邵力子、矛盾（沈雁冰）等人的交谈中，不禁感叹道：“中国共产主义运动的基础薄弱，至今连《共产党宣言》《资本论》都还没有完整的中译本。我们必须加快翻译出版工作的步伐。”陈独秀的感叹，也是大家的共识，于是翻译出版马克思主义经典著作的任务就提上了日程。

在众多马克思主义经典著作中，马克思、恩格斯合著的《共产党宣言》是开山之作，也是公认的经典著作，且篇幅简短，翻译出版起来相对容易。经过讨论，大家决定首先翻译出版《共产党宣言》，并一致同意由陈望道担任翻译工作。随后，他们把《共产党宣言》的日文全译本寄给了在杭州的陈望道。

1920 年春天，陈望道回到老家浙江义乌，在自家的柴房中着手翻译《共产党宣言》。此版本由日本共产主义者幸德秋水和堺利彦合译，刊登在 1906 年 3 月出版的《社会主义研究》杂志创刊号上，以“学术研究资料”的名义内部发行。

1920 年 4 月，陈望道带着《共产党宣言》的译稿，如约前往上海。在老渔阳里 2 号（今南昌路 100 弄 2 号）《新青年》编辑部见到了仰慕已久的陈独秀。陈独秀看后，大喜过望，对其赏识有佳。为了使译文更加准确，陈独秀快信致李大钊，请其从北京大学图书馆借来《共产党宣言》的英文版，进行反复核对。经陈独秀、李汉俊校阅，译稿最终定稿。

《共产党宣言》单行本出版后，陈望道寄给鲁迅一册。鲁迅先生阅读后，称赞道：“把这本书译出来，对中国做了一件好事。”

【校样】

翻译《共产党宣言》：“对中国做了一件好事”

“五·四”新文化运动以来，尽管经过以李大钊为代表的先进分子的共同努力，马克思主义在中国得到了迅速而广泛地传播，但马克思主义经典著作的完整中译本依然没有出版。在上海，陈独秀在与李汉俊、邵力子、矛盾（沈雁冰）等人人的交谈中，不禁感叹道：“中国共产主义运动的基础薄弱，至今连《共产党宣言》《资本论》都还没有完整的中译本。我们必须加快翻译出版工作的步伐”。陈独秀的感叹，也是大家的共识，于是翻译出版马克思主义经典著作的任务就提上了日程。

在众多马克思主义经典著作中，马克思、恩格斯合著的《共产党宣言》是开山之作，也是公认的经典著作，且篇幅简短，翻译出版起来相对易容。经过讨论，大家决定首先翻译出版《共产党宣言》，并一致同意由陈望道担任翻译工作。*随后，他们把《共产党宣言》的日文全译本寄给了在杭州的陈望道。*

1926 年春天，陈望道回到老家浙江义乌，在自家的柴房中着手翻译《共产党宣言》。此版本由日本共产主义者辛德秋水和堺利彦合译，刊登在1906年3月出版的《社会主义研究》杂誌创刊号上，以学木研究资料”的名义内部发行。

1920年4月，陈望道带着《共产党宣言》的译稿，如约前往上海。在老渔阳里2号(今南昌路100弄2号)

《新青年》编辑部见到了仰慕　已久的陈独秀。陈独秀看后，大喜过望，对其赏识有佳。为了使译文更加准确，陈独秀快信致李大钊，请其从北京大学图书馆借来《共产党宣言》的英文版，进行反复核对。

经陈独秀、李汉俊校阅，译稿最终定稿。

《共产党宣言单行本》出版后，陈望道寄给鲁迅一册。鲁迅先生阅读后，称赞道：“把这本书译出来，对中国做了一件好事。”

68. 本题包括2道分题，其中A分题有关传统出版，B分题有关数字出版。请任选1道分题作答。如果作答不止1道，将按排列在前的分题计分。(本题20分)

68-A. 计算简答题：根据所给材料回答问题。(需计算后回答的问题，须列出算式；每个问题计算过程中的小数均保留实际位数，计算结果有小数的，小数保留2位。)

某出版社的《星球探秘》一书于2015年1月出版，到2020年6月，已加印4次，累计印数为30 000册。2020年7月，随着“天问一号”探测器点火升空，出版社即着手对该书进行修订再版。图书预计于2021年1月出版，印刷10 000册。

版式设计小王重新拟订的整体设计方案包括：采用32开本，骑马订装；书芯用定量为80克/米^2、规格为1000毫米×1400毫米的胶版纸，单色印刷；封面用定量为200克/米^{2}的铜版纸，四色印刷，覆光膜。该书排版后的付印清样共有扉页1面，修订再版前言2面，序言4面，目录3面，正文275面，版本记录页1面。排印顺序是扉页、版本记录页、目录、修订再版前言、序言、正文。设计主管老陈审核了小王拟订的方案后，指出了其中不规范的地方，并指导小王进行了修改。本书印刷前，印刷发行记录标示“2021年1月第1版2021年1月第1次印刷”“印数1—10 000”。

胶版纸的单价为7000元/吨，书芯印刷加放率为5%。封面用纸的开数为8开，铜版纸的单价是980元/令，印刷加放率为8%。

问题一：小王拟订的整体设计方案有哪些不规范之处？应如何修改？

问题二：该书印刷发行记录的标示有哪些不规范之处？应如何修改？

问题三：印刷该书的书芯需要胶版纸多少令？

问题四：印刷该书的纸张总费用是多少元？

68-B. 简答题：根据所给材料回答问题。(凡要求作选择回答的问题，应将与所选选项对应的字母填写在答题卡上的相应括号内。凡要求作陈述回答的问题，请将答案书写在答题卡的相应区域。)

某出版社拟制定图书数字化加工标准，并对一批纸质图书进行数字化加工，设计的数字化加工流程如下：

第一环节 排版文件整理与格式转换

搜集整理排版文件及其关联文件，并转换输出为 PDF 格式。

第二环节 图书整理

逐页检查纸质图书，处理好影响扫描的污损、粘连等问题。

第三环节 图书扫描

利用图文扫描仪将纸质图书逐页扫描为图像并以 TIFF 格式存储。

第四环节 图像处理

对扫描后的图像进行处理，包括污点去除、浓淡调整、版心调整和倾斜矫正。

第五环节 光学字符识别和校对

利用软件工具对图像中的文字、符号进行光学识别，并对识别后的文本进行人工校对和修改。

第六环节 版式文件和流式文件加工

通过专用加工工具制作成版式文件和流式文件。

第七环节 内容标引

对图书内容进行结构化标引，并使用 XML 文件存储。

第八环节 质量检验

对成品数据的质量进行检验。

问题一：图书数字化加工标准的核心要素有(　　)。

A. 成果物来源

B. 成果物构成

C. 成果物命名方式和存储结构

D. 成果物规格和质量指标

E. 成果物使用要求

问题二：该加工流程设计存在哪些错误？

问题三：图书的结构化标引包括对图书内容的______标引、______标引和各种内容要素标引。

69. 计算简答题：根据所给材料回答问题。(需计算后回答的问题，须列出算式；每个问题计算过程中的小数均保留实际位数，计算结果有小数的，小数保留 2 位。)(本题 20 分)

为庆祝中国共产党建党 100 周年，某出版社面向少儿读者策划了《红色地标》一书，精选 100 个红色地标，图文并茂地讲述地标背后的历史故事。

出版社于 2021 年 6 月 30 日举行了新书首发式，并进行了作者签售，签售时随书附赠精心绘制的打卡地图和红色参观护照。多家电视台、报纸等大众媒体进行了报道。同时，出版社通过其微信公众号报道了活动的盛况，并附上购买链接。另外，在某平台发布营销短视频，在网上书店进行网络直播营销。

该书定价 28 元，首印 50 000 册。A 发行集团订购了 15 000 册，发行折扣率为 50%；B 大型网上书店订购了 10 000 册，发行折扣率为 50%。因销售情况良好，出版社紧急加印了 30 000 册。

此外，出版社还开发了“红色地标”音频产品，定价 28 元，在某音频平台销售。

到 2021 年 9 月底，A 发行集团首批订购的图书全部销售完毕，向出版社补订的 20 000 册销售了 8000 册。B 大型网上书店销售了 90%。出版社自办发行销售了 10 000 册，折扣率为70%。音频产品实现了3万次销售下载。

问题一：该书在发行过程中，出版社开展了哪些营销活动？

问题二：该书的出版码洋是多少万元？

问题三：A发行集团的进货码洋是多少万元？

问题四：截至2021年9月底，该书的销售实洋共计多少万元？

问题五：截至2021年9月底，该音频产品的销售额是多少万元？

70．写作题：根据所给材料撰写退修信。（出版社的具体地址、邮政编码、电话号码、电子信箱地址、网址等一律用×××代替。）（本题18分）

助理编辑徐一驰收到了总编辑的终审意见（见下）。请根据终审意见，以出版社的名义给作者写一封退修信。

《水浒传故事》终审意见

该书稿作为"优秀传统文化名著进校园丛书"之一，选取《水浒传》中的10个典型故事加以改编。改编后的故事情节忠实原著，对晦涩难懂的词语进行了翻译而不是一删了之，保留了原著描写细腻的风格；全文配有拼音，非常适合小学生阅读。特别是每页都配以精美的水墨画风格漫画插图，与故事情节相得益彰，增加了阅读的吸引力和趣味性，与市场上的类似品种相比，有其鲜明的风格。

同意初审、复审提出的意见。综合来看，该书稿还存在一些问题：一是该书选择的10个故事，应充分考虑小学生心智的承受力和对其价值取向的影响，多选像"倒拔垂杨柳""景阳冈打虎"这样的故事。"血溅鸳鸯楼"过于血腥，建议更换。其他故事里像"提着首级"这样的血腥描述也应回避；还有一篇"智破高唐州"有打家劫舍、滥杀无辜的嫌疑，建议更换成"行侠仗义"的故事。二是从体例来看，10个故事短的不足2000字、长的超过4000字，建议统一到每个故事3000字左右。三是作为四大古典小说之一的《水浒传》，讲的都是"打打杀杀"的故事，建议作者以适当方式在书中增加《水浒传》历史背景的介绍，以便使小学生理解《水浒传》作为一部反映古代下层民众社会理想的小说，其以暴制暴、以暴抗暴的暴力思想是封建集权专制压迫的结果。

鉴于作者鲁淼有着丰富的改编经验，此前有作品获得过重大奖项，相信她有能力对书稿进行修改。

几年前我社出版的《水浒传》（少年版），审稿时也遇到过类似问题，经与作者反复沟通，最终修改结果令人满意。可提供样书给鲁老师参考。

终审意见：退作者修改，改后再审。

另，我社每年"六一"国际儿童节都会举办"读典籍，讲故事"活动并有赠书仪式，若能在明年"六一"前出版，对宣传、发行会有帮助。

沈万枝

2021年8月8日

答案及详解

一、**单项选择题**(共30题，每题1分。每题的备选项中，只有1个最符合题意)

1. C 【**考点**】字典、词典

【**解析**】《新华字典》原由新华辞书社编，1953年由人民教育出版社初版。1956年新华辞书社并入中国科学院语言研究所(1977年起改称“中国社会科学院语言研究所”)后，经该所词典编辑室修订并由商务印书馆在1957年出版。此后多次修订再版，2020年出版第12版。

2. B 【**考点**】字、词、句的检索

【**解析**】查汉字古义及古形体，一般可利用与古文字、古字形有关的字典、词典。通常可利用《汉语大字典》《说文解字》《康熙字典》《古文字类编》《汉语古文字字形表》《甲金篆隶大字典》《四体大字典(正草隶篆)》《中国书法大字典》《甲骨文字典》《金文常用字典》等。

3. A 【**考点**】工具书的排检方法

【**解析**】中国图书馆分类法原称“中国图书馆图书分类法”，自1999年起改现名，并简称“中图法”。它是中华人民共和国成立后编制的一种具有代表性的大型综合性图书分类法，主要供大型图书馆给图书分类使用。其中，马克思主义、列宁主义、毛泽东思想、邓小平理论部类的大类标记符号为A。

4. A 【**考点**】计算机检索技术与网络信息检索技巧

【**解析**】布尔逻辑运算的次序为：逻辑“非”—逻辑“与”—逻辑“或”，若有括号，则括号优先，这同算术中的四则运算相似。

5. B 【**考点**】选题策划工作的基本内容

【**解析**】选题设计是指编辑人员在整合信息基础上构思、拟订出具体出版项目总体方案的工作。它是选题策划工作的核心。

6. C 【**考点**】审稿制度

【**解析**】根据三审制度的相关要求，终审，应由具有正、副编审职称的社长、总编辑(副社长、副总编辑)或由社长、总编辑指定的具有正、副编审职称的人员担任(非社长、总编辑终审的书稿意见，要经过社长、总编辑审核)。

7. B 【**考点**】审稿后与作者的联系

【**解析**】B项，出版单位对一部书稿，经过三级审稿之后，审稿工作就算基本完成了。之后，编辑应该及时与作者联系，根据对其稿件的不同审稿结论，及时进行相应的沟通。对决定退稿的稿件，编辑应该以出版单位的名义专门撰写退稿信书面通知作者。如果作者要求返还原稿，编辑应当尽快返还。

8. C 【**考点**】组稿

【**解析**】个别约稿是编辑直接约请作者创作稿件的组稿方式。这种组稿方式是最常用的，也是最主要的。

9. C 【**考点**】音像制品的编辑工作

【**解析**】音像制品的编辑工作流程包括这样几个环节：信息采集→选题策划→组织脚本作

者→审核脚本→组织导演、演员→节目录制→节目编辑合成→审查评改节目母版→发稿→复制→审查样品→宣传→收集反馈信息。

10. A 【考点】书刊整体设计的内容

【解析】书刊整体设计，包括外部装帧设计和内文版式设计。外部装帧设计包含书刊的形态设计、美术设计和表面整饰设计。其中，形态设计包括书刊开本的选择与书刊结构、装订样式的确定；美术设计以准确反映作品内涵为前提，包括对封面、护封、环衬、衬页、扉页、插页等书刊结构部件从审美角度进行艺术形式设计；表面整饰设计包括纸张、装帧材料的选用和相应表面整饰工艺方案的选择。

11. C 【考点】书眉排式设计

【解析】C 项，双、单两个页面书眉内容可以相同，也可以不同。当双、单两个页面书眉内容不同时，双码面的书眉内容，级别应该比单码面的高一级。譬如，双码面上排书名，单码面上就排卷名(或篇名、章名)；双码面上排章名，单码面上就排节名。

12. D 【考点】书刊的版面

【解析】版心的组成要素包括文字、符号、图表、线条、底纹和间空。

13. C 【考点】左翻本与右翻本

【解析】AC 两项，左翻本的书脊在左，书口在右，阅读时向左翻开。B 项，左翻本翻开后，位于右侧的都是书页的单码面(即单数页码面)，位于左侧的都是双码面(即双数页码面)。D 项，左翻本适用于字行顺序依次从上至下、文字从左向右阅读的横排书刊。

14. D 【考点】书刊装订样式

【解析】AB 两项，线装的特点是书芯与合适的软质纸封面用线订联成册，订线露在外面。CD 两项，装订时，把都依中缝对折的若干书页和面封、底封叠合后，在右侧适当宽度处用线穿订起来。

15. D 【考点】修改校样的规范操作

【解析】任何出版物的校样都必须经过初校、二校、三校和通读检查，随意减少校次就会导致不良后果；而对重点图书、工具书等，则还应相应增加校次。各种出版物的终校(即最后一次校对，一般是三校，也可能是四校、五校等)必须由本出版单位具有中级或高级出版专业职业资格的专职校对人员担任。

16. B 【考点】校对的主要功能

【解析】A 项，校是非又称“活校”，是一种层次更高、难度更大的校对功能。B 项，应用计算机排版技术，从作者提交的原稿电子文件到校样的转换过程中所产生的异同差错较少。C 项，校异同的显真保值功能主要是消除校样中的显性差错，校是非的纠错增值功能则主要是消除校样中的隐性错误。D 项，校是非是指校对者凭借自身积累的知识或其他权威资料，或者凭借校对人员的经验通过原稿内容的内在联系来判断原稿内容是否正确，确认其“是”就通过，确认其“非”就提出疑问，交给编辑核实后处理。

17. D 【考点】校对的基本方法

【解析】他校法是在对校样内容存在疑问时，利用内容相关的其他权威文献(包括工具书和各类法规、标准、规范)来判断正误的校对方法。常用的工具书包括：《现代汉语词典》《汉语大字典》《汉语大词典》《作者编辑常用标准及规范》《语言文字规范标准》《辞海》《中国大百科全书》等。

18. D 【考点】印刷的要素

【解析】在书刊印制的主要工艺过程中，原稿、图文载体、承印物、呈色剂/色料和印刷机械是必不可少的。因此，它们构成书刊印刷的必备要素。

19. A 【考点】印版制作

【解析】计算机直接制版技术的优点是：在工艺方面省去了胶片曝光冲洗、晒版等传统制版工序，这样就可不再使用感光胶片及冲洗化学品，减少了对环境的污染，故 B 项正确；在设备方面省去了冲洗机、晒版机等传统制版设备，故 C 项正确；在时效方面加快了制版的速度，减少了印刷准备时间，故 A 项错误；在质量方面可以实施调频网和高保真印刷，提高印刷品的质量，故 D 项正确。

20. D 【考点】出版物发行渠道的特点

【解析】A 项，出版物发行渠道反映的并不是出版物本身的空间变更路线，而是出版物价值转移的线路。B 项，短渠道只选择使用一个环节的中间商，长渠道选用一个以上环节的中间商。C 项，窄渠道是指只通过极少数批发商或零售商实现出版物销售，而非仅指一个中间商。D 项，发行渠道由一个个商品流通环节串联组合而成。

21. A 【考点】出版物购销形式

【解析】包销是发行商买断出版物所有权，在全国范围或特定区域或特定渠道内享有专有销售权，且不退货的购销形式。在约定范围内，出版单位不得自行销售或委托他人销售出版物。

22. D 【考点】出版物出租

【解析】AB 两项，出版物出租是指经营者以收取租金的形式向消费者提供出版物。出租出版物有偿转让的并不是出版物商品的所有权，而只是一定时间内的使用权。从事出版物出租业务的单位或个人须到县级出版主管部门备案。CD 两项，随着对用户数据分析的深入和对用户服务意识的加强，出版物出租的经营形式也在发展变化，例如从传统的单本按日或按月出租的形式，发展为购买会员资格后即可享受该会员期限内无限次的可供出版物全部或部分的阅读权限。目前这种出租模式不仅广泛应用在数字出版物的出租，纸质图书的出租也开始盛行。

23. A 【考点】选题报告

【解析】A 项，选题报告又称“选题策划书”，是编辑关于选题构思与设计的书面表达，体现着编辑创新能力和学术文化功底。它既是选题论证时必需的文件，又是出版物进入生产流程的初始性文件，与后续的各项编辑业务均有关联。

24. C 【考点】出版物广告文字

【解析】ABC 三项，撰写出版物广告文字时应该注意以下问题：①要实事求是。②要突出重点。一种出版物值得宣传的“点”可能有很多，但广告文字不可能面面俱到，因此要靠突出其某一方面的特点和长处来吸引读者。③要有针对性。每种出版物总有其特定的受众对象，广告文字要针对这些特定对象的年龄、职业、生理、心理、文化程度、兴趣爱好等方面的不同特点而采用不同的写法。④要精练易记。出版物广告文字必须精练，通俗易记，富有创造性。⑤要选好体裁。出版物广告文字应该选择合适的艺术形式，可以使用各种短小的文学体裁，如诗词歌赋、对联、散文，等等。D 项，出版物广告的目的是调动一切可以调动的手段，让尽可能广泛的读者了解出版物的内容、特色、优势和价值所在，激发他们的购买欲望，达到扩大发行量的效果。

25. C 【考点】编辑计划

【解析】编辑计划通常包括以下几项内容：①编辑方针或指导思想；②大致内容与篇幅；③分工情况；④组织机构和编写力量；⑤组织活动和经费预算；⑥工作日程。

26. B 【考点】数字内容加工环节

【解析】针对同一品种多版本的情况，优先收集最新版本。从数据更新迭代和应用角度考虑，同一品种只收集最新版本进行加工转换。针对具有特殊意义的历史版本，也可同期收集做加工转换处理。

27. B 【考点】产品更新

【解析】由出版单位建设的专题数据库产品是以书刊等内容产品为数据基础的，随着专题领域书刊内容和相关信息的不断更新，专题数据库产品的内容也要同步更新。根据实际情况，对更新数据的处理可以选择基于系统功能进行线上编辑维护和线下处理入库两种方式。

28. A 【考点】数字内容资源的概念

【解析】元数据是指描述实际素材及其不同形式的信息，主要包括以下三类：①与内容相关的元数据，给出实际内容的主题描述、关键词、权益信息；②与素材相关的元数据，描述素材格式、编码参数等信息；③与位置相关的元数据，描述内容的位置、数量、载体等信息。

29. B 【考点】数字内容资源的入库

【解析】B 项，对内容资源的审核可以使用机器辅助完成部分工作，如一本图书的不同格式文档的命名和标引信息是否一致。A 项，对于不符合要求的内容，需要出具审核意见，反馈给相关责任者，并追查标引加工责任和入库审核责任，弄清楚问题发生的原因，进而改进工作流程和内容质量。CD 两项，内容审核员不能和内容标引加工人员是同一个人，但内容标引加工人员之间可以相互审核对方的工作结果。

30. A 【考点】数字内容资源的类型

【解析】一般而言，数据是关于客观世界的事实，通常表现为某个变量的定性的或定量的数值，用数字或字符表示。例如，个人的电话号码、身份证号，某天的平均温度，某趟列车的载客人数等。数据既可以是某种记录仪测量记录的结果，如天文望远镜扫描宇宙形成的数据、医院中的血液生化分析仪分析的数据，也可以是商业交易过程中产生的记录，如大型工厂、超市、港口的进销存记录、图书发行数量统计记录。

二、多项选择题(共 35 题，每题 2 分。每题的备选项中，有 2 个或 2 个以上符合题意，至少有 1 个错项。错选，本题不得分；少选，所选的每个正确项得 0.5 分)

31. CD 【考点】图书报刊资料的检索

【解析】对古代著述的检索，可利用中国基本古籍库、中国经典古籍库等专业的古籍数据库，也可以利用数字图书馆和电子图书资源库等进行查检。题中所述为对古代著述的检索。

32. BDE 【考点】字、词、句的检索

【解析】查成语、典故，可利用一般辞书。除利用通用词典，如《辞源》《汉语大词典》《辞海》之外，常可利用专门的成语、典故词典，如《中国成语大辞典》《中华成语全典》《汉语成语大词典》《常用典故词典》《世界成语典故辞典》《中外典故大词典》等。此外，也可利用类书，并且类书还能查检诗词文句等。如《艺文类聚》《太平御览》《渊鉴类函》等类书，都把群书中可供参考的文献资料辑录出来，分类排比，这就为查找成语、典

故、诗词文句等提供了方便。最有用的是清代两部类书《佩文韵府》和《骈字类编》，它们在内容上相辅相成。

33. ABD 【考点】工具书的排检方法

【解析】根据选词的原则、词的规范措施、编制方法的不同，主题法可分为：①关键词法；②标题法；③叙词法；④单元词法等。

34. CE 【考点】工具书的排检方法

【解析】四部分类法的体系为：①经部十类；②史部十五类；③子部十四类；④集部五类。

35. ABCD 【考点】选题策划的要求

【解析】任何出版物的选题策划，都必须符合下列原则要求：①贯彻出版方针，选题策划必须符合党和国家的出版方针；②严格遵守法律法规，选题策划必须遵守法律法规，不得含有国家依法禁止出版的内容；③处理好社会效益和经济效益的关系；④正确引导消费者；⑤具有独创性。

36. CDE 【考点】期刊选题策划的独特性

【解析】期刊编辑部经常需要进行的选题策划，是在中观层次进行的。一般包括栏目设计、专题策划和作品组配。中观层次的策划结果常常关系到该期刊的总体面貌和办刊宗旨，所以中观层次的策划应该按照刊物的宗旨和性质，在符合宏观策划要求，为更好地体现期刊既定的编辑方针和风格特色的前提下进行。

37. ABC 【考点】图书稿件编辑加工整理的内容

【解析】稿件正文的编辑加工整理主要包括下列内容：①消除政治性、思想性差错，完善原稿观点；②订正事实材料，纠正知识性差错；③核对引文；④调整结构；⑤修正标题，统一层次标志；⑥润饰文字；⑦修改使用不当的标点符号；⑧修改表格；⑨检查图稿。

38. BCDE 【考点】编辑加工整理的作用

【解析】对稿件进行编辑加工整理，具有下列重要作用：①履行出版单位职责，坚持党的出版方针、坚持正确的政治导向，按照出版标准，对每一部稿件进行审核、加工，是出版单位应尽的职责。②保证出版物质量，在出版单位经过审稿已经接受的稿件中，由于各种不同的原因，或多或少都会存在各式各样的局限、疏漏、差错、不规范现象。编辑加工整理就是消灭差错、弥补疏漏、规范文字、提高质量的工作。

39. ABCD 【考点】稿件送审和发稿

【解析】责任编辑发稿送审时，应附上的相关文件主要包括：①审读加工记录单；②发稿单；③图书装帧设计单；④图书在版编目(CIP)数据申报单；⑤征订单。

40. BCDE 【考点】电子出版物的编辑工作

【解析】编辑对完成了编辑集成的电子出版物半成品，除了检查文字、图片、声音、动画、影视是否正确外，还要根据电子出版物的特点进行其他方面的检测：①检测交互性，如产品对鼠标动作、用户操作的反应是否符合预定的设计目标；②检测各种功能，如超链接、文字检索、书签安放、标注、阅读过程跟踪、打印等功能可否实现，容错功能是否完善等；③检测数据库，如数据的调用和存储是否准确、顺利；④测试运行环境，要根据当前用户常用计算机的硬件、软件配置，配备多台计算机进行。

41. ACE 【考点】图书的结构部件

【解析】图书的必备结构部件，是指任何图书都不可或缺的结构组成部分，包括封面、主书名页和正文书页。

42. BDE 【考点】文字与符号

【解析】A 项，在每一个版心中，由于文字排式、标题占行、图表占位、段落末空白等种种因素影响，实际字数总是少于版面字数。B 项，计算一个页面的版面字数时，须先根据版心高与宽的尺寸及所选定的字号和行距（有时还有字空）大小，计算确定每行可排字数和每面可排行数；然后将每行字数乘上每面行数，即可得出。C 项，排版字数即图书版本记录中记载的可大致反映图书篇幅的“字数”，与版面总字数也稍有不同。D 项，版面字数是指一个版心内可以容纳的印刷字数量，书眉文字和页码不包括在内。E 项，一定尺寸规格的版心中可以容纳多少印刷字，通常取决于印刷字的字号和行距大小。

43. DE 【考点】页码排式设计

【解析】A 项，印有各种图片的插页，如果是单页型书页，采用暗码或明码均可；如果是集合型书页，则必须采用明码。B 项，采用空码的书页虽然不编页码，但它们在物理上是存在的，所以在计算书刊的用纸量时，应该将采用空码的书页也一并计入总面数。C 项，暗码的适用范围通常是辑封、篇章页、另页编排时必须留的空白面。D 项，页码应置于版面相对固定的位置。为了便于读者检索，页码的位置大多设在天头或地脚的靠近翻口处或居中位置。E 项，明码是指在版面上明确标出的页码，这是最常见的页码形式。

44. CDE 【考点】书刊整体设计的内容

【解析】书刊整体设计，包括外部装帧设计和内文版式设计。内文版式设计包括版心尺寸规格的确定、文字规格的选择及其排式设计、图片和表格在版面上的编排等。

45. ABE 【考点】书刊版式设计的基本要求

【解析】版面可以按不同的标准分为不同的类型。从形成方式来看，书刊版面可以分成普通版面与和合面；从版面上文字的排列方向来看，版面可以分成横排版面、竖排版面和混合排版面；从版心是否分割的角度来看，版面可以分成通栏版面、多栏版面以及复合分栏版面。

46. ABDE 【考点】正文主体文字排式设计

【解析】A 项，缩行的首选方法是调整标点符号，即把全角标点改为半角标点，以减少标点符号所占的空间。如果这样处理后还无法缩行，就要设法删去该段中一些不太重要的词语。B 项，在付印样上还存在“单字成行”现象时，为了不让已经基本定型的页面发生变化而可能产生一些意想不到的差错，常用伸字来给字行内增加几个字。D 项，在付印样上还存在“单行成面”现象时，为了不让已经基本定型的后续页面发生变化而可能产生一些意想不到的差错，常用伸行方式在页面上增加一行或更多行。E 项，伸字一般采用的方式是把相应段落中的半角标点符号改成全角的，或在其他符号、外文、数字的前后加大空距。如果这样处理还不能伸字，就要设法在相应段落中增加词语。

47. ABC 【考点】修改校样的规范操作

【解析】《图书质量保障体系》规定，出版单位须“坚持责任校对制度和‘三校一读’制度”。这两项制度是我国校对工作的基本制度，对保证出版物校对质量十分有效，必须严格执行。出版单位每出一种书，都要指定一名具有中级或高级出版专业职业资格的专职校对人员为责任校对，负责校样的技术整理工作，监督检查各校次的质量，并负责付印样的通读工作。

48. DE 【考点】校对的基本方法

【解析】折校的缺点是：①由于以核对文字为主，容易忽略对内容的理解，不利于校是非；②有时着重号、专名号容易被折缝或手指遮盖，导致漏校。

49. ACD 【考点】校对的基本工序

【解析】A 项，如果是新输出的三校样，通读者要先核红，然后再开始通读。B 项，对蓝样采取折校方法，将蓝样与付印清样逐行、逐段比照，检查版面有无异常。C 项，通读是指脱离原稿审读校样。D 项，三校应继续履行校异同的职责，消灭初校、二校可能遗漏的差错，同时增强校是非的功能。E 项，核红时，对于新校样中该改而漏改的地方要用色笔进行订正，对于已经根据前次校样改正的地方要用铅笔做标记。

50. ABCE 【考点】印刷质量要求

【解析】书刊成品难免出现一些质量问题，较为常见的有下列几种：①套印不准；②图文重影；③背面粘脏；④透印；⑤出现条痕；⑥糊版；⑦起脏；⑧墨色不一；⑨纸张起毛。

51. ABD 【考点】书刊印制的工艺过程

【解析】数字印刷的书刊印制工艺过程由下列环节构成：原稿检核→图文输入→图文处理→数字打样→数字印刷→装订。

52. ACD 【考点】图文的输入与存储

【解析】图像原稿通常由按不同层次分布的黑白或彩色影像构成，一般又称为“连续调图像”，但印刷图像是由细小的网点组成的，即所谓的“网目调图像”。因此，必须将图像原稿输入计算机进行必要的转换。将图像输入计算机的方式主要有扫描输入、数字文件直接输入和视频捕获卡输入三种。

53. ABD 【考点】出版物的网络发行渠道

【解析】A 项，按照所销售出版物的特点，网络发行渠道可以分为两大类型：一种是实体出版物发行渠道，针对有固定物质载体的图书、期刊、音像制品等；另一种是非实体出版物发行渠道，即针对数字出版物。BCDE 四项，与出版物的传统发行渠道相比，网络发行渠道具有以下几方面明显优势：①突破了时空限制，网络发行渠道利用了互联网的信息传播和交易平台，打破时间和地域对经营的限制；②实现无实体场所经营，虚拟化的交易场所减少了批发商和零售商的库存压力，为更多的出版物提供了展示空间；③流转品种丰富，信息全面；④提供多种增值服务。

54. ABC 【考点】出版物发行渠道的类型

【解析】间接渠道是出版单位通过出版物发行商将出版物销售给消费者的渠道。这是主要的出版物发行渠道。间接发行渠道的不足之处主要体现在以下几个方面：①一定条件下的发行成本有所增加；②出版单位控制渠道的力度降低；③可能传递失真信息。

55. CDE 【考点】出版物批发

【解析】ABCD 四项，批发在具体操作上须注意以下几点：①根据不同的情况采用不同的购销形式。一般可以选用包销、经销、寄销和代理等形式。②比较灵活地确定发行折扣率。③随时注意保持合理的库存。④及时回收应收账款。这是出版物批发中相当重要的一项工作，批发方要与购货方时时保持联系，采取各种有效方法，将应该回收的货款及时收回。采用包销或经销形式时，在某些特殊情况下，也可要求购货方先付款再提货。E 项，出版物批发交易可以采用网上电子商务交易，即通过采用电子商务模式的网站发布信息、订购、确认订购、配送产品和结算货款，来实现出版物交易。

56. ACE 【考点】出版物展销

【解析】A 项，著作权贸易型书展主要由参展的出版单位相互洽谈著作权交易或合作出版业务，一般不在现场零售出版物，但出版单位可以向发行商或消费者提供预订服务。如北京国际图书博览会、法兰克福书展等。C 项，国际性书展是参展单位来自世界各地的书展。这种书展在促进出版业的国际交流和出版物贸易方面有重要作用。例如法兰克福书展、伦敦书展、美国书展、北京国际图书博览会、意大利博洛尼亚国际儿童书展、中国上海国际童书展等。E 项，综合性书展是指展品类别多样的书展。如北京国际图书博览会、全国图书交易博览会、北京图书节等。一般来讲，综合性书展的参展单位多、出版物类别多、品种多。

57. BDE 【考点】出版前言

【解析】BDE 三项，出版前言一般包括以下内容：①说明出版目的和价值；②简介图书的内容和特点；③说明出版及创作过程；④介绍作者的成就和影响；⑤表明出版单位的立场和态度。A 项，并不是每本书都有出版前言。有些图书，或者因为作者在前言（或后记）中已作了相关交代，或者因为本身并不特别需要作什么说明，也可以不写出版前言。C 项，出版前言是代表出版单位的，所以不署撰稿人姓名。出版前言多由初审编辑撰稿，经复审、终审者审定；有些重要的出版前言，可由出版单位负责人亲自撰稿。

58. ABD 【考点】出版消息

【解析】出版物简介与出版物预告有许多地方是相同或相通的，尤其是在内容上，两者都主要是简单介绍出版单位的新出版物。但是，两者也有一些区别：①出版物简介的发表时间较为自由，出版物出版前、出版后均可以，不像出版物预告一般在发稿时写好并发出。②出版物简介的发表渠道较为宽广，可以在专门的书目类报刊上发表，也可以在其他相关的报刊上发表，还可以通过广播、电视发表。③出版物简介的字数限制比较宽松，少则数十字，多到上千字都可以，不像出版物预告基本上只能在两三百字做文章。④出版物简介的读者一般是出版物的消费者，而出版物预告的读者主要是出版物发行工作人员。⑤出版物简介一般都是文本式的，不用表格形式。由于字数限制不严，出版物简介的内容介绍可以写得比出版物预告更充实。

59. BCE 【考点】作者简介

【解析】A 项，作者简介若按写作主体分，有作者自己写的，有编辑写的，也有作者或编辑约请他人写的。B 项，作者简介文字虽少，但不宜局限于固定模式，根据作者的情况可以有不同的写法。一般来说，要与作品的性质相协调：作品性质严肃的，宜写得严肃端庄；作品性质轻松的（如小说、散文），则不妨诙谐幽默。CDE 三项，撰写作者简介时应该注意以下几个问题：①材料要真实。不论是作者自撰的还是编辑代写的作者简介，都要注意核实材料。②评价要恰当。写作中切忌夸张，对作者及其作品的评价一定要实事求是。③文字要简明。作者简介多则二三百字，少则几十字，要在这么短小的篇幅里表现一个人的概况，一定要注意行文简洁明了。

60. ACDE 【考点】凡例

【解析】A 项，从读者阅读使用的角度来说，凡例具有“产品说明书”的作用。B 项，凡例一般由作者撰写，但有时也由编辑撰写。C项，凡例和出版前言一样，都置于正文之前。但是，出版前言置于目录前，可以不编入目录；凡例一般置于目录之后，并编入目录。D项，除了关于内容的原则说明外，凡例的重点是介绍体例。E项，点校本新印古籍的凡例要交代校勘所用的底本、主要校本，采用何种字体及使用标点符号的繁简和校改的基本规则等。

61. ABC 【考点】数字内容标引

【解析】最常见的内容特征标引有分类标引和主题标引，相应的检索标识主要是：①分类标引，对数字内容进行分类标引就是赋予数字内容对象一个或多个分类号，以便用户通过分类索引找到它。分类标引的第一步就是建立分类体系。不管是使用标准的中国图书馆分类法，还是在此基础上构建自有的分类体系，如出版社自己的图书营销分类体系、图书经销商的销售分类体系，分类体系的建立都是分类标引的关键。②主题标引，是根据内容主题分析的结果，将一个或多个主题词赋予数字内容对象的过程。为规范主题标引时的选用词汇，避免误标、错标、漏标等情况，标引者可以选择《汉语主题词表》或《中国分类主题词表》中的规范主题词。使用通用或专用的主题词表来进行内容的主题标引，可以保障标引用词的一致性。

62. ABD 【考点】内容审核

【解析】对音视频内容的审核可分为初审、技术审核和内容质量审核三部分。其中，技术审核是指从音视频的录制、剪辑、制作、技术参数等方面进行质量审核。在内容审核方面，音视频内容要遵守国家对出版物的总体要求，但也有其独特之处，主要包括以下几个方面：①政治性；②适用性；③科学性；④规范性；⑤统一性；⑥广告审核；⑦避免著作权侵权；⑧避免侵犯肖像权、名誉权、隐私权。

63. CDE 【考点】在线课程的制作

【解析】在线课程的制作流程大致可以分为建立知识点清单、视频资源的制作与审核、非视频资源的制作与审核、课程测试与上线四个环节。在制作过程中，作者团队、制作团队和数字编辑团队需紧密配合，通力协作。

64. BCE 【考点】数字内容资源的存储

【解析】A项，文件库是最简单的内容资源存储方式，相比数据库，文件库管理功能较少，难以实现高级管理功能，如检索不便、共享困难、文件版本不易控制。D项，云存储是一种在线存储方式，基于用户访问层，用户可在任何时间、任何地点使用终端设备，通过授权登录连接云存储平台获取服务。BC两项，文件库也难以配合企业的综合性业务系统使用，但其读取速度较快，适合对个人文件和少量文件进行管理。除可以存储和管理字符数据外，数据库还可以管理各种独立文件，如DOC文档、JPEG图片、AVI视频。这些文件以大字段方式存在于数据库中，配合其他数据，调取方便，管理便捷，适用于海量文件管理。E项，对于用户来说，云存储提供的是一种数据访问服务，适用于海量数据存储，可以避免对存储平台的重复建设，节省了大量的软件和硬件基础设施投入，具有廉价、快速与便捷的优势。

65. BCD 【考点】内容资源的检索

【解析】信息检索的类型多种多样，按检索对象和目的划分，可以将信息检索分为数据检索、书目检索、全文检索、事实检索和多媒体内容检索等类型。

三、综合题(共5题，100分。要求用黑色墨水笔在答题卡指定区域内作答)

66．编辑加工题：阅读分析短稿，并按照稿件加工整理的规范进行编辑加工。(本题22分)

答：(1)“傲游”应改为“遨游”。

(2)“而且是”应改为“而是”。

(3)[一只‘观天巨眼’]应改为[一只“观天巨眼”]。

(4)“500平方米”应改为“500米”。

(5)“火眼金睛”应改为“火眼金睛”。

(6)“于此同时”应改为“与此同时”。

(7)“要往哪里去”应改为[要往哪里去”]。

(8)“曾是”应改为“是”。

(9)“坍坍塌”应改为“坍塌”。

(10)“2021年四月一日”应改为“2021年4月1日”。

(11)“阿雷西望远镜”应改为“阿雷西博望远镜”。

(12)“正式开放运行近”应改为“正式开放运行后近”。

(13)“近6000多个”应改为“近6000个”。

67．校对题：按照原稿纠正校样中的错误；若认为原稿有差错，用黑色墨水笔以校对质疑的方式指出。(本题20分)

答：(1)标题“翻译《共产党宣言》：‘对中国做了一件好事’”应改黑体且加大字号，居中，与原稿保持一致。

(2)“五·四”应改为“五四”。

(3)原稿“矛盾”应改为“茅盾”，同时打上质疑问号。

(4)“等人人”应改为“等人”。

(5)[步伐”。]应改为[步伐。”]。

(6)“易容”应改为“容易”。

(7)“*随后，他们把《共产党宣言》的日文全译本寄给了在杭州的陈望道。*”应改为“随后，他们把《共产党宣言》的日文全译本寄给了在杭州的陈望道。”

(8)“1926年”应改为“1920年”。

(9)“辛德秋水”应改为“幸德秋水”。

(10)“杂誌创刊号”应改为“杂志创刊号”。

(11)[学木研究资料”]应改为[“学术研究资料”]。

(12)“1920年4月”应首行缩进2字符。

(13)“……2号)”行与“《新……”行之间缩小行距，与全文保持一致。

(14)“仰慕　已久”删去空格。

(15)“赏识有佳”应改为“赏识有加”。

(16)“经陈独秀、李汉俊校阅，译稿最终定稿。”一段前移，与上一段接排。

(17)“《共产党宣言单行本》”应改为“《共产党宣言》单行本”。

(18)“<u>陈望道</u>”应删去下划线。

68．本题包括2道分题，其中A分题有关传统出版，B分题有关数字出版。请任选1道分题作答。如果作答不止1道，将按排列在前的分题计分。(本题20分)

68－A．计算简答题：根据所给材料回答问题。(需计算后回答的问题，须列出算式；

每个问题计算过程中的小数均保留实际位数，计算结果有小数的，小数保留 2 位。）

问题一：小王拟订的整体设计方案有哪些不规范之处？应如何修改？

答：小王拟定的整体设计方案中的不规范之处及修改具体如下：

(1)“骑马订装”不妥。骑马订装只适用于书页数较少的书刊，应改为“平装”。

(2)“排印顺序是扉页、版本记录页、目录、修订再版前言、序言、正文”不妥。如果图书设有出版前言、序言或某些插页，则目录页位于这些书页之后、作品正文之前，应改为“排印顺序是扉页、版本记录页、修订再版前言、序言、目录、正文”。

问题二：该书印刷发行记录的标示有哪些不规范之处？应如何修改？

答：该书印刷发行记录的标示中的不规范之处及修改具体如下：

(1)未标记第 1 版的出版时间和版次。应添加“2015 年 1 月第 1 版”。

(2)本次出版的印刷发行记录标示错误。应改为“2021 年 1 月第 2 版　2021 年 1 月第 6 次印刷”。

(3)印数标示错误。应改为“30 001—40 000”。

问题三：印刷该书的书芯需要胶版纸多少令？

答：印刷该书的书芯需要胶版纸 94.5 令。具体算式如下：

(1)书芯的总面数 = 扉页 + 版权页 + 修订再版前言 + 序言 + 目录 + 正文 = 1 + 1 + 2 + 4 + (3 + 1) + 275 = 287(面)。

(2)书芯实际用纸量 = 书芯理论用纸量 ×(1 + 印刷加放率) = 书芯单册印张数 × 印刷册数 ÷ 1000 ×(1 + 印刷加放率) = [(287 + 1) ÷ 32 × 10 000 ÷ 1000] ×(1 + 5%) = 94.5(令)。

问题四：印刷该书的纸张总费用是多少元？

答：印刷该书的纸张总费用是 39 690 元。具体算式如下：

(1)单张纸的面积 = 1000 毫米 × 1400 毫米 = 1 米 × 1.4 米 = 1.4(米^2)。

(2)书芯令重 = 定量 × 单张纸面积 × 500 ÷ 1000 = 80 × 1.4 × 500 ÷ 1000 = 56(千克)。

(3)用纸吨数 = 令重 × 用纸令数 ÷ 1000 = 56 × 94.5 ÷ 1000 = 5.292(吨)。

(4)书芯纸张费用 = 7000 × 5.292 = 37 044(元)。

(5)封面实际用纸令数 = 印数 ÷ 封面纸开数 ÷ 500 ×(1 + 印刷加放率) = 10 000 ÷ 8 ÷ 500 ×(1 + 8%) = 2.7(令)。

(6)封面用纸费用 = 每令单价 × 用纸令数 = 980 × 2.7 = 2646(元)。

(7)印刷该书的纸张总费用 = 书芯纸张费用 + 封面用纸费用 = 37 044 + 2646 = 39 690(元)。

68 – B. 简答题：根据所给材料回答问题。（凡要求作选择回答的问题，应将与所选选项对应的字母填写在答题卡上的相应括号内。凡要求作陈述回答的问题，请将答案书写在答题卡的相应区域。）

问题一：图书数字化加工标准的核心要素有(　　)。

A. 成果物来源

B. 成果物构成

C. 成果物命名方式和存储结构

D. 成果物规格和质量指标

E. 成果物使用要求

【答案】BCD　**【考点】**数字内容加工环节

【解析】制定数字内容加工标准，要考虑以下四个核心要素：①成果物构成；②各成果物的命名方式和存储结构；③成果物规格；④成果物质量指标。

问题二：该加工流程设计存在哪些错误？

答：(1)应删除第一环节，“排版文件整理与格式转换”是数字书刊加工的流程。

(2)“版式文件和流式文件加工”环节应放于“内容标引”环节之后。

(3)“内容标引”环节中应改为“对图书内容进行结构化标引和内容分析标引”。

问题三：图书的结构化标引包括对图书内容的______标引、______标引和各种内容要素标引。

答：结构化标引包括对书刊内容的元数据标引、内容单元标引和各种内容要素标引。

69. 计算简答题：根据所给材料回答问题。（需计算后回答的问题，须列出算式；每个问题计算过程中的小数均保留实际位数，计算结果有小数的，小数保留 2 位。）（本题 20 分）

问题一：该书在发行过程中，出版社开展了哪些营销活动？

答：该书在发行过程中，出版社开展了新书首发式、作者签售、赠送样品、大众传媒宣传、社群营销以及新媒体影视营销活动。具体表现为：

(1)该社采用举行新书首发式以及作者签售进行营销。

(2)该社签售时随书附赠精心绘制的打卡地图和红色参观护照，采用了赠送样品的方式进行营销。

(3)该社利用大众传媒宣传，多家电视台、报纸等大众媒体对该书的出版进行了报道。

(4)该社进行了社群营销，通过其微信公众号报道了作者签售活动的盛况，并附上图书购买链接。

(5)该社进行了新媒体影视营销。在某平台发布营销短视频，在网上书店进行网络直播营销。

问题二：该书的出版码洋是多少万元？

答：该书的出版码洋是 224 万元。具体算式如下：

出版码洋 = 定价 × 印数 = 28 × (50 000 + 30 000) = 224(万元)。

问题三：A 发行集团的进货码洋是多少万元？

答：A 发行集团的进货码洋是 98 万元。具体算式如下：

A 发行集团的进货码洋 = 定价 × 进货册数 = 28 × (15 000 + 20 000) = 98(万元)。

问题四：截至 2021 年 9 月底，该书的销售实洋共计多少万元？

答：截至 2021 年 9 月底，该书的销售实洋共计 64.4 万元。具体算式如下：

(1)A 发行集团的销售实洋 = 定价 × 销售数量 × 发行折扣率 = 28 × (15 000 + 8000) × 50% = 32.2(万元)。

(2)B 大型网上书店的销售实洋 = 定价 × 销售数量 × 发行折扣率 = 28 × 10 000 × 90% × 50% = 12.6(万元)。

(3)出版社自办发行的销售实洋 = 定价 × 销售数量 × 发行折扣率 = 28 × 10 000 × 70% = 19.6(万元)。

(4)该书的销售实洋 = A 发行集团的销售实洋 + B 大型网上书店的销售实洋 + 出版社自办发行的销售实洋 = 32.2 + 12.6 + 19.6 = 64.4(万元)。

问题五：截至 2021 年 9 月底，该音频产品的销售额是多少万元？

答：截至 2021 年 9 月底，该音频产品的销售额是 84 万元。具体算式如下：

音频产品的销售额 = 定价 × 销售数量 = 28 × 30 000 = 84(万元)。

70. 写作题：根据所给材料撰写退修信。(出版社的具体地址、邮政编码、电话号码、电子信箱地址、网址等一律用 × × × 代替。)(本题 18 分)

参考范文：

《水浒传故事》退修信

鲁森同志：

您好！尊稿《水浒传故事》已拜读，甚佩。该书稿作为“优秀传统文化名著进校园丛书”之一，有其鲜明的风格。该书改编后的故事情节忠实原著，且对晦涩难懂的词语给出注译，极好地保留了原著的艺术风格。另外，该书全文配有拼音，非常适合小学生阅读。特别是每页都配以精美的水墨画风格漫画插图，与故事情节相得益彰，增加了阅读的吸引力和趣味性。

本书稿已经过我社三审，三审一致认为该书稿结构合理、内容充实，具有较大的出版价值。但该书稿在内容选择和体例格式等方面仍存在一些问题。首先，该书选择的 10 个故事，应充分考虑小学生心智的承受力和对其价值取向的影响，多选像“倒拔垂杨柳”“景阳冈打虎”这样的故事。“血溅鸳鸯楼”过于血腥，建议更换。其他故事里像“提着首级”这样的血腥描述也应回避；还有“智破高唐州”有打家劫舍、滥杀无辜的嫌疑，建议更换成“行侠仗义”的故事。其次，从体例来看，10 个故事短的不足 2000 字、长的超过 4000 字，建议统一到每个故事 3000 字左右。最后，作为四大古典小说之一的《水浒传》，讲的都是“打打杀杀”的故事，建议作者以适当方式在书中增加《水浒传》历史背景的介绍，以便使小学生理解《水浒传》作为一部反映古代下层民众社会理想的小说，其以暴制暴、以暴抗暴的暴力思想是封建集权专制压迫的结果。我社可以为鲁老师提供我社出版的《水浒传》(少年版)作为参考，希望可以对您有所启发。

以上意见或未尽墨，仅供酌择。请您于 2022 年 1 月 1 日前将修改后的书稿交至本社。静候佳音！

(出版单位名称和公章)

2021 年 8 月 8 日

[原文作者　徐一驰]

2020年度全国出版专业技术人员职业资格考试《出版专业理论与实务(初级)》真题

一、单项选择题(共25题，每题1分。每题的备选项中，只有1个最符合题意)

1. 根据检索对象的不同，信息检索可分为(　　)。
   A. 数据型检索、事实型检索、文献型检索
   B. 分类检索、主题检索、目录检索
   C. 计算机检索、手工检索、卡片检索
   D. 二次检索、多次检索、高级检索
2. 关于字典、词典的组织结构，说法错误的是(　　)。
   A. 字典、词典的主体是其正文
   B. 条目一般由字头/词目和释文两部分组成
   C. 条目只能按汉语拼音字母法编排
   D. 正文在编排上要体现便于检索的特点
3. 下列工具书中，属于综合性词典的是(　　)。
   A.《现代汉语词典》　　B.《中国人名大辞典》
   C.《简明社会科学词典》　　D.《辞海》
4. 在互联网上搜索有关出版产业的文献，最佳检索策略为输入(　　)进行检索。
   A. “出版产业”　　B. 出版 or 产业　　C. 出版 + 产业　　D. 出版 not 产业
5. 关于图书书稿审稿后编辑与作者的联系，说法错误的是(　　)。
   A. 编辑应及时与作者联系
   B. 决定退稿，可打电话告知作者，不需要书面通知
   C. 决定退修，应把留有审稿中所作各种批注的原稿返还作者
   D. 决定接受出版，应及时签订出版合同
6. 音像制品编辑工作的基本特点不包括(　　)。
   A. 注重声像优化　　B. 重视界面设计
   C. 用多种方式多次审查评改节目　　D. 编辑要参与拍摄、录制、制作过程
7. 期刊宏观层次的选题策划不包括(　　)。
   A. 期刊宗旨　　B. 读者定位　　C. 作品组配　　D. 出版周期
8. 关于重大选题备案，说法错误的是(　　)。
   A. 重大选题备案范围由国家出版主管部门规定
   B. 备案获得批准后，才可以进行选题论证
   C. 申报备案时，应提交三审意见
   D. 备案获得批准后，编辑部才可以进行后续出版工作
9. 书刊内文版式设计不包括(　　)。
   A. 版心尺寸规格的确定　　B. 图片和表格在版面上的编排
   C. 文字规格的选择及其排式设计　　D. 环衬的形式设计
10. 关于版面总字数的计算方法，说法正确的是(　　)。

A. 正文主体文字的每行字数乘以每面行数，再乘以印有图文的总页面数

B. 正文主体文字的每行字数乘以扣除空白行以后的实有行数，再乘以印有图文的总页面数

C. 正文主体文字的每行字数乘以扣除图表后的每面行数，再乘以印有图文的总页面数

D. 正文主体文字的每行字数乘以含书眉的每面行数，再乘以印有图文的总页面数

11. 关于期刊一级标题的排式设计，说法错误的是(　　)。

A. 可根据文章的长短、标题字数的多少设计标题位置

B. 标题的字体、字号应与正文相同

C. 标题可以嵌在正文中间

D. 标题可与正文平行，也可与正文垂直

12. 科技符号不包括(　　)。

A. 数学符号　　B. 量和单位的符号

C. 标记符号　　D. 化学符号

13. 关于校对工作，说法错误的是(　　)。

A. 校对是编辑后、印制前对书刊质量的把关工序

B. 校对是机械性的劳动

C. 校对应根据原稿核对校样并订正差错，提出疑问

D. 在古代相当长的时期，校对和编辑工作是合一的

14. 下列校对工序中，不能穿插进行的是(　　)。

A. 通读　　B. 誊样　　C. 核红　　D. 技术整理

15. 关于对校法，说法错误的是(　　)。

A. 对校法是比照原稿核对校样，使二者完全相符的校对方法

B. 折校通常是把校样对准原稿相应位置，逐字对比

C. 点校是先看原稿，再看校样，逐字逐句对比

D. 折校既有利于校异同，也有利于校是非

16. 关于校对工作的基本制度，说法错误的是(　　)。

A. 每本图书必须指定责任校对

B. 责任校对必须具有中级或高级出版专业职业资格

C. 终校必须由社内或社外具有中级以上出版专业技术职务的人员担任

D. 每个校次应由不同校对人员承担

17. 关于书刊印制，说法错误的是(　　)。

A. 书刊印制一般包括印前阶段、印刷阶段和发货阶段

B. 图书和期刊的印制过程基本相同

C. 书刊印制是指制成可复现原稿视觉信息产品的全部过程

D. 制作印版(或相应的电子文件)属于印前阶段

18. 出版物发行的构成要素不包括(　　)。

A. 出版物发行者　　B. 出版物　　C. 出版物消费者　　D. 出版物印刷者

19. 关于出版物发行渠道的“B to C 模式”，说法错误的是(　　)。

A. 是出版单位、发行商直接面向消费者的经营模式

B. 网上零售书店多以这种模式经营

C. 消费者不能自由选择付款方式和交货方式

D. 运营的关键之一是有较大的网络用户规模

20. 选题报告的必备要素不包括(　　)。

A. 选题名称　B. 选题价值　C. 读者对象　D. 外审意见

21. 编辑回复读者来信时，做法错误的是(　　)。

A. 对读者的建议表示感谢　B. 就学术问题发表自己的见解

C. 对读者的批评作必要的解释　D. 按读者要求直接告知作者的联系方式

22. 关于撰写作者简介，说法错误的是(　　)。

A. 注意突出重点，不求全面　B. 要与作品的性质相协调

C. 不能由作者自行撰写　D. 对作者的评价要恰当

23. 关于出版物预告，说法错误的是(　　)。

A. 可采用多种体裁　B. 文字要通俗易懂

C. 主体是内容介绍　D. 字数有一定限制

24. 版式电子书的代表格式是(　　)。

A. ePub　B. PDF　C. XML　D. Mobi

25. 数字内容资源的分级存储类型不包括(　　)。

A. 在线存储　B. 离线存储　C. 碎片存储　D. 混合存储

二、多项选择题(共30题，每题2分。每题的备选项中，有2个或2个以上符合题意，至少有1个错项。错选，本题不得分；少选，所选的每个正确项得0.5分)

26. 在信息的甄选过程中应把握的原则主要包括(　　)等。

A. 相关性　B. 权威性　C. 新颖性　D. 轰动性

E. 通俗性

27. 下列工具书中，正文条目采用汉语拼音字母法编排的有(　　)。

A.《说文解字》　B.《汉语大词典》

C.《现代汉语词典》　D.《中华大字典》

E.《新华字典》

28. 查找汉字的古音韵，一般可利用的工具书有(　　)等。

A.《新华字典》　B.《辞源》　C.《汉语大字典》　D.《广韵》

E.《集韵》

29. 下列工具书中，可用于检索中国古代百科资料的有(　　)。

A.《艺文类聚》　B.《太平御览》　C.《辞通》　D.《古今图书集成》

E.《同源字典》

30. 编辑加工的重要作用有(　　)。

A. 导向把关　B. 消灭差错　C. 弥补疏漏　D. 规范文字

E. 确定版式

31. 关于审稿，说法正确的有(　　)。

A. 审稿时不必全面审读全稿

B. 审稿时不宜把意见直接用色笔批注在原稿上

C. 电子稿件应备份后再开始审读

D. 电子稿件审读必须首先使用计算机校对软件修改文字差错

E. 审稿时通常使用比较、分析、综合等方法

32. 稿件的形式质量评价主要包括对稿件的(　　)等作出评价。

A. 注释数量　　B. 结构框架　　C. 行文格式　　D. 表述形式

E. 数据来源

33. 关于审稿制度，说法正确的有(　　)。

A. 三审应依照初审→复审→终审的次序进行

B. 前一审级对后一审级负责

C. 同一书稿的复审和终审可由总编辑一人承担

D. 助理编辑可以独立负责初审工作

E. 复审可由具有正、副编审职称的编辑室主任承担

34. 选题通过后，图书的组稿方式一般包括(　　)。

A. 推荐稿　　B. 作者投稿　　C. 个别约稿　　D. 社会征稿

E. 群体集稿

35. 平装图书的必备结构部件包括(　　)等。

A. 环衬　　B. 主书名页　　C. 插页　　D. 正文书页

E. 护封

36. 图书的版本记录中必须印有(　　)等。

A. 定价　　B. 出版单位的名称和地址

C. 印张数　　D. 开本及其幅面尺寸

E. 出版社负责人姓名

37. 关于期刊目次页，说法正确的有(　　)。

A. 目次页就是目录页

B. 目次页版头多位于目次表上方

C. 目次表只能用中文表述

D. 目次页的页码应编入期刊正文的页码序列

E. 目次页的位置在同一年度中应各期相同

38. 按文字排列方向，书刊版面可分为(　　)等。

A. 普通版面　　B. 横排版面　　C. 竖排版面　　D. 和合版面

E. 混合排版面

39. 书刊版心的组成要素包括(　　)等。

A. 天头和书眉　　B. 文字和图表　　C. 版口和翻口　　D. 间空和线条

E. 符号和底纹

40. 关于校样，说法正确的有(　　)。

A. 毛校样是排版单位向出版单位正式提交的初校样

B. 二校样是根据初校样修改标注改正后再次打印的校样

C. 三校样是根据二校样修改标注改正后再次打印的校样

D. 付印样是已经完成全部校对工作而进行最后改版的校样

E. 付印清样是根据付印样的修改标注改正后输出的校样

41. 关于对蓝样，说法正确的有(　　)。

A. 是出版单位印前把关的最后一道工序

B. 是将蓝样与付印样或付印清样进行核对

C. 一般采用理校方法

D. 通常由校对人员或技术编辑承担

E. 对特殊符号和造字要重点检查

42. 关于校样中的格式统一与规范，说法错误的有（ ）。

A. 为活跃版式，图书各章节的同级标题可以采用不同的字号字体

B. 有多位作者的图书在扉页上可列载主要作者名

C. 实际出版日期可与 CIP 出版日期不一致

D. 图书各章节的图注可以采用不同的字体

E. 较长的标题转行时不应将词义割裂开

43. 常见的表格排版差错包括（ ）等。

A. 不同表格所占行数不一致　　B. 续表漏排表头

C. 和合表从双面跨到单面　　D. 表格与相关正文叙述文字相距太远

E. 表中上下行数字未恰当对齐

44. 图像处理主要包括（ ）等。

A. 图像形态变换　B. 图像层次校正　C. 图表制作　D. 图像分色

E. 图像特殊效果设计

45. 下列对图形的处理，属于图形变换的有（ ）。

A. 旋转　B. 锐化　C. 缩放　D. 产生畸变

E. 形成镜像

46. 关于出版物发行的直接渠道，说法正确的有（ ）。

A. 是出版单位将出版物直接包销给发行商的渠道

B. 便于出版单位对渠道实施控制

C. 可以加快出版物的流转速度

D. 有利于促进出版物生产与发行的专业化分工与协作

E. 有助于出版单位及时了解消费者对出版物的需求等信息

47. 网络发行渠道的优势包括（ ）等。

A. 突破时空限制　　B. 提供丰富详尽的出版物信息

C. 不需要物流环节　　D. 提供多种增值服务

E. 流转品种丰富

48. 海报作为出版物宣传的重要媒介之一，其优点包括（ ）等。

A. 信息容量大　B. 及时性强　C. 针对性强　D. 综合性强

E. 成本较低

49. 任何审稿意见中必不可少的内容有（ ）。

A. 审稿过程与心得　　B. 稿件的价值评估和质量判断

C. 稿件处理意见　　D. 专家的推荐意见

E. 营销计划

50. 关于图书辅文中的内容提要，说法正确的有（ ）。

A. 常放置于图书中醒目的地方　　B. 可直接复制选题报告的内容简介

C. 要抓住作品的某些特色来撰写　　D. 一般都是请作者自行撰写

E. 要提炼出图书的核心价值

51. 关于退修信，说法正确的有(　　)。

A. 要充分肯定稿件优点，调动作者改稿的积极性

B. 由初审者决定如何撰写，无须征求意见

C. 要尊重作者的学术观点或艺术见解

D. 要提出相应的修改意见或建议

E. 要注意详略得当，突出重点

52. 关于出版简讯，说法正确的有(　　)。

A. 出版简讯要讲究新闻价值　　B. 出版简讯应客观实在，用材料说话

C. 出版简讯均由报刊记者撰写　　D. 出版简讯的内容一般围绕出版物展开

E. 出版简讯习称“书讯”

53. 关于撰写出版物评论，说法正确的有(　　)。

A. 要客观公正、实事求是　　B. 可以写成散文和随笔

C. 表达的观点要鲜明　　D. 字数必须控制在3000字以内

E. 撰写者要对出版物内容有深入的研究

54. 常见的数字内容资源语义信息组织方法包括(　　)等。

A. 代码组织法　　B. 时序组织法　　C. 分类组织法　　D. 主题组织法

E. 概率组织法

55. 数字内容加工的结构化标引包括(　　)等。

A. 元数据标引　　B. 分类标引　　C. 主题标引　　D. 内容单元标引

E. 内容要素标引

三、选答选择题(共2组，其中★组主要考核传统出版内容，▲组主要考核数字出版内容。每组各10题，其中前5题为单项选择题，每题1分；后5题为多项选择题，每题2分。请任选其中1组作答，如2组都作答，只按★组计分)

★组　传统出版

选答单项选择题

56. 关于编制、核改索引的工作，说法错误的是(　　)。

A. 编制索引可由作者、编辑或其他有经验的人完成

B. 要注意索引的编排方式是否合理，有无差错

C. 要注意索引的编制与原稿的内容和性质是否相符

D. 要在二校结束时根据校样提取索引款目的出处项

57. 关于图书左翻本和右翻本的页码特点，说法正确的是(　　)。

A. 单码面均在右侧

B. 左翻本单码面位于右侧，右翻本单码面位于左侧

C. 单码面均在左侧

D. 左翻本单码面位于左侧，右翻本单码面位于右侧

58. 根据印刷过程是否需要使用印版，印刷机可分为(　　)。

A. CTP印刷机和平版印刷机　　B. 平版印刷机和凸版印刷机

C. 模拟印刷机和数字印刷机　　D. 静电印刷机和喷墨印刷机

59. 关于骑马订的质量要求，说法错误的是(　　)。

A. 应无重订　　B. 应无坏锯

C. 书芯歪斜不超过 3 毫米　　D. 锯钉要订在折缝线上

60. 出版物批发交易的具体形式不包括(　　)。

A. 接受终端大客户订货　　B. 参加订货会现场交易

C. 到批发市场上进行现货批销　　D. 网上电子商务交易

选答多项选择题

61. 关于图书再版，说法错误的有(　　)。

A. 再版应按照生产新品种的程序进行

B. 再版书的书名可以改变

C. 再版书如果定价不变，可以使用原书号

D. 标注“第 3 版”是指第 3 次再版

E. 再版书重印的印次和印数，都是从再版的第 1 次印刷起累计

62. 暗码通常适用于(　　)等。

A. 题词页　　B. 辑封

C. 篇章页　　D. 另页排时留的空白面

E. 集合型书页

63. 数字印刷的书刊印制工艺过程包括(　　)等。

A. 原稿检核　　B. 图文处理　　C. 模拟打样　　D. 数字印刷

E. 印版制作

64. 图稿印刷适性检核，包括检核原稿的(　　)等。

A. 阶调状况　　B. 颜色偏色状况　　C. 擦痕或斑点　　D. 清晰度

E. 密度范围

65. 对于出版单位来说，批发商的作用包括(　　)。

A. 分担一定的风险　　B. 进货指导

C. 沟通信息　　D. 供货送货

E. 大规模销售

▲组　数字出版

选答单项选择题

66. 音视频产品在制作前，首先须确定音视频内容的(　　)。

A. 技术参数标准　　B. 数据加密标准

C. 产品测试标准　　D. 内容更新标准

67. 最能体现在线课程框架结构的是(　　)。

A. 技术系统方案　　B. 课程设计方案

C. 知识点清单　　D. 元数据列表

68. 内容资源资产化管理的任务不包括(　　)。

A. 所有权管理　　B. 经营管理　　C. 收益管理　　D. 选题管理

69. 在数字内容资源管理工作中，通常把“内容”划分为(　　)。

A. 文本和元数据　　B. 素材和元数据

C. 文本和软件　　D. 素材和软件

70. 数字内容资源按其产生方式可分为(　　)。

A. 原创数字内容和非原创数字内容　　B. 素材型内容资源和产品型内容资源
C. 单一数字对象和复合数字对象　　D. 文本、图片、音频和视频

选答多项选择题

71. 音视频产品的制作环节有(　　)。
A. 产品策划　B. 内容制作　C. 内容审核　D. 编辑加工
E. 运营服务

72. 基于排版文件的电子书加工流程有(　　)。
A. 书刊扫描　B. 内容标引
C. 版式/流式文件加工　D. OCR 识别和校对
E. 质量检验

73. 数字出版产品的质量检测指标有(　　)。
A. 成本费用指标　B. 运营维护指标　C. 内部结构指标　D. 整体性指标
E. 生产周期指标

74. 对数字内容资源进行备份的目的有(　　)。
A. 内容归档　B. 灾难恢复　C. 质量控制　D. 可操作备份
E. 内容加工

75. 版权资产的特性有(　　)。
A. 独立性　B. 排他性　C. 流动性　D. 增值性
E. 社会性

四、综合题(共 5 题，100 分。要求用黑色墨水笔在答题卡指定区域内作答)

76. 编辑加工题：阅读分析短稿，并按照稿件加工整理的规范进行编辑加工。(本题 22 分)

汽车行业数字化转型

2018 年 6 月，美国工业巨头通用电气(GE)被剔除出道琼斯工业平均指数，引起业界一片哗然。这是一个标志性的事件。近 3 十年来，我们经历了一场速度惊人的创新革命，数字化风潮裹挟一切，传统工业的既往路径正在被抛弃，汽车行业也无法独善其身。那么这场数字化变革将如何驱动汽车产业的升级裂变呢。

数字化是伴随着计算机、信息通信等技术而产生的。在 90 年代数字化首次被提出之后，企业成为其应用的主要战场。但随着智能手机的普及，新技术在个人层面的应用逐渐领先于企业。从某种意义来说，当今企业所谈论的数字化其实是被数字化消费者所倒逼的能力再塑造。

这个过程中有一个根本性的变化，那就是新型用户关系的出现。而企业要想在这种新型用户关系中赢得好感，保持粘性，进而创造新的商业价值，需要在用户洞察、用户体验、用户运营两个方面有所作为。那么对于汽车企业来说，如何避免 CE 那样的命运，又该如何开展数字化转型呢?

首先，需要以数字化战略作为引领。数字化并非只是消费端或者企业端的数字化。移动互联、产业技术、消费模式……等外部环境的变化都可能会对产业格局产生影响，继而带来颠覆性的战略变革。

其次，应该以客户体验为核心。管理学巨著“市场领导者法则”阐述了这样一种观点：企业必须在运营卓越、产品领先和亲近用户之间进行抉择。一家公司能够在行业中处于领先位置，亲近用户永远是首要的战略导向。

其次，需要构建数字化分析平台。第一步是将业务信息数字化，打破部门藩离，构建数字化分析的基础；第二步是要实现有效数据业务化、生态化，通过数据洞察返哺业务，这也是大家常说的数据价值挖掘。

总之，汽车行业数字化转型需要以解决业务问题为核心，需要上至管理层，下至普通员工，在企业生产、营销、供应链、人才等各个环节，创造性的构建适应汽车行业数字化转型发展需求的业务模式。

最后，还需要重构业务运营体系和组织体系。数字化的影响可能是多方面的，将对业务重构和组织架构产生巨大影响，需要未雨绸缪。

77. 校对题：按照原稿改正校样中的错误；若认为原稿有差错，用黑色墨水笔以校对质疑的方式指出。（本题 20 分）

【原稿】

“人工智能医生”来了

“医术”超过年轻医生

会“看”影像，会“读”病历，会“动”手术，会“做”检查，还会给出临床诊断建议……“医术”超过年轻医生，在一些领域能与资深医生比肩。它，就是“人工智能医生”。

以肺部结节为例，小到1毫米的病灶，阅片医生需要一张张看CT影像图片来找，并推断出大小、密度。资深阅片医生平均10分钟读1张。如今，一些医院开始引入人工智能系统筛查，每张片的阅片时间降至1分半钟。

“人工智能医生”不仅效率很高，而且在诊病方面更加精细、全面。它不仅可以检测肺结节病灶，还能对病灶性状进行多维度描述，包括大小、体积、密度、CT值，结节表征可涵盖5种常见的良恶性征象——分叶、毛刺、胸膜凹陷、空洞、空泡、钙化。

“人工智能医生”诊断准确率高吗？以呼吸系统疾病为例，“人工智能医生”对上呼吸道疾病和下呼吸道疾病的诊断准确率分别为89%和87%。

人工智能靠海量数据

医生长本事，一靠医学专业院校学习，二靠临床经验积累。“人工智能医生”靠什么？靠海量数据、云计算能力。“吃”进数据之后，经过不断训练临床思维，系统就可以像人类医生一样看病了。

“吃”了海量数据后，机器不仅可以当医生，而可以用于科研、教学、管理等。例如，四川大学华西医院通过纳入该院2009年至今收治的肺癌患者的全维度脱敏临床数据，建立了国内首个肺癌临床科研智能病种库。有了这个病种库，医院多个与肺癌诊疗相关的科室研究能力大大提升，其他医联体机构也受益匪浅。

当然，人工智能学习的数据还得转换成结构化格式，然后做出模型，并算出结果。其中，数据是关键，各个学科数据的标准化程度，影响着人工智能的应用程度。

机器与医生协同看病

2017年，国务院《新一代人工智能发展规划》提出，要“开发人机协同的手术机器人、智能诊疗助手”，“研发人机协同临床智能诊疗方案”。这意味着，人工智能目前只能是医生的助手。

一些人工智能研发人员提出，只有了解医生的心理和临床思维，让人工智能学会这种思维，才是真正的医疗人工智能。然而，这个难点似乎不好突破。

一些临床医生表示，首先必须确保人工智能产品技术过硬，给出合理的诊断建议；其次还要对医生进行培训，转变观念，适应新的服务模式。医生的认可和引导，将提高患者对人工智能系统的信任度。

【校样】

“人工智能医生”来了

“医术”超过年轻医生

会“看”影像，会“读”病历，会“动”手术，会“做”检查，还会给出临床诊断建议…“医术”超过年青医生，在一些领域能与资深医生比肩。它，就是“人工智能医生”。

以肺部结节为例，小到1毫米的病灶，阅片医生需要一张张看*CT*影像图片来找，并推断出大小、密度。资深阅片医生平均10分钟读1张。如今，一些医院开始引入人工智能系统筛查，每张片的阅片时间降至1分半钟。

“人工智能医生”不仅效率很高，而且在诊病方面更加精细、全面。它不仅可以检测肺结节病灶，还能对病灶性状进行多维度描述，包括大小、体积、密度、CT值，结节表征可涵盖5种常见的良恶性症象——分叶、毛刺、胸膜凹陷、空洞、空泡、钙化。“人工智能医生”诊断准确率高吗？以呼吸系统疾病为例，“人工智能医生”对上呼吸道疾病和下呼吸道疾病的诊断准确率分别为89%和87‰。

人工智能靠海量数据

医生长本事，一靠医学专业院校学习，一靠临床经验积累。“人工智能医生”靠什么？靠海量数据、云计算能力。“吃”进数据之后，经过不断训练临床思维，系统就可以像人类医生一样看病了。

“吃”了海量数据后，机器不仅可以当医生，而可以用于科研、教学、管理等。例如，四川大学华西医院通过纳入该院2009年至今收治的肺癌患者的全维度脱敏临床数据，建立了国内首个肺癌临床科研智能病种库。

有了这个病种库，医院多个与肺癌诊疗相关的科室研究能力大大提升，其他医联体机构也受益非浅。

当然，人工智能学习的数据还得转换成结构化格式，然后做出模型，并算出结果。其中，数据是关健，各个学科数据的标准化程度，影响着人工智能的应用程度。

机器与医生协同看病

2017年，国务院《新一代人工智能发展规划》提出，要“开发人机协同的手术机器人、智能诊疗助手”，研发人机协同临床智能诊疗方案”。这意味着，人工智能目前只能是医生的助手。

一些工人智能研发人员提出，只有了解医生的心理和临床思维，让人工智能学会这种思维，才是真正的医疗人工智能。然而，这个难点似乎不好突破。

一些临床医生表示，首先必须确保人工智能产品技术过硬，给出合理的诊断建议；其次还要对医生进行培训，转变观念，适应新的服务模式。医生的认可和引导，将提高高患者对人工智能系统的信任度。

78. 本题包括2道分题，其中A分题有关传统出版，B分题有关数字出版。请任选1道分题作答。如果作答不止1道，将按排列在前的分题计分。（本题20分）

78－A. 计算简答题：根据所给材料回答问题。（需计算后回答的问题，须列出算式；每个问题计算过程中的小数均保留实际位数，计算结果有小数的，小数保留2位。）

某出版社拟出版一本由摄影家赵明撰写的随笔集《光影的记忆》。该书的整体设计方案包括：采用32开本，勒口平装，胶订；书芯用定量为60克/米^2、规格为1000毫米×400毫米的轻型纸，单色印刷；封面用定量为250克/米^{2}的铜版纸，四色印刷；正文主体文字用3号仿宋体；排印顺序是扉页、序言、目录、正文、版权页；辅文和正文合在一起依序连续编排页码；等等。

该书排版后的付印清样共有扉页1面，版权页1面，序言5面，目录3面，正文308面。

该书准备印刷6000册。轻型纸的单价为6000元/吨。书芯印刷加放率为5%。封面的开本为8开，铜版纸的单价是600元/令，印刷加放率为8%。

问题一：该书的整体设计方案有哪些不规范之处？应如何修改？

问题二：印刷该书书芯需要轻型纸多少令？

问题三：印刷该书书芯的纸张费用是多少元？

问题四：印刷该书封面的纸张费用是多少元？

问题五：印刷该书的纸张总费用共计多少元？

78－B. 简答题：根据所给材料回答问题。（凡要求作选择回答的问题，应将与所选选项对应的字母填写在答题卡上的相应括号内。凡要求作陈述回答的问题，请将答案书写在答题卡的相应区域。）

某出版社拟建设一个教学内容资源库，计划收录的资源包括教学文案、教学实录、英语听力材料、教育理论资料，以及一个数字化题库。其中，教学文案都是TXT文件；教学实录是用数字摄像机拍摄的课堂教学实况；英语听力材料是用数字录音设备录制的；教育理论资料是对已出版的图书进行扫描后形成的JPEG文件；数字化题库的素材来源于教辅图书及相关知识点的讲解视频。

出版社又根据初中英语教材的教学特点，准备将该资源库中相关内容进行整合后，形成一个可供教师使用的“初中英语产品包”。

为此，需要制定有关数字内容资源加工与管理的规范，包括教学内容的结构化标引规范，以及内容资源的入库与下载管理等内容。

问题一：

按照表现形式划分，下列内容分别属于什么类型的资源？请作选择回答。

①教学文案属于(　　)类资源

②英语听力材料属于(　　)类资源

③教学实录属于(　　)类资源

④初中英语产品包属于(　　)类资源

⑤教育理论资料属于(　　)类资源

⑥数字化题库属于(　　)类资源

A. 文本　　B. 图像　　C. 音频　　D. 视频

E. 复合数字对象

问题二：

数字内容资源入库时的审核要求是什么？

问题三：

请写出申请部门内资源和非部门内资源的下载审批流程。

79．计算简答题：根据所给材料回答问题。（需计算后回答的问题，须列出算式；每个问题计算过程中的小数均保留实际位数，计算结果有小数的，小数保留2位。）（本题20分）

2019年1月，某出版社出版了著名作家文心的散文集《荷叶青青》一书，并为该书举办了新书发布会，20余家电视台、报纸等大众媒体进行了报道。同时，该出版社通过自建微信公众号"荷叶"，开辟专栏与读者分享阅读感受，并开展讨论，还邀请抖音网红主播合作发布该书短视频进行营销。

该书定价36元，首印50000册。该出版社与发行商协商，约定A发行集团订购10000册，发行折扣率为55%；B大型网上书店订购15000册，发行折扣率为50%。

到2019年年底，A发行集团退货10%，B大型网上书店退货5%。该书通过自建微信公众号的微店销售8000册，折扣率为70%；抖音平台销售12000册，折扣率为60%。该出版社所有货款均已收回。

问题一：该书的发行过程中，出版社开展了哪些营销活动？

问题二：该书的出版码洋是多少万元？

问题三：A发行集团和B大型网上书店该书的进货码洋共计多少万元？

问题四：抖音平台销售该书的实洋是多少万元？

问题五：到2019年年底，该书的回款实洋共计多少万元？

80．写作题：根据所给材料撰写新书简介和广告宣传语。（本题18分）

2020年7月，由国家新闻出版署出版专业资格考试办公室组织编写的全国出版专业技术人员职业资格考试辅导教材经修订推出了新版。这套教材自2002年出版以来，已成为参加出版专业资格考试的考生重要的备考指导用书，同时也被出版专业从业人员、高校有关专业教学和科研人员作为学习研究的参考用书。本次修订为该系列教材的第六次修订。其中，《出版专业基础·初级》（2020年版）共8章，40万字，由崇文书局和中国书籍出版社联合出版。请为行业媒体的微信公众号撰写一篇关于《出版专业基础·初级》（2020年版）的新书简介，并拟定一条不超过50字的广告宣传语。

答案及详解

一、单项选择题(共 25 题，每题 1 分。每题的备选项中，只有 1 个最符合题意)

1. A 【**考点**】信息检索的类型

【**解析**】根据检索对象的不同，信息检索可分为事实型信息检索、数据型信息检索和文献型信息检索。

2. C 【**考点**】字典、词典的组织结构

【**解析**】ABD 三项，正文是字典、词典的主体，由一定数量的条目依一定顺序编排而成。条目一般分成两部分：①字头或词目，它们位于条目的开头，便于读者查找；②释文，即对字头或词目的解释。字典、词典的正文在编排上都体现出便于检索的特点。C 项，字典、词典属于辞书类工具书，现代工具书常用的排检方法有汉语拼音字母法、笔画笔形法、部首法、四角号码法、中国图书馆分类法，以及事物性质分类法，而有的古籍整理工具书也采用四部分类法。

3. D 【**考点**】综合性词典

【**解析**】综合性词典实际上是普通语文词典与专科词典的结合体。它既收普通词语，也收各学科的名词术语；既有普通词语的释义，又能提供各学科的专门知识。如《辞海》。

4. A 【**考点**】计算机检索技术

【**解析**】A 项，短语用双引号[“”]括起表示，可检索出与引号内形式完全相同的短语。BC 两项，检索词 A、B 若用逻辑“或”相连，即 A or B(或 A + B)，则表示只要含有其中一个检索词或同时含有这两个检索词的文献都可以被命中。D 项，检索词 A、B 若用逻辑“非”相连，即 A not B(或 A - B)，则表示被检索文献在含有检索词 A 而不含有检索词 B 时能被命中。

5. B 【**考点**】审稿后与作者的联系

【**解析**】B 项，对决定退稿的稿件，编辑应该以出版单位的名义专门撰写退稿信书面通知作者。如果作者要求返还原稿，编辑应当尽快返还。

6. B 【**考点**】音像制品编辑工作的基本特点

【**解析**】音像制品的内容表现形式是“音”和“像”，与图书、期刊主要用“文”与“图”来表现，区别很大。因此，音像制品的编辑工作也就具有一些与书刊编辑工作不同的特点：①注重声像优化；②选题策划涉及较多方面；③组稿工作涉及面较广；④用多种方式多次审查评改节目；⑤参与拍摄、录制、制作过程。

7. C 【**考点**】宏观层次的策划

【**解析**】期刊的宏观层次选题策划，是对一种期刊的总体策划，涉及期刊的性质、宗旨、编辑目的、编辑方针、内容定位、读者定位、风格定位、出版周期、形态结构等，决定着一种期刊的总体面貌和办刊宗旨。

8. B 【**考点**】重大选题备案

【**解析**】B 项，《图书、期刊、音像制品、电子出版物重大选题备案办法》第二条规定，列入备案范围内的重大选题，图书、期刊、音像制品、电子出版物出版单位在出版之前，应当依照本办法报国家新闻出版署备案。未经备案批准的，不得出版发行。备案获得认

可后选题才可以进入出版单位建档备案和实施程序。

9. D 【考点】书刊整体设计的内容

【解析】内文版式设计包括版心尺寸规格的确定、文字规格的选择及其排式设计、图片和表格在版面上的编排等。

10. A 【考点】书刊版面的文字数量计算

【解析】计算一个页面的版面字数时，须先根据版心高与宽的尺寸及所选定的字号和行距(有时还有字空)大小，计算确定每行可排字数和每面可排行数；然后将每行字数乘上每面行数，即可得出。将一个页面的版面字数乘以本书刊印有图文的总页面数，就可得出该书刊的版面总字数。

11. B 【考点】期刊标题的用字

【解析】B 项，期刊中的每篇文章往往独立存在，一级标题(即文章篇名)的字号可以比正文主体文字大好几号，字体对比也可较强烈。

12. C 【考点】科技符号

【解析】科技符号包括数学符号、量和单位的符号、化学符号、医学符号等。各种科技符号在不同专业中所代表的意义可能会有不同，用法也有一定的规定。

13. B 【考点】校对概述

【解析】B 项，校对工作是文字性、知识性和技术性的创造性劳动，是编辑工作的延续，是对编辑工作的补充和完善。

14. A 【考点】校对的基本工序

【解析】需要依次进行的校对操作基本工序是初校、二校、三校、通读和对片/对蓝样。在校对工作过程中可以穿插进行的校对操作基本工序有核红、誊样和技术整理。

15. D 【考点】对校法

【解析】D 项，折校的缺点是：①由于以核对文字为主，容易忽略对内容的理解，不利于校是非；②有时着重号、专名号容易被折缝或手指遮盖，导致漏校。

16. C 【考点】校对工作基本制度

【解析】C 项，《图书质量保障体系》第十一条规定，坚持责任校对制度和“三校一读”制度。终校必须由本社有中级以上专业技术职称的专职校对人员担任。

17. A 【考点】书刊印制的概念

【解析】A 项，书刊印制是指根据作品原稿，制成可复现原稿视觉信息的产品的全部过程，包括印前制作、图文复制和印后加工。

18. D 【考点】出版物发行的概念及其构成要素

【解析】出版物发行，是出版单位通过分销等渠道将出版物传送给消费者的活动。它作为联系出版物生产与出版物消费的中间环节，构成了出版物由生产领域向消费领域转移的商品流通过程。一项完整的出版物发行活动，由出版物发行者、出版物和出版物消费者三个要素构成。

19. C 【考点】商家—消费者模式

【解析】C 项，B to C 模式依靠电子商务平台支持网上结算与支付，并提供货到付款、银行转账、第三方支付等多种支付方式供消费者选择。同时，交付出版物的方式也有多种，如通过邮寄、快递送货上门，设有自提点让消费者就近取货等，消费者可以自行选择最合适的方式。

20. D 【考点】选题报告的内容

【解析】选题报告的内容，因具体选题的不同而可详可略，各项内容的顺序也可调整，但基本要素不能缺少。包括：①选题名称；②选题的价值；③选题酝酿、形成的过程；④选题的内容和形式设想；⑤读者对象；⑥作者介绍；⑦时间安排；⑧经济效益预测；⑨市场营销建议；⑩其他情况。

21. D 【考点】读者来信的情况

【解析】D 项，有的读者给出版单位来信，是希望通过编辑与某一作者取得联系。对于这样的读者来信，一般应转请作者本人斟酌处理，编辑不宜贸然地将作者的通信地址、电话等个人资料直接告诉来信者。

22. C 【考点】作者简介

【解析】C 项，作者简介若按写作主体分，有作者自己写的，有编辑写的，也有作者或编辑约请他人写的。

23. A 【考点】出版物预告

【解析】A 项，出版物预告对出版物有一定的介绍推广作用，在某种意义上也可视为一种宣传广告。不过，较之宣传广告，出版物预告受到的限制比较多：①字数有限制，一般控制在三百字左右，宜少不宜多；②不能作多种体裁的尝试；③阅读对象基本上限于从事出版物发行工作的相关人员，而不是广大的出版物消费者；④表现形式比较单一，一般只用文字，不像广告可以图文并茂，甚至使用多种媒体形式。

24. B 【考点】电子书产品制作

【解析】电子书是以二进制代码形式存储于硬盘、光盘、软盘、网络、闪存及其他计算机存储介质上的数字出版产品。常见的存储格式有 PDF、ePub、DOC、CEB 等。根据内容呈现的不同特点，电子书可分为版式电子书和流式电子书。版式电子书以 PDF 为代表格式，以页为单位原版原貌呈现纸书的版式、字体、图片等。流式电子书以 ePub 为代表格式，基于 XML 文件对内容打包加密，具有适应屏幕尺寸的特点，适合所有电子书阅读设备。

25. C 【考点】分级存储的主要类型

【解析】分级存储的主要类型包括：①在线存储；②离线存储；③混合存储。

二、多项选择题(共 30 题，每题 2 分。每题的备选项中，有 2 个或 2 个以上符合题意，至少有 1 个错项。错选，本题不得分；少选，所选的每个正确项得 0.5 分)

26. ABC 【考点】信息的甄选

【解析】在信息的甄选过程中，应把握下列原则：①相关性原则。要注意所收集的信息，在学科专业、主题概念、区域和时间范围上与检索目标的相关性、契合度是否更高。②权威性原则。一般来说，来自权威部门或权威人士发布的信息更值得采信，比如政府部门对法规和政策所作的解释，行业协会对本行业情况所作的统计分析，著名出版社出版的品牌工具书，知名专家、学者等撰写的学术文章和发表的言论，等等。当然，使用这些信息时，仍需与其他相关信息进行比对和查核。③新颖性原则。信息的内容要有新意。可根据信息是否有新理论、新观点来判断，也可从发表时间来判断内容是否新颖。在从事学术专著或知识性读物的编辑工作时，出版专业技术人员尤其要注意核查内容是否陈旧。

27. CE 【考点】常用排检方法

【解析】汉语拼音字母法于 1958 年开始推行，后被广泛应用于工具书的编排，是国家标准《文字条目通用排序规则》(GB/T 13418—1992)确认的汉字排序规则之一，也是国家标准《索引编制规则(总则)》(GB/T 22466—2008)推荐的三种汉字排序规则之一。《新华字典》《现代汉语词典》《中国大百科全书》等，均采用汉语拼音字母法编排正文条目。

28. BCDE 【考点】汉字古音韵的查找

【解析】查汉字的古音韵，一般可利用韵书及标有韵部的字典、词典。通常可利用《汉语大字典》《辞源》《中华大字典》《中文大辞典》《广韵》《集韵》《佩文诗韵》《古今字音对照手册》等。此外，网络上可用的查找字、词的词典有：北京市书同文数字化技术有限公司开发、上海数字世纪网络有限公司拥有著作权的《中华文化通志》《汉语大词典》《中华古汉语字典》的网络版。

29. ABD 【考点】古代百科资料的检索

【解析】中国古代百科资料的检索主要是利用中国传统的类书。类书是摘录、汇辑多种文献中的原文，按内容性质分门别类地编排，以供寻检和征引的工具书。常见的类书主要有《艺文类聚》《太平御览》《册府元龟》和《古今图书集成》等。查阅这些类书时，可参考后人所编的相应索引，如《太平御览索引》《册府元龟索引》和《古今图书集成索引》等。

30. ABCD 【考点】编辑加工整理的作用

【解析】对稿件进行编辑加工整理，具有下列重要作用：①履行出版单位职责。坚持党的出版方针、坚持正确的政治导向，按照出版标准，对每一部稿件进行审核、加工，是出版单位应尽的职责。②保证出版物质量。在出版单位经过审稿已经接受的稿件中，由于各种不同的原因，或多或少都会存在各式各样的局限、疏漏、差错、不规范现象。编辑加工整理就是消灭差错、弥补疏漏、规范文字、提高质量的工作。

31. BCE 【考点】审稿的方法

【解析】A 项，稿件必须经过全面审读，才能作出客观、科学的质量评价结论，而在审稿的过程中，编辑人员还应采用规范的操作方法。D 项，对于电子文件形式的稿件，审稿者应该先做好备份，然后再开始审读。审读过程中可以利用合适的软件工具进行处理。

32. BCD 【考点】对稿件形式质量的评价

【解析】对稿件形式质量的评价，主要包括对稿件的结构框架、行文格式、表述形式等作出判断。稿件的结构框架是指稿件中的内容层次安排形式。行文格式的统一主要表现为各级标题采用互有区别的标志，而相同级别的标题均采用相同的标志。公式、图片、表格和各种注释的格式标志应该一致。稿件的表述形式是指稿件中对语言文字及量和单位的应用状况。

33. ABE 【考点】审稿制度

【解析】C 项，1997 年 6 月新闻出版署发布的《图书质量保障体系》第八条规定，“坚持稿件三审责任制度”，“三个环节缺一不可。三审环节中，任何两个环节的审稿工作不能同时由一人担任”。D 项，根据出版专业职业资格制度的规定，担任责任编辑的人员必须具备中级及以上的出版专业职业资格并经注册而持有责任编辑证书。助理编辑人员不能担任责任编辑，所以虽然可以在具备一定条件后承担初审工作，但是不能独立负责这个审级。助理编辑人员提出的审稿意见，必须由具备责任编辑资质的编辑人员负责复核并签字认可后，才能成为正式的初审审稿意见。

34. CDE 【考点】组稿的方式

【解析】组稿一般采取下列方式：①个别约稿。个别约稿是编辑直接约请作者创作稿件的组稿方式。这种组稿方式是最常用的，也是最主要的。②群体集稿。群体集稿是指出版单位通过有效的组织工作，约请一批有创作实力的作者撰写稿件的组稿方式，如向有关部门、科研单位、学术团体等的作者群体组织稿件。③社会征稿。社会征稿是出版单位通过一定的媒体或其他传播手段，向社会公开征集稿件的组稿方式。

35. BD 【考点】必备结构部件

【解析】图书的必备结构部件，是指任何图书都不可或缺的结构组成部分，包括封面、主书名页和正文书页。

36. ABCD 【考点】版本记录页

【解析】版本记录应该提供图书在版编目数据中未包含的出版责任人记录、出版发行者说明、载体形态记录、印刷发行记录等项目。具体包括：①出版责任人记录包括责任编辑、装帧设计、责任校对和其他有关责任人。②出版发行者说明包括出版者、排版印刷者、装订者和发行者，其名称均应用全称；出版者名下应注明详细地址及邮政编码，也可加注电话号码、电子邮箱地址或互联网网址。③载体形态记录包括开本及其幅面尺寸、印张数、字数、附件的类型与数量。④印刷发行记录包括定价，第1版、本版的出版时间和版次，本次印刷的时间、印次和印数。除了国家标准规定的这些必备项目外，出版工作实践中为方便读者了解有关信息，常把书名、并列书名、作者名也列入版本记录。不少出版单位还在版本记录页上标明因印刷装订存在质量问题而退换图书的联系方式，以保护读者的利益。

37. ABE 【考点】目次页

【解析】AB两项，期刊的目次页就是目录页，包括目次页版头和目次表。目次页版头位于目次表上方，应标明刊名(包括副刊名)，出版年份和期号(或卷号、期号)，出版时间(一般标年和月，半月刊、旬刊、周刊还应标明“日”)。C项，目次表可以同时使用多种语言文字。D项，期刊正文的页码，一般是每期从“1”开始编，也可以将全年或全卷各期的正文合在一起依序连续编码。目次页应单独编页码，不宜编入正文的连续页码。E项，目次页的位置在一种期刊中应各期相同，如要变更时，应从新的一卷(年)的第1期开始。

38. BCE 【考点】版面类型

【解析】版面可以按不同的标准分为不同的类型。从版面上文字的排列方向来看，版面可以分成横排版面、竖排版面和混合排版面。

39. BDE 【考点】版心及其版口

【解析】版心是一般书刊成品版面中的图文印刷区域，或者说，版心一般就是指版面上容纳主体图文的部位。版心的组成要素包括文字、符号、图表、线条、底纹和间空。

40. BCDE 【考点】校样的种类

【解析】A项，毛校样是排版单位在向出版单位正式提交校样之前，将已经排好的版面打印出来进行非正式校对的样张。

41. ABDE 【考点】对片/对蓝样

【解析】C项，对蓝样采取折校方法，将蓝样与付印清样逐行、逐段比照，检查版面有无异常；输出过程中内容有无出错（如因排版软件的细微差异造成的版式变动、特殊符号变异、造字变异等），核对付印清样上可能存在的个别改动之处是否已经改正，检查页码顺序是否正确，等等。

42. AD 【考点】校样

【解析】AD两项，图书中各个相互有关的部分，在形式上应该保持统一。较常见的差错是各章节标题及正文的字体、字号不统一，标题格式不统一，图表排版格式不统一，等等。

43. BDE 【考点】表格差错

【解析】格式的差错多见于校样，如：①缺少表线，表线粗细线使用不当；②表中上下行数字未恰当对齐；③左右各栏文字未合理对齐；表格在版面上的位置不当，与相关的正文叙述文字离开太远，造成脱节；④表格转面时未按规定要求加"续表"或"表×（续）"字样，续表漏排表头；⑤折栏表衔接差错；和合表不是从双面跨到单面排，等等。

44. ABDE 【考点】图像处理

【解析】图像处理是利用特定的硬件设备和软件程序，采用各种数字技术手段，优化图像的质量。在图文输入环节输入计算机的图像，可能存在偏色，曝光不准确，有斑点、擦痕等缺陷或者尺寸不匹配，所以需要利用相应软件进行加工。图像处理主要做下列工作：①图像形态变换；②图像修饰；③图像颜色变换；④图像层次校正；⑤图像特殊效果设计；⑥图像分色。

45. ACDE 【考点】图形变换

【解析】图形变换是对图形作变形、缩放、旋转、斜拉、形成镜像、产生畸变等处理。

46. BCE 【考点】直接渠道

【解析】A项，直接渠道又称"直销"，是出版单位将出版物直接销售给消费者的渠道。D项，间接渠道符合社会大生产的发展规律，有利于促进出版物生产与出版物发行的专业化分工与协作，从整体上提高出版生产力。

47. ABDE 【考点】网络发行渠道的优势

【解析】与出版物的传统发行渠道相比，网络发行渠道具有以下几方面明显优势：①突破了时空限制。②实现无实体场所经营。③流转品种丰富，信息全面。网络渠道不仅可以提供丰富、详尽的出版物信息，除了图书封面、目录、简介、书评、购买者评论，甚至还提供样章下载和试读，而且还为消费者提供不同的分类展示，对同一属性或类别的出版物进行关联介绍，为消费者尽可能多地提供接触出版物的可能。④提供多种增值服务。

48. BCE 【考点】利用大众传媒宣传

【解析】海报是出版物宣传的重要媒介之一，对于现场宣传具有重要的作用，广泛运用于批发、零售场所和书市等。海报的信息容量相对较小，但是其及时性、针对性比较强，成本也较低。出版单位和发行商，特别是零售商可以根据需要，有针对性地利用海报进行宣传。

49. BC 【考点】审稿意见的内容

【解析】审稿意见包括的内容应当根据稿件的具体情况确定，但"稿件的价值评估和质量判断”与“稿件处理意见”两项，任何审稿意见中都必不可少。

50. ACE 【考点】内容提要

【解析】B项，作为书刊辅文的内容提要，与选题报告中的内容提要有相同之处，也有不同之处。相同之处，在于都是对一本书稿的简要介绍。不同之处，在于选题报告中的内容提要需要对一部书稿进行全面的概括和介绍，而印在书上的内容提要由于版面有限，篇幅一般都很简短，所以不能面面俱到，要抓住作品的某些特色（或从某一角度）或重要内容撰写，其作用是帮助读者在短时间内对一本书或一篇文章有鲜明的印象，并产生阅读兴趣。D项，辅文有作者写的、编辑写的或其他人写的。一般由编辑撰写的书刊辅文主要包括：内容提要、出版前言、编者按、凡例、作者简介、出版后记等。

51. ACDE 【考点】退修信

【解析】B项，退修信一般由初审者撰写，并需遵从复审、终审的意见。大多在复审决定后便可起草退修信，在征求终审意见后以出版单位名义正式发出。对那些内容比较复杂、处理难度较大的稿件，最好在终审决定后由三个审级的编辑人员共同讨论以后再写。

52. ABDE 【考点】出版简讯

【解析】A项，出版简讯所提供的信息要带新闻性，是人们尚未知道而又很想知道的信息。B项，出版简讯要尽量做到用事实说话，用材料说话，并且一般只要把事实和材料如实反映出来就可以了，不需要撰写者自己发表评论和议论。C项，出版简讯多供报刊发表，可以由报刊记者撰写，也可以由出版单位的编辑撰写。D项，出版简讯的内容虽然可以很广，但一般都要围绕出版物这个中心而展开。E项，出版简讯原先是有关图书出版的新闻报道，所以习惯上称为“书讯”。后来用于有关期刊、音像制品、电子出版物等的出版信息报道，便称为“出版简讯”。

53. ABCE 【考点】撰写出版物评论应注意的问题

【解析】D项，书评可以写成论文，也可以写成散文或随笔。书评有千字文，也有长篇大论，甚至有专著。

54. CD 【考点】语义信息组织

【解析】语义信息组织按照数字内容信息的内容特性对信息进行描述，最常见的语义信息组织方法包括分类组织法与主题组织法。

55. ADE 【考点】结构化标引

【解析】结构化标引包括对书刊内容的元数据标引、内容单元标引和各种内容要素标引。

三、选答选择题（共2组，其中★组主要考核传统出版内容，▲组主要考核数字出版内容。每组各10题，其中前5题为单项选择题，每题1分；后5题为多项选择题，每题2分。请任选其中1组作答，如2组都作答，只按★组计分）

★组 传统出版

选答单项选择题

56. D 【考点】核改索引

【解析】索引是将图书正文中的专项或多项内容加以摘录、标明出处（所在页码或页码加版面区域）、按一定次序编排的检索工具。一般工具书、字数较多的学术著作和资料书都应由作者、编辑或其他有经验的人编制索引。编制索引时，可参考《索引编制规则（总则）》（GB/T 22466—2008）。编辑人员要注意检查索引的编制与原稿的内容和性质是否相符，索引的编排方式是否合理、有无差错，按体例应该编入索引款目的内容是否有遗漏，索引标目与正文相关文字是否一致，等等。索引款目中的出处项应该在三校结束后根据付印样准确填写或提取。

57. B 【考点】左翻本与右翻本

【解析】由于内文的文字排列方向不同，书刊有左翻本和右翻本两种形态。左翻本翻开后，位于右侧的都是书页的单码面(即单数页码面)，位于左侧的都是双码面(即双数页码面)。右翻本翻开后，位于左侧的都是书页的单码面，位于右侧的都是双码面。

58. C 【考点】印刷机械

【解析】根据印刷过程中是否需要使用印版，印刷机可分成需使用印版的模拟印刷机和不需使用印版的数字印刷机。

59. C 【考点】骑马订质量要求

【解析】C 项，骑马订要求无重订或坏锯。锯钉要均匀、正确地订在折缝线上，钉脚要扣平压实。书芯歪斜不超过 2 毫米。

60. A 【考点】批发的具体形式

【解析】出版物批发交易的具体形式主要有：①目录征订交易，即通过寄发征订目录(或加上样品)，由需购者填单交易；②参加订货会现场交易，由供求双方在订货会上面谈成交；③到批发市场上进行现货批销；④网上电子商务交易，即通过采用电子商务模式的网站发布信息、订购、确认订购、配送产品和结算货款，来实现出版物交易。

选答多项选择题

61. BCDE 【考点】再版的操作

【解析】B 项，再版图书的封面装帧、开本、版式等都可以重新设计，但书名不变，而为了方便消费者辨识，可附标“修订本”“增订本”等字样，或者标“第 2 版”“第 3 版”等。C 项，再版的图书，不可再用原书号，必须改用新的书号。D 项，版本记录中的版次(即出版次数)项对第一次再版标“第 2 版”，第二次再版标“第 3 版”，依此类推。E 项，再版的图书照原样再印或略作小的改动再印，称为再版书的重印。再版书重印的印次和印数，都是从初版的第一次印刷起累计。

62. BCD 【考点】暗码

【解析】暗码的适用范围通常是辑封、篇章页、另页编排时必须留的空白面。此外，如果图书的页码已经决定设在天头处，那么，其中每章(或每篇文章)开头的第一面，一般也宜采用暗码。印有各种图片的插页，如果是单页型书页，采用暗码或明码均可；如果是集合型书页，则必须采用明码。

63. ABD 【考点】数字印刷的书刊印制工艺过程

【解析】数字印刷的书刊印制工艺过程由下列环节构成：原稿检核→图文输入→图文处理→数字打样→数字印刷→装订。

64. ABDE 【考点】印刷适性检核

【解析】为了使印刷品能够再现原稿的艺术魅力，必须对图稿的印刷适性进行分析，制订相应的处理方案。印刷适性检核主要包括下列内容：①检核原稿的密度范围；②检核原稿的阶调状况；③检核原稿的颜色偏色状况；④检核原稿的清晰度。

65. ACE 【考点】批发的作用

【解析】对出版单位来说，批发是出版物销售的一种重要手段，批发商的作用主要有：

①大规模销售；②沟通信息；③存货运输；④融通资金；⑤承担一定风险等。BD两项，对零售商来说，批发商的作用主要有供货送货、需求预测、信息服务、进货指导、信用服务等。

▲组　数字出版

选答单项选择题

66. A 【**考点**】技术参数的选择

【**解析**】在制作前，需要确定音视频内容的技术参数标准，对录制阶段和后期制作提出明确要求。技术参数因产品设计要求而有所不同。

67. C 【**考点**】建立知识点清单

【**解析**】建立知识点清单就是形成在线课程的“目录”，是在线课程制作必不可少的流程。课程形态和平台功能不同，知识点清单的形式也各不相同。知识点清单是在线课程的框架结构，课程制作和上线均以此为准，在制作和上线过程中不可随意修改。

68. D 【**考点**】内容资源资产化管理目标与任务

【**解析**】内容资源资产化管理的主要任务包括：①开展所有权管理；②开展经营管理；③开展收益管理。

69. B 【**考点**】数字内容资源的概念

【**解析**】数字出版产业中的“内容”，业界通常理解为两部分——素材和元数据。这里的素材指以文本、图片、声音、视频、动画等形式存在的编码数字信息，它独立于物理载体存在。元数据指描述实际素材及其不同形式的信息。

70. A 【**考点**】数字内容资源的类型

【**解析**】数字内容资源的类型随着信息技术的发展而日益丰富。不同类型的内容特点不同，并且在功能上存在巨大差异。由于人类使用习惯的延续性，许多数字内容的表现形式与传统内容的表现形式一致，只不过数字内容是以数字代码形式存储在光、磁介质上。数字内容有不同的标准和划分角度，可以分成不同的类别。按产生方式分类可分为原创数字内容和非原创数字内容。

选答多项选择题

71. BCD 【**考点**】音视频产品制作

【**解析**】音视频产品的制作主要包括四个环节：①内容制作，按照产品策划和设计文档完成音视频内容的拍摄、录制和剪辑工作。②内容审核，对音视频产品从内容和技术两个方面进行审核，必要时进行补录、重录和重新制作。③编辑加工，对审核中发现的问题进行修改。④上线发布，完成上述工作即可定稿，进行产品发布。

72. BCE 【**考点**】数字书刊加工

【**解析**】数字书刊加工流程一般分为排版文件的整理与格式转换、内容标引、版式/流式文件加工和质量检验4个主要环节。

73. CD 【**考点**】产品制作的质量控制

【**解析**】质量检测指标是质量控制的依据，需要制定详细的产品质量标准，包括组成产品的内部结构指标和产品的整体性指标两部分。对于组成产品的文本、图像、音视频等内部资源，制定符合相关政策和需求的标准；对于产品的整体性指标，要求符合某类产品（如软件类产品）特定的标准。产品总体达到完整性、规范性、有效性和准确性等要求。

74. ABD 【考点】内容资源的备份

【解析】一般来说，数字资产的备份有三个目的：①灾难恢复。为应对灾难恢复要求，需要进行内容的备份操作。②可操作备份。生产环境中的数据随着每次业务活动和操作而变化。可操作备份是一种在时间点上的数据备份，用于在日常业务过程中发生数据丢失和逻辑损坏时对数据进行恢复。大多数组织中的数据恢复请求都属于这种形式。③内容归档。备份也会因内容归档的需求进行。在小型企业中，为长期保存某些业务信息，需要对数字内容归档备份。

75. BCDE 【考点】版权资产基本特性

【解析】在《国际会计准则》中，将无形资产定义为没有实物形态的可辨认的非货币资产。作为一种无形资产，版权资产满足无形资产的可辨认性、对资源的控制性和未来的经济利益三个特性。版权资产兼有人身属性和财产属性，同时还具有非独立性、排他性、流动性、增值性和社会性等特性。

四、综合题(共5题，100分。要求用黑色墨水笔在答题卡指定区域内作答)

76. 编辑加工题：阅读分析短稿，并按照稿件加工整理的规范进行编辑加工。(本题22分)

答：(1)“近3十年来”应改为“近三十年来”。

(2)“升级裂变呢。”应改为“升级裂变呢?”。

(3)“90年代”应改为“20世纪90年代”。

(4)“粘性”应改为“黏性”。

(5)“两个方面”应改为“三个方面”。

(6)“CE”应改为“GE”。

(7)删去“消费模式……等”中的“……”。

(8)[“市场领导者法则”]应改为[《市场领导者法则》]。

(9)“一家公司能够”应改为“一家公司要想”。

(10)“其次，需要构建数字化分析平台”应改为“再次，需要构建数字化分析平台”。

(11)“藩离”应改为“藩篱”。

(12)“返哺”应改为“反哺”。

(13)“创造性的”应改为“创造性地”。

(14)“最后，还需要重构……”段置于“总之，汽车行业数字化转型……”段之前。

77. 校对题：按照原稿改正校样中的错误；若认为原稿有差错，用黑色墨水笔以校对质疑的方式指出。(本题20分)

答：(1)主标题字号过小且未加粗，应同原稿保持一致。

(2)“临床诊断建议…”应改为“临床诊断建议……”。

(3)“年青医生”应改为“年轻医生”。

(4)“*CT*影像”应改为“CT影像”。

(5)“1分半钟”应改为“1.5分钟”，同时打上质疑问号。

(6)“5种”应改为“6种”，同时打上质疑问号。

(7)“症象”应改为“征象”。

(8)[“人工智能医生”诊断准确率高吗……]段另起一行，与原稿保持一致。

(9)“87‰”应改为“87%”。

(10)“一靠临床经验积累”改为“二靠临床经验积累”。

(11)[“吃”了海量数据后，机器不仅……]段减少缩进量，首行缩进2字符。

(12)“而可以”应改为“而且可以”，同时打上质疑问号。

(13)删去“肺癌临床”的下划线。

(14)“有了这个病种库……”段应缩小行距，并接排至[“吃”了海量数据后，机器不仅……]段后，与原稿保持一致。

(15)“受益非浅”应改为“受益匪浅”。

(16)“当然，人工智能学习的数据……”段应缩小行距，与其他段落保持一致。

(17)“关健”应改为“关键”。

(18)标题“机器与医生协同看病”应做居中处理。

(19)[研发人机协同临床智能诊疗方案”]应改为[“研发人机协同临床智能诊疗方案”]。

(20)“一些工人智能研发人员”应改为“一些人工智能研发人员”。

(21)“提高高”应改为“提高”。

78. 本题包括2道分题，其中A分题有关传统出版，B分题有关数字出版。请任选1道分题作答。如果作答不止1道，将按排列在前的分题计分。(本题20分)

78–A. 计算简答题：根据所给材料回答问题。(需计算后回答的问题，须列出算式；每个问题计算过程中的小数均保留实际位数，计算结果有小数的，小数保留2位。)

问题一：该书的整体设计方案有哪些不规范之处？应如何修改？

答：该书的整体设计方案中的不规范之处及修改具体如下：

(1)“封面用定量为250克/米^{2}的艺术纸”不妥，封面用纸定量过高。定量超过250克/米^{2}的纸一般称为“纸板”，本书为平装本，封面用纸定量应改为“150克/米^{2}的艺术纸”。

(2)“正文主体文字用3号仿宋体”不妥。3号字体过大，可选择5号仿宋体。

(3)“排印顺序是扉页、序言、目录、正文、版权页”不妥。版本记录页习称“版权页”，应置于主书名页的背面，即双码面，也不设页码。正确的排印顺序为“扉页、版权页、序言、目录、正文”。

(4)“辅文和正文合在一起依序连续编码”不妥，辅文和正文不应合在一起连续编码。凡是位于正文之前的辅文(如出版前言、序言、目录等)，页码应该单独编，不进入正文页码序列；位于正文之后的各种相对独立的辅文(如跋、出版后记、参考文献、附录等)，一般延续正文页码。

问题二：印刷该书书芯需要轻型纸多少令？

答：该书的书芯需要轻型纸63令，具体算式如下：

(1)书芯的总面数 = 扉页 + 版权页 + 序言 + 目录 + 正文 = 1 + 1 + (5 + 1) + (3 + 1) + 308 = 320(面)。

(2)书芯实际用纸量 = 书芯理论用纸量 × (1 + 印刷加放率) = 书芯单册印张数 × 印刷册数 ÷ 1000 × (1 + 印刷加放率) = (320 ÷ 32 × 6000 ÷ 1000) × (1 + 5%) = 63(令)。

问题三：印刷该书书芯的纸张费用是多少元？

答：印刷该书书芯的纸张费用是4536元。具体算式如下：

(1)单张纸的面积 = 1000 × 400 = 400000(毫米^2) = 0.4(米^2)。

(2)书芯令重 = 定量 × 单张纸面积 × 500 ÷ 1000 = 60 × 0.4 × 500 ÷ 1000 = 12(千克)。

(3)用纸吨数 = 令重 × 用纸令数 ÷ 1000 = 12 × 63 ÷ 1000 = 0.756(吨)。

(4)书芯纸张费用 = = 6000 × 0.756 = 4536(元)。

问题四：印刷该书封面的纸张费用是多少元？

答：印刷该书封面的纸张费用是972元。具体算式如下：

(1)封面实际用纸令数 = 印数 ÷ 封面纸开数 ÷ 500 ×（1 + 加放率）= 6000 ÷ 8 ÷ 500 ×（1 + 8%）= 1.62(令)。

(2)封面用纸费用 = 每令单价 × 用纸令数 = 600 × 1.62 = 972(元)。

问题五：印刷该书的纸张总费用共计多少元？

答：印刷该书的纸张总费用共计5508元。具体算式如下：

纸张总费用 = 正文用纸费用 + 封面用纸费用 = 4536 + 972 = 5508(元)。

78－B. 简答题：根据所给材料回答问题。（凡要求作选择回答的问题，应将与所选选项对应的字母填写在答题卡上的相应括号内。凡要求作陈述回答的问题，请将答案书写在答题卡的相应区域。）

问题一：按照表现形式划分，下列内容分别属于什么类型的资源？请作选择回答。

①教学文案属于(　　)类资源

②英语听力材料属于(　　)类资源

③教学实录属于(　　)类资源

④初中英语产品包属于(　　)类资源

⑤教育理论资料属于(　　)类资源

⑥数字化题库属于(　　)类资源

A. 文本　　B. 图像　　C. 音频　　D. 视频

E. 复合数字对象

答：从表现形式来看，数字内容可以分为数据、文本、图像、音频、视频、软件和复合数字对象。本题中，根据题目背景的内容描述：①教学文案属于A类文本资源；②英语听力材料属于C类音频资源；③教学实录属于D类视频资源；④初中英语产品包属于E类复合数字对象资源；⑤教育理论资料属于B类图像资源；⑥数字化题库属于E类复合数字对象资源。

问题二：数字内容资源入库时的审核要求是什么？

答：数字内容资源入库时的审核要求具体如下：

(1)审核内容资源本身是否完整、全面、系统。

(2)审核内容文档的题名是否完整、规范、合乎要求。

(3)审核内容资源的标引信息是否准确。

问题三：请写出申请部门内资源和非部门内资源的下载审批流程。

答：对于授权下载内容和批量下载行为，需要进行下载审批。首先由申请人撰写下载申请报告，注明下载目的、用途、期限、资源数量和责任人，然后提交部门审核员审核。批准或拒绝下载申请都需要有详细的时间和责任人记录，所有日志记录必须留存备查。

(1)部门内资源下载的审批。当申请下载的内容资源为部门内部资源时，只需本部门审批人员审批通过即可进行下载。

(2)非部门内资源下载的审批。当申请下载的内容资源为非部门内资源时，至少需要进行两级审批。第一级为本部门审批人员审批，第二级为数字内容资源管理部门审批。两级审批都通过后方能进行资源下载。

79. 计算简答题：根据所给材料回答问题。（需计算后回答的问题，须列出算式；每个问题计算过程中的小数均保留实际位数，计算结果有小数的，小数保留2位。）（本题20分）

问题一：该书的发行过程中，出版社开展了哪些营销活动？

答：该书的发行过程中，出版社开展了以下营销活动：

（1）全媒体营销推广。20余家电视台、报纸等大众媒体进行报道指通过大众传媒宣传。该出版社通过自建微信公众号“荷叶”，开辟专栏与读者分享阅读感受，并开展讨论，采用了社群营销中的出版单位自建社群这一营销手段。

（2）活动推广营销。通过举办新书发布会提升新书曝光度与热度。

（3）新媒体影视营销。出版社邀请抖音网红主播合作发布该书短视频进行了短视频营销。

问题二：该书的出版码洋是多少万元？

答：该书的出版码洋是180万元。具体算式如下：

出版码洋 = 定价 × 印数 = 36 × 50000 = 180（万元）。

问题三：A发行集团和B大型网上书店该书的进货码洋共计多少万元？

答：A发行集团和B大型网上书店该书的进货码洋共计90万元。具体算式如下：

（1）A发行集团的进货码洋 = 定价 × 进货册数 = 36 × 10000 = 36（万元）。

（2）B大型网上书店的进货码洋 = 定价 × 进货册数 = 36 × 15000 = 54（万元）。

（3）A发行集团和B大型网上书店该书的进货码洋 = A发行集团的进货码洋 + B大型网上书店的进货码洋 = 36 + 54 = 90（万元）。

问题四：抖音平台销售该书的实洋是多少万元？

答：抖音平台销售该书的实洋是25.92万元。具体算式如下：

抖音平台销售实洋 = 定价 × 销售数 × 销售折扣率 = 36 × 12000 × 60% = 25.92（万元）。

问题五：到2019年年底，该书的回款实洋共计多少万元？

答：到2019年年底，该书的回款实洋共计89.55万元。具体算式如下：

（1）A发行集团售书回款实洋 = 定价 × 销售数 × 发行折扣率 = 36 × [10000 × (1 − 10%)] × 55% = 17.82（万元）。

（2）B大型网上书店售书回款实洋 = 定价 × 销售数 × 销售折扣率 = 36 × [15000 × (1 − 5%)] × 50% = 25.65（万元）。

（3）微店售书回款实洋 = 定价 × 销售数 × 销售折扣率 = 36 × 8000 × 70% = 20.16（万元）。

（4）甲出版社回款实洋 = A发行集团售书回款实洋 + B大型网上书店售书回款实洋 + 微店售书回款实洋 + 抖音平台售书实洋 = 17.82 + 25.65 + 20.16 + 25.92 = 89.55（万元）。

80. 写作题：根据所给材料撰写新书简介和广告宣传语。（本题18分）

答：（1）新书简介

《出版专业基础·初级》（2020年版）新书简介

全国出版专业技术人员职业资格考试辅导教材由国家新闻出版署出版专业资格考试办公室组织编写并修订。这套教材自2002年出版以来，已进行过五次修订，每次修订都紧跟时势，始终以培养专业素质最为全面的出版专业人才为宗旨，现今已成为参加出版专业资格考试的考生重要的备考指导用书，同时也可以作为出版专业从业人员在职学习、高校有关专业教学和科研人员学术研究的参考用书。其中，《出版专业基础·初级》（2020年版），共8章，40万字，由崇文书局和中国书籍出版社联合出版，于2020年7月正式发行。本书既对出版、出版物、出版工作、出版业、著作权等出版相关概念与现状进行了宏观与微观上的阐述，同时对文字使用规范、汉语语法、修辞、逻辑知识等出版专业人才需掌握的文字处理方式也进行了专业指导，还将古汉语知识与古文化常识也纳入其中，有助于提高出版专业人才的文化素质。

(2)广告宣传语

一部出版专业备考用书，一部教研参考用书。知名出版社联合打造，再版6次，你需要的出版基础知识全在这里。

2019年度全国出版专业技术人员职业资格考试《出版专业理论与实务(初级)》真题

一、单项选择题(共25题，每题1分。每题的备选项中，只有1个最符合题意)

1. 字典和词典的特点不包括(　　)。
   A. 以条目为基本单元　　B. 时效性强
   C. 检索的专指性强　　D. 解释简明、规范
2. 按照所收录词目的性质和释文内容分类，《辞海》属于(　　)。
   A. 语文词典　　B. 专科词典　　C. 综合性词典　　D. 双语词典
3. 我国图书在版编目(CIP)数据中所用的分类法是(　　)。
   A. 中国图书馆分类法　　B. 四部分类法
   C. 杜威十进分类法　　D. 中国科学院图书馆图书分类法
4. 下列工具书中，属于类书的是(　　)。
   A.《通志》　　B.《文献通考》
   C.《古今图书集成》　　D.《唐会要》
5. 出版社通过版权贸易出版国外畅销书，这种稿件来源方式属于(　　)。
   A. 自投　　B. 推荐　　C. 组稿　　D. 引进
6. 在编辑工作中决定稿件取舍的关键环节是(　　)。
   A. 选题策划　　B. 审稿　　C. 编辑加工整理　　D. 样书检查
7. 关于期刊的作品组配，说法错误的是(　　)。
   A. 各期期刊中的作品数量须保持相等
   B. 作品组配通常分栏目进行
   C. 要考虑期刊的整体定位
   D. 要保证每期刊物中有一定数量的重点文章
8. 关于审稿结论，说法错误的是(　　)。
   A. 对于达不到出版要求的稿件，审稿结论为“退稿”
   B. 对于基本符合出版要求的稿件，审稿结论为“接受出版”
   C. 对于接近出版要求但又需要作者修改的稿件，审稿结论为“退修”
   D. 对于存在明显不足的稿件，审稿结论为“待定”
9. 图书的必备结构部件不包括(　　)。
   A. 封面　　B. 主书名页　　C. 附书名页　　D. 正文书页
10. 版本记录页的著录项目不包括(　　)。
    A. 版权说明　　B. 版本记录
    C. 出版责任人记录　　D. 出版许可证编号
11. 书刊的内文版式设计不包括(　　)。
    A. 版心规格的确定　　B. 文字的排式设计
    C. 环衬的艺术设计　　D. 图片在版面上的编排
12. 关于书刊版心，说法错误的是(　　)。

A. 版心一般是指版面上容纳作品主体图文的部位

B. 版面大小相同的不同书刊，其版心大小可不一样

C. 版心之外的区域都是空白

D. 版心的大小要根据图书的性质、种类和既定开本来确定

13. 被称为"活校"的是(　　)。

A. 校异同　　B. 校是非　　C. 人工校对　　D. 计算机校对

14. 关于对校法，说法错误的是(　　)。

A. 点校法便于看清原稿上的各种修改和标注

B. 折校法以核对文字为主，不利于校是非

C. 由于折校法是一目两行地校对，形似字的错误容易被忽略

D. 对校法中，读校是应用最广泛的操作方式

15. 重点检查校样中政治性、思想性、语言文字、逻辑等差错的校对工序是(　　)。

A. 文字技术整理　　B. 誊样　　C. 通读　　D. 对片

16. 关于校对工作与编辑工作的关系，说法错误的是(　　)。

A. 校对工作是编辑工作的延续

B. 校对工作是机械性劳动，编辑工作是创造性劳动

C. 校对工作和编辑工作互相合作、互相配合

D. 校对工作和编辑工作都是为了消灭差错、提高编校质量

17. 关于印刷要素，说法错误的是(　　)。

A. 按版面结构特征不同，印版分为凸版、凹版和木版三种

B. 印刷要素包括原稿、图文载体、承印物、呈色剂/色料和印刷机械

C. 以非纸张材料作为承印物或不使用油墨的印刷称为"特种印刷"

D. 原稿可分为文字原稿、线条原稿和图像原稿三大类

18. 与出版物发行的间接渠道相比，直接渠道(　　)。

A. 在一定条件下发行成本有所增加　　B. 有利于出版单位建立和读者的联系

C. 导致出版单位控制渠道的力度降低　　D. 可能传递失真信息

19. 关于出版物发行渠道，说法错误的是(　　)。

A. 发行渠道是出版物商品交易的过程与通道

B. 发行渠道由流通环节组成

C. 发行渠道有长短、宽窄之分

D. 发行渠道反映的是出版物本身的空间变更路线

20. 关于退修信，说法错误的是(　　)。

A. 给作者写退修信意味着作者修改后的稿件必须采用

B. 退修信中要肯定稿件的优点

C. 退修信的主体内容是指出稿件的不足，提出修改的意见或建议

D. 退修信由初审者撰写，需遵从复审、终审的意见

21. 关于审稿意见，说法错误的是(　　)。

A. 初审意见中，对一些敏感问题应加以标注，以便复审和终审处理

B. 审稿意见的篇幅应与所审稿件的篇幅保持一定比例

C. 审稿意见的重点是对稿件的价值评估和质量判断

D. 每一级审稿都必须撰写审稿意见

22. 关于编辑撰写调研报告，说法错误的是(　　)。

A. 要点面结合，有事例，有数据　　B. 对材料要去伪存真，去粗取精

C. 不采用对自己观点不利的材料　　D. 要揭示问题症结，提出解决办法

23. 关于答读者信，说法正确的是(　　)。

A. 答读者信既可以出版社的名义撰写，也可由编辑个人署名

B. 对于给出版工作提出建议的读者来信，不能由编辑回信

C. 答读者信不能用电子邮件形式

D. 答读者信中对读者的意见都应予以肯定

24. 只属于纸质图书数字化加工环节的是(　　)。

A. 数据整理　　B. 扫描图像的处理

C. 质量检查　　D. 元数据标引

25. 关于数字内容资源的加工粒度，说法错误的是(　　)。

A. 图书、期刊等文本内容可以切分　　B. 视频等非结构化内容可以切分

C. 内容单元的切分大小是可变的　　D. 内容的加工粒度越细成本越低

二、多项选择题(共30题，每题2分。每题的备选项中，有2个或2个以上符合题意，至少有1个错项。错选，本题不得分；少选，所选的每个正确项得0.5分)

26. 下列工具书排检方法中，属于字顺法的有(　　)。

A. 时序法　　B. 字母法　　C. 音序法　　D. 地序法

E. 部首法

27. 查找汉语成语，一般可利用的工具书有(　　)。

A.《辞源》　　B.《辞海》

C.《汉语成语大词典》　　D.《中华成语全典》

E.《中国大百科全书》

28. 检索现代百科知识，一般可利用的工具书有(　　)。

A.《古今图书集成》　　B.《中国大百科全书》

C.《简明科林斯百科辞典》　　D.《中国年鉴》

E.《辞海》

29. 中国图书馆分类法分类体系中，下列大类与标记符号对应正确的有(　　)。

A. 社会科学总论：C　　B. 经济：E

C. 语言、文字：H　　D. 综合性图书：M

E. 文学：I

30. 选题策划的原则要求包括(　　)等。

A. 贯彻党和国家的出版方针　　B. 严格遵守法律法规

C. 正确引导消费者　　D. 把经济效益放在首位

E. 具有独创性

31. 关于审稿时的通读，说法正确的有(　　)。

A. 通读是了解稿件全部内容的最基本方法

B. 通读可只看篇章要义或进行重点抽读

C. 通读宜先略读再精读

D．通读时对稿件中存疑之处可用铅笔标注

E．通读时就对稿件进行编辑加工

32．书刊辅文的编辑加工整理包括(　　)等。

A．校正注释　B．核改索引　C．核对附录　D．编排页码

E．检查目录

33．编辑需要采集的信息内容主要包括(　　)等。

A．社会发展信息　B．竞争对手信息

C．出版动态信息　D．作者信息

E．消费者人际关系信息

34．关于组稿，说法正确的有(　　)。

A．个别约稿是最常用、最主要的组稿方式

B．群体集稿无法立即确定具体作者人选

C．社会征稿的作者指向非常明确

D．组稿中的“样稿”主要用以规范作者的写作

E．编辑一般要制订组稿方案

35．图书扉页必须印有(　　)等。

A．作者名　B．出版者信息　C．书号及其条码　D．书名

E．版本记录

36．关于版面结构，说法正确的有(　　)。

A．版面分版心和周空两部分

B．版口是指页面边沿的四块狭长矩形空白

C．和合面是由两个页面对合成的一个大版面

D．订口是指位于版心内侧的白边

E．在订口上的文字称为“中缝”

37．关于版面字数，说法正确的有(　　)。

A．版面字数包括书眉文字和页码

B．计算版面字数的基准单位是正文主体文字的每行字数和每面行数

C．计算机“字数统计”功能计算出的字数是最准确的版面字数

D．图书版本记录中记载的字数就是版面字数

E．稿酬字数与版面字数的计算方式不同

38．关于书刊的线条和底纹，说法正确的有(　　)。

A．线条和底纹都是版式设计的要素

B．底纹常用作标题或期刊版面铺底

C．线条可以分为实线和花线两大类

D．设计时可根据在版面上的不同作用选择不同的底纹

E．底纹与其上的文字，颜色不能反差太大

39．表格的形态样式有(　　)等。

A．全线表　B．续排表　C．无线表　D．三维表

E．挂线表

40．关于校对质疑的处理，说法正确的有(　　)。

A. 校对人员提出的疑问，应由责任编辑处理
B. 校对质疑情况，一般应记录存档
C. 校对人员发现问题，可直接在原稿或校样上修改
D. 编辑审阅校样后，校对人员要复查校样，查看质疑处理情况
E. 校对人员应根据校是非的要求质疑

41. 关于责任校对的工作，说法正确的有(　　)。
A. 责任校对必须由专职校对人员担任
B. 责任校对必须具有初级及以上专业技术职务
C. 责任校对负责校样的文字技术整理
D. 责任校对负责付印样的通读工作
E. 责任校对负责监督检查各校次的质量

42. 关于校对的基本工序，说法正确的有(　　)。
A. 初校、二校、三校、通读需要依次进行
B. 誊样可以穿插在初校、二校或三校完成之后进行
C. 二校可与初校使用同一份校样，称为“初、二连校”
D. 核红又称“过红”，在对每份新校样完成校对后进行
E. 每个校次都必须进行文字技术整理

43. 我国校对工作的基本制度有(　　)。
A. “五校一审”制度　　B. “三校一读”制度
C. “三校一核”制度　　D. 编校合一制度
E. 责任校对制度

44. 书刊印制一般包括(　　)等阶段。
A. 通读　　B. 印刷　　C. 审定发稿　　D. 装订
E. 处理校样

45. 某图书在印前制作过程中，需将多张老照片输入计算机，可采用的输入方式有(　　)。
A. 鼠标输入　　B. 键盘输入
C. 数字照相机输入　　D. 扫描输入
E. 视频捕获卡输入

46. 出版物网络发行渠道的优势包括(　　)等。
A. 能突破时空限制　　B. 能实现无实体场所经营
C. 流转品种丰富、信息全面　　D. 不需要物流配送
E. 能提供多种增值服务

47. 出版物发行一般要经历的步骤包括(　　)等。
A. 信息交换，确定购销关系　　B. 实物交割
C. 对发行业务人员进行素质培训　　D. 结算货款
E. 搜集各种反馈信息

48. 按照不同的分类标准，法兰克福书展属于(　　)书展。
A. 订货型　　B. 销售型　　C. 著作权贸易型　　D. 国际性
E. 综合性

49. 关于书刊内容提要，说法正确的有(　　)。

A. 常置于书刊醒目易见之处　　B. 为吸引读者，必须要夸张
C. 文字一般都较为精练　　D. 撰写时，体例格式应统一
E. 要提炼出图书的核心价值

50. 关于出版前言，说法正确的有(　　)。
A. 出版前言也称出版说明或编纂说明
B. 每本书都应有出版前言
C. 出版前言中一般可说明出版目的和价值
D. 出版前言须由撰稿人署名
E. 出版前言一般置于图书正文之前

51. 出版物宣传文字包括(　　)等。
A. 审稿意见　　B. 书刊腰封文字　　C. 书刊底封文字　　D. 出版后记
E. 出版简讯

52. 下列图书类型中，适合设置凡例的有(　　)。
A. 百科全书　　B. 年谱　　C. 字典　　D. 小说
E. 少儿画册

53. 出版简讯的内容一般包括(　　)等。
A. 他人对出版物的评论　　B. 出版物生产过程的介绍
C. 图书的经济效益分析　　D. 宣传活动的情况
E. 促销活动的情况

54. 图书数字化加工中，需加工的内容要素包括(　　)等。
A. 表格　　B. 公式　　C. 选题报告　　D. 审读报告
E. 参考文献

55. 确定数字内容单元加工粒度应考虑的因素包括(　　)等。
A. 商业策略　　B. 应用目的　　C. 成本投入　　D. 操作系统
E. 加工者水平

三、选答选择题(共2组，其中★组主要考核“传统出版”内容，▲组主要考核“数字出版”内容；每组各10题，其中前5题为单项选择题，每题1分，后5题为多项选择题，每题2分；请任选其中1组作答，如2组都作答，只按★组计分)

★组　传统出版

选答单项选择题

56. 某图书初版时重印了3次，共印了35000册，第2版第1次印了5000册，现在第2版要重印5000册，印次和印数应标为(　　)。
A. 第2版第2次印刷，印数1—5000
B. 第2版第2次印刷，印数5001—10000
C. 第2版第5次印刷，印数40001—45000
D. 第2版第6次印刷，印数40001—45000

57. 关于书刊装订样式，说法错误的是(　　)。
A. 平装也称简装，分普通平装和勒口平装两种
B. 精装的封面质地较硬，包括软精装和半精装
C. 按照成品的书脊形状，精装可分为圆脊精装和平脊精装

D. 勒口平装的勒口宽度一般不少于 30 毫米，且可增大变为拉页

58. 采用数字印刷的书刊，印制工艺流程中不包括(　　)环节。

A. 原稿检核　　B. 打样　　C. 制版　　D. 装订

59. 对书刊印刷的质量要求不包括(　　)。

A. 页码都印在版面右侧　　B. 版面干净，无明显脏迹

C. 墨色均匀　　D. 图像亮、中、暗调分明，层次清晰

60. 出版物连锁经营的类型不包括(　　)。

A. 直营连锁　　B. 委托连锁　　C. 自愿连锁　　D. 特许连锁

选答多项选择题

61. 关于编辑处理校样的工作，说法正确的有(　　)。

A. 编辑人员一般采取略读方式审读校样

B. 对校样的审读与对校样的校对不能相互替代

C. 审读校样的工作一般由责任编辑承担

D. 处理作者修改和校对质疑的工作可以由助理编辑负责

E. 检查付印清样的工作由责任编辑负责

62. 图书的可选择结构部件包括(　　)等。

A. 插页　　B. 切口　　C. 书帖　　D. 腰封

E. 环衬

63. 常用的书刊订书方式有(　　)。

A. 骑马订　　B. 锁线订　　C. 无线胶背订　　D. 打孔订

E. 锁线胶背订

64. 装订儿童图片活页本，较合适的缝订材料有(　　)。

A. 合成树脂　　B. 金属丝圈　　C. 塑料丝圈　　D. 棉线

E. 化纤线

65. 出版物批发的具体形式主要有(　　)。

A. 目录征订交易　　B. 流动书摊销售

C. 订货会现场交易　　D. 批发市场现货批销

E. 精品店销售

▲组　数字出版

选答单项选择题

66. 纸质图书数字化加工中，成品数据一般不包括(　　)。

A. 原始图像文件　　B. 单层矢量 PDF 文件

C. 结构化 XML 文件　　D. 质量检验文件

67. 采用特定领域主题词表进行数字内容标引的方式是(　　)。

A. 整体标引　　B. 分散标引　　C. 受控标引　　D. 自由标引

68. 视频内容的基本组成单位是(　　)。

A. 节目　　B. 场景　　C. 镜头　　D. 帧

69. 数字内容备份类型中，备份速度最快的是(　　)。

A. 全备份　　B. 增量备份　　C. 累计备份　　D. 内容资源迁移

70. 数字内容资源的分级存储类型不包括(　　)。

A. 完整存储　　B. 在线存储　　C. 离线存储　　D. 近线存储

选答多项选择题

71. 电子书制作的流程包括(　　)等。

A. 选题策划　　B. 内容整合　　C. 打包加密　　D. 浏览测试

E. 营销推广

72. PDF 文件加工质量校验的主要内容包括(　　)等。

A. 文字检查　　B. 书签检查　　C. 元数据检查　　D. 内容完整性检查

E. XML 文件检查

73. 数字出版产品测试通常包括(　　)等。

A. 产品内容测试　　B. 产品功能测试

C. 网络带宽测试　　D. 硬件质量测试

E. 可运行模块测试

74. 数字内容资源入库审核的内容包括(　　)等。

A. 内容是否完整　　B. 文件是否齐全

C. 标引是否正确　　D. 文件命名是否规范

E. 版权保护是否到位

75. 关于数字内容资源的数据库存储方式，说法正确的有(　　)。

A. 内容的检索效率较高　　B. 适用于海量文件的管理

C. 文件版本控制难度增加　　D. 有利于内容的传播与共享

E. 用于存储非结构化数字内容

四、综合题(共 5 题，100 分。要求用黑色墨水笔在答题卡指定区域内作答)

76. 编辑加工题：阅读分析短稿，并按照稿件加工整理的规范进行编辑加工。(本题 22 分)

鲁迅的红楼梦研究

《红楼梦》是中国文学史上的一个奇迹，也是世界文学史上的一个奇迹。它是中国传统文化孕育出来的一朵奇葩。在中国学术史上，有诸多学者对文学巨著《红楼梦》进行了广泛而深入的探索，鲁迅亦是其中一人。他在《红楼梦》研究中提出的一系列学术观点、研究方法，对 20 世纪红学乃至中国古代文学研究的影响很大。

从文学史研究和 20 世纪中国现代学术体系发展和建构的角度来看，鲁迅的中国古典小说研究明显受到西方文化的影响。他针对中国古代文学缺少真正意义上的悲剧所提出的批评就是一个例子。就《红楼梦》研究而言，鲁迅提出的一些令人耳目一新的概念、论断，如“人情小说”“悲凉风格”等，均具有很高的学术价值和时代特色。其研究成果不仅有助于后来者继续深化对《红楼梦》的研究，对 20 世纪中国学术体系的建构和学术方法的演进，也产生了深刻影响。

首先，鲁迅在对以《红楼梦》为代表的优秀古典小说的研究中，始终具有清醒、自觉的史学家眼光，将其纳入中国小说史乃至中国文学史的研究视野中，并在详细概括中国小说的发展演变进程中审视《红楼梦》的思想艺术价值。基于此，鲁迅给予《红楼梦》极高的评价，将其视为中国古典小说的高峰和中国古代文学的巅峰之作。对于《红楼梦》的续作，鲁迅也能辩证地看待问题，一方面将高鹗之续书与前八十回看作是一个有机整体，给予续作较高的评价；又看出了其他续写作品中存在大团圆结局的致命缺点。

鲁迅在《红楼梦》研究中，并不局限于对作者作品的分析，而是站在审视中国文学史发展演变的高度，将作者生活的时代和作品产生的有关历史文化背景纳入其小说史研究框架中，给《红楼梦》一个准确的定位，使其研究做到以点带面，从整体走向局部，具有深广博大的特色。如在《中国小说史略》第二十六、七篇中论述清代狭邪小说和侠义小说时，仍注意到它们所受《红楼梦》的影响。

再次，鲁迅在《红楼梦》研究中所使用的一系列概念和研究模式具有开创意义。鲁迅在整整一章的篇幅中，既有对作者生平和作品产生时代的论述，又有对作品流传情况和版本的分析研究，由此可见鲁迅深知“知人论世”之法。其中，鲁迅对贾宝玉这一人物形象的精到分析及独特判断早已成为不易之论。

最后，鲁迅在《红楼梦》研究中所提出的一系列名词术语，均具有学术独创性和示范性，然而有些概念的内涵和外延在今天看来不够周密、严谨，但在那个时代代表了此类研究的最高水平。例如提出“人情小说”的概念，并称《金瓶梅》《红楼梦》等为“人情小说”之代表作，就是小说类型划分上的范例。后世的小说史家几乎无不借助鲁迅的小说类型设计。

77. 校对题：按照原稿改正校样中的错误；若认为原稿有差错，用黑色墨水笔以校对质疑的方式指出。（本题20分）

【原稿】

十五月圆，究竟能有多圆?

“小时不识月，呼作白玉盘”。在人们的认知中，十五月圆是延续数千年的月球印象，也是月球最直观的外貌特征。那么，月圆到底有多圆？现代科技视角下的月球，是否真的像“玉盘”一样圆润?

自引力为天体“定形”

南京大学天文与空间科学学院教授周礼勇介绍，事实上，几乎所有的行星、恒星等大型天体都是近球形，这是大型天体自引力较强所致。

假设将天体表面的沙石、粉尘等看作可以自由流动的质点，在万有引力的作用下，这些质点会向距离天体质心更近的“低处”流去。久而久之，天体表面的高低起伏变缓，逐渐趋向球形。

对于地球、火星等存在自转的天体，由南北极向赤道的离心力逐渐增大，天体会逐渐形成两极稍扁、赤道稍鼓的扁球形状。

背面凸起的扁球形

月球也是因为同样的道理呈现扁球状。数据显示，月球赤道直径约为3476千米，较两极直径3472千米高出约4千米。与地球类似，月球的形状并不是对称的。由于月球的自转和公转是完美同步的，因此一个半球总是朝向地球，而另一个半球总是背对地球。

观测数据表明，月球的正面(朝向地球)大部分被地势较低的“月海”占据，而背面却被地势较高的“月陆”占据，这就像在扁球的背面拉扯出了一个凸起。为什么会出现这种奇异的形状？学界目前尚无定论。美国加州大学科学家加里克·贝瑟尔认为，月球在大约40亿年前形成之初处于熔融态，形状可塑性高，且与地球相距非常近，潮汐加热现象显著，即受地球引力的作用，月球出现潮汐现象，潮涨潮退之间相互摩擦，产生热量。当月球逐渐远离地球时，引力减弱，潮汐产生的热量也递减，最后月球逐渐“凝固”，定格成现在的形状。

也有学者提出了低速冲击假说，认为地球最开始被“两个月球”环绕，两者以较低的相对速度碰撞，黏附在一起，融合成了现在的“一个月球”。换言之，月球背面那些崎岖的高地曾经是围绕地球运动的第二个月球，粘附到了现在这个月球上。

激光测距精确描绘月球形状

随着科技的发展，人类对月球形状的认识越来越清楚。最早人们采用光学技术观测，由于地月距离较近，通过天文望远镜等仪器可以在一定程度上观测月球表面形状。

雷达技术的进步使人类可以利用地球上的大型合成孔径成像雷达对月球进行较为精确的探测。地基雷达探测成本低、重复率高，但只能探测月球朝向地球的一面。

近些年，激光测距技术和航天技术的结合为人类全面、精确地描绘月球形状提供了更为有效的手段。2007 年，我国发射的“嫦娥一号”月球探测器和日本发射的“月亮女神号”月球探测器都携带了激光测距仪。2009 年美国国家航空航天局发射的月球勘察轨道器(LRO)每秒要向月面发射 28 次激光脉冲，用 5 年时间对月球表面超过 65 亿个地点进行了测绘，绘制了详尽的月球表面地形图。参与 LRO 项目的专家约翰·凯勒表示，我们对月球表面形态和结构的了解甚至胜过了太阳系中包括地球在内的所有其他天体。当然，还有很多有关月球的谜团正等待着人们进一步探索。

【校样】

十五月圆，究竟能有多圆

“小时不识月，呼作白玉盘”。在人们的认知中，十五月圆是延续数千年的月球印象，也是月球最直观的外貌特征。现代科技视角下的月球，是否真的像“玉盘”一样圆润？那么，月圆到底有多圆？

自引力为天体“定型”

南京大学天文与空间科学学院教授周礼勇介绍，月球确实是近似球形。事实上，几乎所有的行星、恒星等大型天体都是近球形，这是大型天体自引力较强所致。

假设将天体表面的沙石、粉尘等看作可以自由流动的质点，在万有引力的作用下，
这些质点会向距离天体质心更近的“低处”流去。久而久之，天体表面的高低起伏变缓，
逐渐趋向球形。

对于地球、火星等存在自转的天体，由南北极向赤道的离心力逐渐增大，天体会逐渐形成两级稍扁、赤道稍鼓的扁球形状。

背面凸起的扁球形

月球也是因为同样的道理呈现扁球状。数据显示，月球赤道直径约为 3476 千米，较两极直径 3472 千米高出约 4 米。与地球类似，月球的形状并不是对称的。由于月球的自转和公转是完美同步的，因此一个半球总是朝向地球，而另一个半球总是背对地球。观测数据表明，月球的正面(朝向地球)大部分被地势较低的“月海”占据，而背面却被地势较高的“月陆”占据，这就像在扁球的背面拉扯出了一个凸起。为什么会出现这种奇异的形状？学界目前尚无定论。美国加州大学科学家加里克. 贝瑟尔认为，月球在大约 40 亿年前形成之初处于熔融态，形状可塑性高，且与地球相距非常近，潮汐加热现象显著，即受地球引力的作用，　　月球出现潮汐现象，潮涨潮退之间相互摩擦，产生热量。当月球逐渐远离地球时，引力减弱，潮汐产生的热量也递减，最后月球逐渐“凝固”，定格成现在的形状。

也有学者提出了低速冲击假说，认为地球最开始被“**两个月球**”环绕，两者以较低的相对速度碰撞，黏附在一起，融合成了现在的“一个月球”。换言之，月球背面那些崎岖的高地曾经是围绕地球运动的第二个月球，粘附到了现在这个月球上。

激光测距精确描绘月球形状

随着科技的发展，人类对月球形状的认识越来越清楚。最早人们采用光学技术观测，由于地

月距离较近，通过天文望远镜等仪器可以在一定程度上观测月球表面形状。

雷达技术的进步使人类可以利用地球上的大型合成孔径成像雷达对月球进行较为精确的探测。地基雷达探测成本低、重复率高，但只能探测月球朝向地球的一面。

近些年，激光测距技术和航天技术的结合为人类全面、精确地描绘月球形状提供了更为有效的手段。2007 年，我国发射的“嫦娥一号”月球探测器和日本发射的月亮女神号月球探测器都携带了激光测距仪器。2009 年美国国家航空航天局发射的月球勘察轨道器(LRQ)每秒要向月面发射 28 次激光脉冲，用 5 年时间对月球表面超过 65 亿个地点进行了测绘，绘制了详尽的月球表面地形图。参与 LRO 项目的专家约翰·凯勒表示，我们对月球表面结构和形态的了解甚至胜过了太阳系中包括地球在内的所有其他天体。当然，还有很多有关月球的谜团正等待着人们进一步探索。

78. 本题包括 2 道分题，其中 A 分题有关传统出版，B 分题有关数字出版。请任选 1 道分题作答。如果作答不止 1 道，将按排列在前的分题计分。(本题 20 分)

78 – A. 计算简答题：根据所给材料回答问题。(需计算后回答的问题，须列出算式；每个问题计算过程中的小数均保留实际位数，计算结果有小数的，小数保留 2 位。)

S 出版社拟出版一本探讨教育问题的专著《大家讲谈》。助理技术编辑小王为该书拟订了整体设计方案：采用 16 开本，平装，无线胶订；书心用定量为 80 克/米^2、规格为 700 毫米×1000 毫米的双胶纸，单色印刷；封面用定量为 250 克/米^{2}的艺术纸，四色印刷；正文主体文字用 6 号仿宋体；排印顺序是封面、前环衬(第 1 页正面为扉页，反面空白，第 2 页空白)、前言、目录、正文、附录、底封(兼作版权页)；页码设置在地脚靠翻口处，辅文和正文合在一起依序连续编码。技术编辑老陈审核了小王拟订的方案后，指出了其中存在的不妥之处，并指导小王进行了修改。

该书排版后的付印清样共有主书名页 1 页，前言 5 面，目录 3 面，正文 303 面，附录 6 面。

该书准备印刷 3000 册。双胶纸的单价为 6500 元/吨，印刷加放率为 5%。封面采用艺术纸，折算下来每本单价为 0.7 元。环衬采用轻型纸，因使用数量少，纸张费用为 250 元。

问题一：小王拟订的整体设计方案有哪些不妥之处？应如何修改？

问题二：印刷该书的书心需要胶版纸多少令？

问题三：印刷该书的纸张费用共计多少元？

78 – B. 简答题：根据所给材料回答问题。(凡要求作选择回答的问题，应将与所选选项对应的字母填写在答题卡上的相应括号内。把错项选入，该问题不得分；正确项少选，按所选的正确项数量得分。凡要求作陈述回答的问题，请将答案书写在答题卡的相应区域。)

某图书出版单位拥有大量有价值的纸质图书资源，拟开展内容资源的数字化加工与管理工作。为此，需要制定《数字内容资源加工与管理规范》，包括纸质图书的数字化加工、结构化加工和内容标引规范，以及内容资源的入库与下载管理等内容。

问题一：属于纸质图书数字化加工流程的选项有(　　)。

A. 图书整理

B. OCR 识别

C. 版面分析

D. 浏览测试

E. 产品整合

F. 打包加密

G. 质量检验

问题二：请写出4种纸质图书数字化加工后的成品数据的文件类型。

问题三：(1)图书元数据标引项通常来自图书在版编目(CIP)数据，如书名、作者、(　　)、(　　)、(　　)、(　　)、主题词、分类号等。

(2)为规范图书主题标引时的选用词汇，通常选用的主题词表有哪些?

问题四：请规划内容资源的下载审批流程。

79. 计算简答题：根据所给材料回答问题。(需计算后回答的问题，须列出算式；每个问题计算过程中的小数均保留实际位数，计算结果有小数的，小数保留2位。)(本题20分)

2018年年初，A出版社出版了由著名教育专家李可撰写的《我的教育故事》一书，定价28元，首印30000册。其中某教育培训机构以现款的形式按50%的折扣率购买3000册；B发行集团订购15000册，C大型网上书店订购8000册，商定的折扣率均为60%。

A出版社还通过自有门市部在开学季举行优惠购书活动，规定在8月1日至9月1日期间购书一律按80%的折扣率优惠，购书100元以上者赠送钢笔一支并获得抽奖券一张，有机会抽取免单大奖。通过该活动，共销售图书2000册。

到2018年年底，B发行集团退货5%，C大型网站没有退货。两家发行单位均与A出版社结清了货款。

问题一：在该书的发行过程中，A出版社的自有门市部采取了哪些促进销售的方法?

问题二：该书的出版码洋是多少万元?

问题三：该书的销售码洋是多少万元?

问题四：C大型网上书店实得的折扣额是多少万元?

问题五：到2018年年底，该书的回款实洋是多少万元?

80. 简答写作题：根据所给材料回答问题，并根据材料将选题报告补充完善。(本题18分)

习近平总书记指出："不忘本来才能开辟未来，善于继承才能更好创新。"为大力弘扬中华优秀传统文化，华信出版社编辑陈君经过市场调研，并与多位专家学者沟通后，策划了一个选题《看见美·好》。下文是陈君撰写的选题报告。

《看见美·好》选题报告

一、选题名称

暂定为《看见美·好》。

二、选题基本内容

本书稿拟以讲述文物背后的故事的形式，图文并茂地介绍国内多家博物馆约100件重要藏品的"前世今生"。拟分"土石本色""青铜表情""日出而作""金银岁月""瓷彩华章""自然栖居""舟行天下""走向远方"等，共8章，约100千字，图片约100幅。

三、选题价值与特色

传承和弘扬中华优秀传统文化，需要系统地梳理传统文化资源，要让收藏在博物馆里的文物、分布在广阔大地上的遗址、书写在古籍里的文字都活起来。近年来，博物馆以各种方式走进了我们的日常生活，圈粉无数。在博物馆中，那一件件藏品，可以令人们穿越时光的隧道，走进那一段段历史的现场。因此，读懂文物背后的故事，也就读懂了中国的历史。

此外，本书的图片是邀请新生代画家手绘而成，不仅摹写文物的外貌，更多地是要表达出内在的气质。而文字内容则既要通俗易懂，又强调视角独特，力求让读者认识到中华文化的深厚底蕴。

四、选题酝酿过程

本选题为自主策划选题。编辑在参加博物馆学专业学术年会上与多位专家学者进行了深入沟通，听取意见，获得灵感。同时，也与市场营销部门联系，进行了前期市场调研。具体数据如下(具体数字略)。

五、预计交稿时间和出版时间

交稿时间：2020 年 2 月。

出版时间：2020 年 8 月。

陈君

2019 年 8 月 30 日

编辑室主任王欢认为该选题报告有缺漏的要素，需要充实完善。

问题一：请指出这份选题报告有哪些缺漏的要素。

问题二：请将选题中缺漏的要素补写完整。

答案及详解

一、单项选择题(共25题，每题1分。每题的备选项中，只有1个最符合题意)

1. B 【考点】字典、词典的特点

【解析】字典、词典主要有如下几个方面的特点：①以条目为基本单元。无论是字典还是词典，都是以条目作为基本单元，在一个条目中集中提供关于某个字或某个词语的有关信息，而一部字典或词典主要由大量条目依一定顺序编排组成。②检索的专指性强。字典、词典中的条目以汉字或词语作为标题，它们既是所解释的对象，又是检索的标志。③解释简明、规范。字典、词典中的条目通常都比较精练，释文开门见山、简练明白。

2. C 【考点】词典的类型

【解析】词典从不同的角度可以划分出不同的类型。从出版专业技术人员的工作实践来看，最需要熟悉的是按照词目性质和释文内容划分的词典类型。按照词目性质和释文内容划分的词典类型有：①语文词典。一般分为普通语文词典和特种语文词典两类。②专科词典。专收某一或若干学科、行业的专业词汇、名词术语等，对词语所代表的概念、事物、人物、机构、事件等进行解释。③综合性词典。是普通语文词典与专科词典的结合体。它既收普通词语，也收各学科的名词术语；既有普通词语的释义，又能提供各学科的专门知识。如《辞海》。

3. A 【考点】常用排检方法

【解析】中国图书馆分类法原称“中国图书馆图书分类法”，自1999年起改现名，并简称“中图法”。它是中华人民共和国成立后编制的一种具有代表性的大型综合性图书分类法，主要供大型图书馆给图书分类使用。中图法广泛用于编制图书馆分类目录和各种书目、索引、年鉴等。《全国总书目》《全国报刊索引》等的分类体系，基本上以它为标准。我国图书在版编目(CIP)数据中也标明中图法的分类号。

4. C 【考点】古代百科资料的检索

【解析】中国古代百科资料的检索主要是利用中国传统的类书。类书是摘录、汇辑多种文献中的原文，按内容性质分门别类地编排，以供寻检和征引的工具书。类书汇编很多方面的原始文献资料，内容包含天文、地理、人事、典制、生物、医药、衣食、住行、工艺、珍宝、宗教、方术、鬼神和灾异等，具有知识总汇的性质。对所辑录的原始资料一般不加改动，只是将它们按类或按韵编排，以方便查阅。常见的类书主要有《艺文类聚》《太平御览》《册府元龟》和《古今图书集成》等。

5. D 【考点】稿件的来源

【解析】引进是指通过著作权贸易或者出版交流而获得稿件。随着我国实行对外开放政策，中国出版界和国际出版界建立了广泛的联系，购买某种作品的翻译权和出版权的著作权贸易日益增多。出版交流指有关双方交换使用出版权、翻译权等，是一种以相应权利作为交易条件的“贸易”，故实际上也可视为“著作权贸易”。

6. B 【考点】审稿的作用

【解析】审稿是决定出版物质量、决定稿件命运的关键环节，它的主要作用可以从三个方面来认识：①决定稿件取舍，为文化传播把关。②提出修改意见，提高稿件质量。③发现创作人才，扩大作者队伍。

7. A 【考点】期刊选题策划的独特性

【解析】A 项，作品组配，就是根据期刊结构的要求，为每一期刊物选择长短不一、内容各异的作品并将它们合理地组配成一个整体。B 项，作品组配通常分栏目进行，由负责各栏目的编辑提出组配设想，经主编审核同意后实施。CD 两项，作品组配除了要保证每期刊物中有一定数量的重点文章之外，也要兼顾一般文章，同时还要考虑期刊的整体定位和一贯风格，考虑作品的篇数和作品的字数。

8. D 【考点】审稿意见

【解析】审稿结论一般有三种：①对于达不到出版要求的稿件，审稿结论应为“退稿”。审稿者要明确说明退稿理由。②对于接近出版要求但又存在一些不足，需要由作者进行修改的稿件，审稿结论应为“退修”（又称“退改”），即将稿件退给作者进行修改。③对于基本符合出版要求的稿件，审稿结论就是“接受出版”（对期刊的自投稿件多用“决定采用”的表述形式）。

9. C 【考点】图书的结构部件

【解析】图书的必备结构部件，是指任何图书都不可或缺的结构组成部分，包括封面、主书名页和正文书页。

10. D 【考点】版本记录页

【解析】版本记录页习称“版权页”，位于主书名页的背面，即双码面，也不设页码。版本记录页应列载图书的版权说明、图书在版编目数据和版本记录。其中，版本记录提供图书在版编目数据中未包含的出版责任人记录、出版发行者说明、载体形态记录、印刷发行记录等项目。

11. C 【考点】书刊整体设计的内容

【解析】书刊整体设计，包括外部装帧设计和内文版式设计。其中，内文版式设计包括版心尺寸规格的确定、文字规格的选择及其排式设计、图片和表格在版面上的编排等。

12. C 【考点】版面结构

【解析】A 项，版心是一般书刊成品版面中的图文印刷区域，或者说，版心一般就是指版面上容纳主体图文的部位。B 项，尺寸相同的版面，其版心的大小也可以通过对周空的不同设计而有变化。C 项，版心之外的区域并非绝对空白，也常印有一些文字（如书眉、页码等），但这些都不属于主体图文。D 项，版心的大小，要根据书刊的性质、种类和既定开本来选择。

13. B 【考点】校对的主要功能

【解析】校是非又称“活校”，是一种层次更高、难度更大的校对功能。校是非要求校对人员不仅要有很强的责任心，还要具备丰富的校对经验、扎实的文字功底和广博的知识积累。

14. D 【考点】校对的基本方法

【解析】A 项，点校法的优点是，校对人员阅读原稿和校样的视野比较宽，便于看清原稿上的各种修改和标注。BC 两项，折校法的缺点是：①因为是一目两行地校对，形似字的错误容易被忽略。②由于以核对文字为主，容易忽略对内容的理解，不利于校是非。③有时着重号、专名号容易被折缝或手指遮盖，导致漏校。D 项，对校法有折校、点校、读校等具体操作方式，其中以折校和点校应用最广泛。

【说明】根据最新版考试教材，C 项知识点已删除。

15. C 【考点】校对的基本工序

【解析】通读是指脱离原稿审读校样。通读的职责是校是非，兼顾校异同。通读中重点检查校样中的政治性、思想性、科学性、知识性、语言文字、逻辑等方面的差错。

【说明】根据最新版考试教材，A 项“文字技术整理”已改为“技术整理”。

16. B 【考点】校对的概念

【解析】校对工作是文字性、知识性和技术性的创造性劳动，是编辑工作的延续，是对编辑工作的补充和完善。校对工作通过校异同订正排版过程中产生的差错，可以保证编辑的工作成果不受损害；通过校是非发现原稿中可能存在的疏漏，以校对质疑的方式向编辑提出问题，则能够帮助编辑把好稿件的质量关。校对与编辑两者相互合作，相互配合。在书刊生产过程中，校对与编辑的目标完全一致，即消灭差错，提高编校质量。

【说明】根据最新版考试教材，CD 两项知识点已删除。

17. A 【考点】印刷的要素

【解析】A 项，在传统印刷中，印版是用于传递呈色剂/色料至承印物上的备印图文载体。按版面结构特征不同，通常分为凸版、凹版、平版和孔版四类。B 项，在书刊印制的主要工艺过程中，原稿、图文载体、承印物、呈色剂/色料和印刷机械是必不可少的。因此，它们构成印刷的要素。C 项，以其他材料（如金属、塑料、玻璃等）作为承印物或者不使用油墨的印刷，称为“特种印刷”。D 项，原稿是完成复制所依据的原始图文信息。原稿一般可分为文字原稿、线条原稿和图像原稿三大类。

18. B 【考点】出版物发行渠道的类型

【解析】从发行量上看，直接渠道在整个出版物发行中不占优势。但由于它是出版单位自行开展的渠道，因而在出版物发行渠道中又占有重要的位置。直接渠道主要具有下列优势：①主动性强；②功能综合；③便于及时获得反馈信息。通过直接渠道发行，出版单位直接面向消费者，可以及时了解消费者对出版物的需求与其他相关信息。此外，间接渠道有一些不足之处，主要体现在下列几个方面：①一定条件下的发行成本有所增加；②出版单位控制渠道的力度降低；③可能传递失真信息。

19. D 【考点】出版物发行渠道的特点

【解析】出版物发行渠道，是指出版物从出版单位向消费者转移时所需经历的途径。它具有下列几个特点：①发行渠道是出版物商品交易的过程与通道；②发行渠道由流通环节组成；③发行渠道有长短、宽窄之分。D 项，出版物发行渠道反映的并不是出版物本身的空间变更路线，而是出版物价值转移的线路。

20. A 【考点】退修信

【解析】退修信是出版单位将稿件退回作者要求进行修改时写的信。需要退修的稿件一般有两种情况：①经审读后认为基本可用但尚需作一些修改的；②经审读后认为有一定基础但尚未达到出版水平，需要修改后再决定取舍的。退修信一般由初审者撰写，并需遵从复审、终审的意见。大多在复审决定后便可起草退修信，在征求终审意见后以出版单位名义正式发出。对那些内容比较复杂、处理难度较大的稿件，最好在终审决定后由三个审级的编辑人员共同讨论以后再写。退修信的内容应包括以下几点：①肯定稿件的优点；②指出稿件的不足之处；③提出修改的意见或建议；④提供参考资料。

21. B 【考点】审稿意见

【解析】A 项，初审意见是提交给复审和终审的，所以对一些敏感和难解的地方要特别醒目地标注出来，以便复审和终审者处理。C 项，审稿意见包括的内容应当根据稿件的具体情况确定，但“稿件的价值评估和质量判断”与“稿件处理意见”两项，任何审稿意见中都必不可少。D 项，我国出版单位的审稿制度是三审制，每一级审稿都必须写审稿意见，但三者职责各有不同，审稿意见的内容和写法也有所不同。

22. C 【考点】调研报告

【解析】C 项，撰写者一定要在对材料进行全面、细致、客观的分析和研究的基础上，去粗取精，去伪存真，由表及里，不能无中生有，不能以偏概全，不能主观臆断。不能根据主观判断先得出结论，再寻找几个能证明自己结论的例证作为依据，而对具有相反证明力的事实材料视而不见或故意回避。

23. A 【考点】答读者信

【解析】A 项，答读者信一般有两种写法：①公函形式。以编辑部门或出版单位名义撰写的答读者信，要以公函形式发出。②日常书信形式。由编辑个人署名的回信，可用日常书信的写法。B 项，经常有读者给出版单位来信，对如何出书、出什么书或期刊上刊登何种文章提出希望或建议。这是读者对出版工作的关心和支持，编辑应该诚恳地表示感谢。如果其中有一些建议对编辑开发选题很有启发，编辑就更应该认真考虑，并进一步与读者联系，说明吸收采纳读者意见的情况。C 项，通过互联网发送的电子邮件，写作时也要遵照信函格式，要有称谓、问候语、正文、祝词、落款(姓名，年、月、日)；若打印后选择寄送的方式，落款则要手书签署，以示尊敬和慎重。D 项，对读者的批评信应该给予答复。可以由编辑直接回答，也可转给作者回答(如果主要涉及内容方面的问题)。编辑如对读者的批评有不同意见，也可在回信中作必要的解释，或委婉地提出商榷。

24. B 【考点】纸质图书数字化加工；数字内容图书的加工

【解析】纸质图书数字化加工流程分为图书整理、图书扫描、图像处理、版面分析、OCR(Optical Character Recognition，光学字符识别)识别、内容校对、内容结构化加工、版式/流式文件加工和质量检验 9 个主要环节。数字内容图书是指用于传统印刷的图书排版文件，其加工过程有别于纸质图书。因其内容已经是数字状态，可以简化加工流程，主要有数据整理与格式转换、内容结构化加工两个环节。

【说明】根据最新版考试教材，该知识点已删除。

25. D 【考点】数字内容资源的概念

【解析】AB 两项，不仅图书、期刊、报纸等文本型内容可以切分，视频内容也可以切分。视频是非结构化的流数据，它的基本组成单位是帧，视频流是具有时序关系的帧的集合。CD 两项，内容单元的粒度大小是可以变动的。在编辑加工内容时，到底以何种粒度进行处理，依赖于具体的商业策略和应用目的。一般来说，内容加工的粒度越细，投入的成本越高，所以必须考虑内容加工深度与经济成本之间的平衡关系。

二、多项选择题(共 30 题，每题 2 分。每题的备选项中，有 2 个或 2 个以上符合题意，至少有 1 个错项。错选，本题不得分；少选，所选的每个正确项得 0.5 分)

26. BCE 【考点】工具书的排检方法

【解析】字顺法是根据字符的形体特征或读音排检字(词)的方法，包括：①形序法。形序法分为部首法、笔画法和字母法。②音序法。主要有汉语拼音字母法、韵部法和声部法。③号码法。主要有四角号码法、中国字庋撷法、起笔笔形号码法等，其中四角号码法较为常见。

27. ABCD 【考点】字、词、句的检索

【解析】查成语、典故，可利用一般辞书。除利用通用词典，如《辞源》《汉语大词典》《辞海》之外，常可利用专门的成语、典故词典，如《中国成语大辞典》《中华成语全典》《汉语成语大词典》《常用典故词典》《世界成语典故辞典》和《中外典故大词典》等。此外，也可利用类书，并且类书还能查检诗词文句等。如《艺文类聚》《太平御览》《渊鉴类函》等类书，都把群书中可供参考的文献资料辑录出来，分类排比，这就为查找成语、典故、诗词文句等提供了方便。

28. BCDE 【考点】现代百科知识的检索

【解析】现代百科知识的检索主要利用百科全书、百科词典和各类年鉴：①百科全书。常见的中文百科全书有《中国大百科全书》、《不列颠百科全书》(国际中文版)等。常用的英文百科全书有《不列颠百科全书》《美国百科全书》《钱伯斯百科全书》等。《中国大百科全书》还专门建有《中国大百科全书数据库》。②百科词典。百科词典包括综合性百科词典和专科性百科词典。a. 综合性百科词典。有《简明科林斯百科辞典》《中国百科大辞典》等。b. 专科性百科词典。有《哲学大辞典》《经济大辞典》《中国历史大词典》《高技术百科辞典》等。③综合性词典。综合性词典除了收录普通词语外，还有大量包括现代各个学科基本知识的百科条目。《辞海》是最常用的综合性词典。④年鉴。包括：a. 综合性年鉴；b. 专业性年鉴；c. 地域性年鉴。几种在工作中常用的年鉴有《中国年鉴》《中国出版年鉴》等。

29. ACE 【考点】中国图书馆分类法

【解析】中图法的分类体系见下表。其中，社会科学总论类对应 C；经济类对应 F；语言、文字类对应 H；综合性图书类对应 Z；文学类对应 I。

中图法的分类体系

部类名称	大类标记符号	大类名称
马克思主义、列宁主义、毛泽东思想、邓小平理论	A	马克思主义、列宁主义、毛泽东思想、邓小平理论
哲学	B	哲学、宗教
社会科学	C D E F G H I J K	社会科学总论 政治、法律 军事 经济 文化、科学、教育、体育 语言、文字 文学 艺术 历史、地理

续表

部类名称	大类标记符号	大类名称
自然科学	N O P Q R S T U V X	自然科学总论 数理科学和化学 天文学、地球科学 生物科学 医药、卫生 农业科学 工业技术 交通运输 航空、航天 环境科学、安全科学
综合性图书	Z	综合性图书

30. ABCE 【考点】选题策划的要求

【解析】出版物质量的提高，首先取决于选题的优化，而优化的第一步就是必须做好选题策划工作。为此，对于选题策划工作，不但有比较具体的技术性要求，更有原则性的要求。任何出版物的选题策划，都必须符合下列原则要求：①贯彻出版方针。②严格遵守法律法规。③处理好社会效益和经济效益的关系。选题策划要始终坚持把社会效益放在首位，在坚持社会效益第一的前提下，实现社会效益与经济效益相统一。④正确引导消费者。⑤具有独创性。

31. ACD 【考点】审稿的方法

【解析】B 项，不论是组织的稿件还是自投、推荐或者引进的稿件，初审者都必须通读整部稿件。这是了解稿件全部内容的唯一途径，是只看内容提要、篇章要义或重点抽读都无法替代的。E 项，在一般情况下，通读全稿并对有问题处作出批注，是最基本的稿件审读方法。

32. ABCE 【考点】辅文编辑加工整理

【解析】辅文的编辑加工整理一般是在完成正文的编辑加工整理之后进行，只有校正注释是与正文的加工整理同步进行的。辅文的编辑加工整理通常包括下列内容：①校正注释；②规范参考文献表；③核改索引；④核对附录；⑤封面文字加工；⑥检查书名页文字；⑦检查目录；⑧加工整理其他辅文。

33. ABCD 【考点】需要采集的信息内容

【解析】从编辑工作的要求出发，需要采集的信息可以分为一般信息和专业信息：①一般信息包括社会发展信息和科学文化信息。②专业信息包括出版业市场信息、作者信息和消费者信息。其中，出版业市场信息包括出版动态信息和竞争对手信息。

34. ADE 【考点】组稿

【解析】B 项，群体集稿是指出版单位通过有效的组织工作，约请一批有创作实力的作者撰写稿件的组稿方式，如向有关部门、科研单位、学术团体等的作者群体组织稿件。群体集稿有明确的作者。C 项，社会征稿是出版单位通过一定的媒体或其他传播手段，向社会公开征集稿件的组稿方式。使用这种组稿方式，一般是因为组稿的对象人数众多，分布广泛，一时尚无法确定具体人选。

35. ABD 【考点】图书的结构部件

【解析】扉页又称"内封"，位于主书名页的正面，即单码面，但不设页码。扉页应提供有关图书的书名、作者名和出版者信息。书名包括正书名、并列书名和其他书名信息。作者名要用全称，翻译书应包括原作者的译名和译者名；多作者的图书，在扉页列载主要作者，全部作者可在主书名页后加页列载。出版者要采用全称，并标出其所在地；若出版者的名称已表明其所在地，则可不标地名。

36. ACD 【考点】版面结构

【解析】A 项，从宏观上看，版面分成版心和周空两大部分；从微观上分析，则每个部分又都由一些更小的成分组成。C 项，和合面是由前一张书页的反面页面（双码面）与后一张书页的正面页面（单码面）对合构成的一个大版面。D 项，订口又称"内白边"，是位于版心内侧的白边。B 项，周空是指版面边沿的四块狭长矩形空白，分别习称"天头""地脚""订口"和"翻口"。E 项，竖排版面的翻口上可以印一些文字。由于这些文字好像给版面开的一条缝隙，所以称为"中缝"。

37. BE 【考点】书刊版面的文字数量计算

【解析】B 项，计算一个页面的版面字数时，须先根据版心高与宽的尺寸及所选定的字号和行距（有时还有字空）大小，计算确定每行可排字数和每面可排行数；然后将每行字数乘上每面行数，即可得出。为了便于计算，出版业内进行版式设计时一概以正文主体文字的每行字数和每面行数作为计算各个版心版面字数的基准。E 项，按国家版权局《使用文字作品支付报酬办法》规定，付酬字数的计算与版面字数相似，也是将每行字数乘以行数来计算，但是其中的行数应该是实有的，即不仅空白页面不能计入，有些页面末尾的空白行也都应该扣除。A 项，版面字数是指一个版心内可以容纳的印刷字数量，书眉文字和页码不包括在内。C 项，实际字数是书刊中实有的字符数量，不包含各种空白，一般可利用计算机的"字数统计"功能计算。因为各种空白都不包括在内，所以实际字数总是少于版面字数。D 项，排版字数即图书版本记录中记载的可大致反映图书篇幅的"字数"，与版面总字数也稍有不同。

38. ABD 【考点】线条与底纹

【解析】C 项，除了图片和表格本身具有的线条（其中常含有各种直线、曲折线、弧线、箭头）外，书刊版面中常用的线条是整体上呈直线状的线条。它们主要起到将版面内应有区别的部分相互分隔开的作用，如将栏与栏分隔开的栏线，将书眉文字与版心分隔开的书眉线，将注释文字与主体文字分隔开的注线，期刊中将不同文章分隔开的分隔线等。线条还可以起突出、强调作用，如在文字下加的下划线，围在一篇文章四周的线条框，将一组关系密切的文章围在一起的线条等。此外，线条还可以起到美化版面、表示情感倾向等作用。在各种计算机排版软件中，有 100 多种不同样式、不同粗细的线条供选用。它们大体上可以分为水线和花线两大类。E 项，底纹不能太深，与其上面的文字在颜色上不能反差太小，否则会影响阅读效果。

39. AC 【考点】表格的样式

【解析】书刊中表格的样式主要有全线表、省线表、无线表等。

40. ABDE 【考点】正确作校对修改标记

【解析】A 项，校对结束后，由责任校对把校样上的所有质疑汇总提交责任编辑处理，并跟踪查看责任编辑的处理结果。B 项，校对质疑及编辑排疑的情况，一般应记录存档，以便在质量检查时有据可查。C 项，校对人员无权修改原稿。D 项，编辑审阅校样后，校对人员要复查校样，检查质疑处理情况。E 项，校对人员对于校样中虽与原稿相符，但很可能是原稿本身有错的地方，应该根据校是非的要求向编辑质疑。

【说明】根据最新版考试教材，B 项知识点已删除。

41. ACDE 【考点】校对工作基本制度

【解析】出版单位每出一种书，都要指定一名具有中级或高级出版专业职业资格的专职校对人员为责任校对，负责校样的技术整理工作，监督检查各校次的质量，并负责付印样的通读工作。

【说明】根据最新版考试教材，C 项“文字技术整理”已改为“技术整理”。

42. ABC 【考点】校对的基本工序

【解析】A 项，校对由初校、二校、三校、誊样、核红、通读、技术整理和对片/对蓝样等基本操作工序组成，其中某些工序需依次进行，某些工序可穿插进行。需要依次进行的校对操作基本工序是初校、二校、三校、通读和对片/对蓝样。B 项，誊样又称“过红”或“并样”。为了让作者和编辑进一步把关，除校对人员使用的一份校样（称正样）外，一般还有完全相同的一份或两份校样（称副样）交由作者、编辑审读。在该校次即将结束前，一般是把副样上作者和编辑所作的改动誊抄到正样上。C 项，二校一般与初校使用同一份校样（即初校样），在初校完成后继续安排二校。这种流程称为“初、二连校”。D 项，核红又称“核对”，是指检查、核对前次或前几次校样上色笔批改之处在新校样上是否已经改正，并校正其漏改或错改之处的工作。E 项，技术整理简称“整理”，是指从体例格式方面检查和整理全部校样的工作，做法包括：①将技术整理与三校（或终校）结合；②将技术整理与通读结合；③在初、二校连校后进行第一次整理，三校后进行第二次整理，在付印前进行第三次整理。

【说明】根据最新版考试教材，E 项“文字技术整理”已改为“技术整理”。

43. BE 【考点】校对工作基本制度

【解析】《图书质量保障体系》规定，出版单位须“坚持责任校对制度和‘三校一读’制度”。这两项制度是我国校对工作的基本制度，对保证出版物校对质量十分有效，必须严格执行。

44. BD 【考点】书刊印刷的概念

【解析】书刊印制是指根据作品原稿，制成可复现原稿视觉信息的产品的全部过程。书刊印制通常包括三个阶段：①印前阶段。这个阶段的主要工作，是按照已作整体设计的书刊原稿，在印刷之前进行图文信息设计、图文输入、图文处理和图文输出等，并制出印版（或相应的电子文件）。②印刷阶段。这个阶段的主要工作是使用模拟或数字的图文载体，将呈色剂/色料转移到纸张上复制出图文。③印后加工阶段。又称“装订阶段”，这个阶段的主要工作是将已经印有图文的书页加工成册，制成书刊成品。

45. CDE 【考点】图像的输入

【解析】图像原稿通常由按不同层次分布的黑白或彩色影像构成，一般又称为“连续调图像”，但印刷图像是由细小的网点组成的，即所谓的“网目调图像”。因此，必须将图像原稿输入计算机进行必要的转换。将图像输入计算机的方式主要有扫描输入、数字文件直接输入和视频捕获卡输入三种。其中，数字文件直接输入一般是利用数字照相机、图像类电子出版物和互联网上存储的资源。数字照相机是一种新型的图像输入设备。它将采集的图像转为数字信号记录在存储器中，可通过接口将载有图像信息的数字文件直接传输到计算机中，完成图像的输入。

46. ABCE 【考点】网络发行渠道的优势

【解析】与出版物的传统发行渠道相比，网络发行渠道具有以下几方面明显优势：①突破了时空限制；②实现无实体场所经营；③流转品种丰富，信息全面；④提供多种增值服务。

47. ABDE 【考点】出版物发行的程序

【解析】出版物的发行一般都要经过以下几个步骤：①信息交换；②确定购销关系；③实物交割；④结算货款；⑤搜集各种反馈信息。

48. CDE 【考点】书展的类型

【解析】按照不同的分类标准，书展可以分为不同的类型：①按交易性质划分，书展可以分为著作权贸易型书展、订货型书展和销售型书展等。著作权贸易型书展主要由参展的出版单位相互洽谈著作权交易或合作出版业务，一般不在现场零售出版物，但出版单位可以向发行商或消费者提供预订服务。如北京国际图书博览会、法兰克福书展等。②按参展单位的地域划分，书展可以分为地区性书展、全国性书展和国际性书展等。例如法兰克福书展、伦敦书展、美国书展、北京国际图书博览会、意大利博洛尼亚国际儿童书展、中国上海国际童书展等。③按参展出版物的内容划分，书展可以分为综合性书展和专题性书展。法兰克福书展属于综合性书展。

49. ACE 【考点】内容提要

【解析】A 项，内容提要常置于书刊中醒目的地方，往往是读者选购书刊时首先阅读的内容之一。C 项，内容提要主要是使读者能在最短的时间内对作品有个清晰的印象，从而决定是否阅读或购买，因此，文字要尽可能简短精练，表意清楚，使人一目了然。E 项，内容提要需抓住关键，提出“要”点，所谓关键，就是一本书的核心价值，或说最具独创性的部分。B 项，虽然内容提要的重要功能之一是吸引读者，但对作品内容的介绍或评论要实事求是，切忌随意夸张、说过头话，切忌为了招徕读者而过分吹捧。D 项，内容提要要根据不同的读者对象，选择最能吸引和打动他们的语言形式，切忌千篇一律和语言干瘪。

50. ACE 【考点】出版前言

【解析】A 项，出版前言又称“出版说明”“编纂说明”“编辑说明”等，是以出版单位的名义，从编辑工作的角度向读者所作的交代或说明。C 项，出版前言的内容需说明出版目的和价值，这是从出版单位的角度说明为什么要出版该图书。E 项，出版前言是针对整本图书的出版而言的，一般置于图书正文之前，并且也是读者选书时常读的内容。B 项，不是每本书都有出版前言。有些图书，或者因为作者在前言(或后记)中已作了相关交代，或者因为本身并不特别需要作什么说明，也可以不写出版前言。D 项，出版前言是代表出版单位的，所以不署撰稿人姓名。

51. BCE 【考点】出版物宣传文字

【解析】BC 两项，图书的封面、腰封，期刊的封面，音像制品、电子出版物的封套，都可以兼作出版物宣传语的载体。在制作时，可以有意识地将需要突出的文字放大或以明显不同的字体表示，争取最佳视觉效果。但是，这主要适用于腰封上的宣传语。置于出版物面封的文字，不但数量不能过多，也不能过分突出，以免冲淡了出版物名、作者名和出版单位名等面封的要素文字；置于底封的宣传语，文字可以相对多一些。E 项，出版物宣传文字包括出版消息、出版物广告文字和出版物评论等。其中，出版消息包括出版物预告、出版物简介和出版简讯等。

52. ABC 【考点】凡例

【解析】凡例又称“义例”“例言”“编辑凡例”等，大多用于工具书（如字典、词典、百科全书、手册、年谱、索引、资料汇编等），古籍校勘标点本、注释本，汇编本，文集等。

53. ABDE 【考点】出版简讯的内容

【解析】出版简讯与出版物简介不同，它的内容范围可以广泛得多。出版物简介要紧扣出版物的内容和特点来写，而出版简讯则可写别人对出版物的评论、反映和意见等，侧重于消息的报道，而且也不限于对某一种出版物情况的报道，还可以是对一类出版物或者一批出版物的出版状况、动态的报道。出版简讯的内容虽然可以很广，但一般都要围绕出版物这个中心而展开。凡出版物生产过程中的每个环节和面世后的各种境遇，只要具有新闻价值的内容，都可以成为出版简讯的材料。如有一项较多人关注的图书出版重大工程，从确定选题、落实资金、动手编写、研究遇到的问题并商讨解决办法到首批图书出版，从读者反映到领导接见有关人员，从宣传促销活动（如签名售书、座谈会、义卖等）到获奖情况等，其中每一项有新闻价值的消息都可以写成书讯。

54. ABE 【考点】数字内容标引

【解析】从书刊数字化加工角度看，内容要素是区别于文字内容的组成部件。内容要素通常包括角标、重标（指黑体、斜体、下划线等样式信息）、行外符号、集外字、图片、公式、表格、公式、注释、参考文献等。在数字内容产品中，上述内容要素的描述方式与传统出版中的形态相差很大，所以要按要求分别加工。

55. AB 【考点】内容粒度

【解析】内容单元的粒度大小是可以变动的。在编辑加工内容时，到底以何种粒度进行处理，依赖具体的商业策略和应用目的。

三、选答选择题（共 2 组，其中★组主要考核“传统出版”内容，▲组主要考核“数字出版”内容；每组各 10 题，其中前 5 题为单项选择题，每题 1 分，后 5 题为多项选择题，每题 2 分；请任选其中 1 组作答，如 2 组都作答，只按★组计分）

★组　传统出版

选答单项选择题

56. D 【考点】重印的操作

【解析】再版的图书照原样再印或略作小的改动再印，称为再版书的重印。再版书重印的印次和印数，都是从初版的第一次印刷起累计。如某书初版重印过三次（即加上第一次印刷共印了四次），共印了 30000 册，第二版的第一次印刷印了 6000 册，就应标“第 2 版第 5 次印刷”“印数 30001—36000”，其第一次重印印了 7000 册，则标“第 2 版第 6 次印刷”“印数 36001—43000”，依此类推。

57. B 【考点】书刊装订样式

【解析】AB 两项，精装的主要特点是封面的质地较硬、表面装帧讲究、耐用、不易磨损，并且略大于书芯，因而保护书芯的作用明显超过平装样式所采用的软质纸封面。平装也称“简装”，其特点是用较牢固、厚实的软质纸制作的封面把书芯包住，并使封面的书脊与书芯的书背粘牢，构成一个整体。平装可分为普通平装和勒口平装两种。C项，按照书刊成品的书脊形状，精装可以分成圆脊精装和平脊精装两种。D项，勒口平装与普通平装的差别，是封面带有勒口。“勒口”是指面封和底封在书口处延长并向里折转的部分(前者称“前勒口”，后者称“后勒口”)，其宽度一般不少于30毫米。勒口平装以往一般多用于图书，现在期刊也逐渐采用这种装订样式，并且有所发展，即将勒口的宽度增大，使之与刊物的宽度几乎相等。这种宽度增大的勒口通常也称为“拉页”，可以用于登载比开本尺寸大将近一倍的广告。

58. C 【考点】书刊印制的工艺过程

【解析】数字印刷不再使用印版，不仅可以将印前制作完成的数据文件直接传送到数字印刷机上进行印刷，而且可以按照客户的需要少量印刷，所以又称“按需印刷”；除了用于一般纸介质书刊的生产外，还可为图书、期刊的互联网出版服务。数字印刷的书刊印制工艺过程由下列环节构成：原稿检核→图文输入→图文处理→数字打样→数字印刷→装订。

59. A 【考点】印刷质量要求

【解析】书刊印刷的外观质量要求是：①页面干净，无明显脏迹，无明显折痕。②文字完整、清楚，位置准确。③墨色均匀，印页折标的印刷实地密度测量值在规定范围内。④色调基本一致，同批产品各帖纸张的色调也要基本一致。⑤多色版图像的轮廓及位置准确套合，误差在规定范围内。书刊印刷的图文质量要求是：①文字清晰，无重影，无缺笔断画字、糊字和坏字。②表格线条清楚，无明显模糊不清处。③图像亮、中、暗调分明，层次清晰；网点角度准确，不出重影，亮调网点面积再现范围在规定值内；颜色真实、自然、协调。

60. B 【考点】出版物连锁经营的类型

【解析】出版物连锁经营有多种类型，根据总部与门店之间的关系不同，可以分为如下类型：①直营连锁店。又称“正规连锁店”，由连锁总部投资开设，在总部统一管理下开展出版物经营活动。②自愿连锁店。又称“自由连锁店”或“任意连锁店”，是由若干个产权独立的门店自愿联合起来，共同开展经营活动的连锁店。③特许连锁店。又称“加盟连锁店”或“契约连锁店”，是产权独立的门店根据特许协议使用特许者的商号、商标和其他特有经营技术，以同样的形象开展经营活动的连锁店。

选答多项选择题

61. BCE 【考点】校样处理

【解析】A项，编辑人员审读校样，一般采取通读方式。B项，审读校样是编辑人员的重要工作职责，与校对工作在性质、目的、把握的重点上有所不同，对校样的审读与对校样的校对相互不能取代。C项，审读校样的工作，一般由责任编辑承担，也可以由具备一定条件的助理编辑在责任编辑指导下进行。DE两项，处理作者修改和校对质疑及检查付印清样的工作，由责任编辑负责。

62. ADE 【考点】图书的结构部件

【解析】图书的可选择结构部件，是指一些虽在图书的构成中具有重要作用，却并非每本书都必须具备的部件。进行图书整体设计时，设计者可以根据具体图书的性质、类型、特色等从中选择配备。主要包括：①目录页；②衬页；③环衬；④附书名页；⑤插页；⑥辑封与篇章页；⑦护封；⑧腰封；⑨书函；⑩书套。

63. ABCE 【考点】订书方式

【解析】订书是把已经配好的某种书刊全部书帖（页）用某种方式订牢，俗称“书页订联”等。不同装订样式的书刊，采用的订书方式也有所不同。骑马订装的订书方式是骑马订。平装的订书方式有锁线订、胶粘订（又称“无线胶背订”或“无线胶粘订”）、锁线胶粘订（又称“锁线胶背订”）等。

64. BC 【考点】书刊装订常用材料

【解析】缝订材料有铁丝、金属丝圈、塑料丝圈、棉线、化纤线等。金属丝圈、塑料丝圈一般用于装订图册和儿童图片活页本。这是用涂塑铁丝或其他金属丝、塑料丝制成的拉簧状环圈。装订时，在活页本的订口处打一排孔眼，而后将环圈用手工或机械方法穿入孔眼。

65. ACD 【考点】出版物批发

【解析】出版物批发交易的具体形式主要有：①目录征订交易，即通过寄发征订目录（或加上样品），由需购者填单交易。②参加订货会现场交易，由供求双方在订货会上面谈成交。③到批发市场上进行现货批销。④网上电子商务交易。

▲组 数字出版

选答单项选择题

66. D 【考点】数字内容标引

【解析】根据加工要求的不同，纸书数字化加工的成品数据也有所不同，通常包括原始图像文件、单层图像 PDF 文件、双层 PDF 文件、单层矢量 PDF 文件、图书元数据 XML 文件、结构化 XML 文件和图书 ePub 文件等。

【说明】根据最新版考试教材，该知识点已删除。

67. C 【考点】标引策略

【解析】受控标引就是采用受控语言进行主题概念表达的标引方式，如采用《中国图书馆分类法》的分类号、《汉语主题词词表》的主题词进行标引，或者采用特定领域的主题词表或出版社内部用词列表进行标引，以保障标引用词的规范性和一致性。

68. D 【考点】内容粒度

【解析】不仅图书、期刊、报纸等文本型内容可以切分，视频内容也可以切分。视频是非结构化的流数据，它的基本组成单位是帧，视频流是具有时序关系的帧的集合。

69. B 【考点】内容资源的备份

【解析】数字内容备份分为全备份、增量备份和累计备份。大多数机构会采用三种备份类型的组合，以满足企业的备份需求：①全备份，是指在某时间点上对生产系统中的所有数据进行完整备份。这种备份时间长，恢复快。②增量备份，是指复制自上次全备份或最近进行的增量备份以来修改的数据。由于仅限于修改的数据备份，所以这种备份的速度很快，但是恢复起来却很耗时。③累计备份，是指复制自最后一次全备份以来修改的数据。这种备份方式所需时间比增量方式长，但恢复快。

70. A 【考点】内容资源的分级存储

【解析】分级存储主要有如下几种类型：①在线存储。指存储设备永久连接在计算机系统中，并随时保持可实时快速访问的状态，在线存储设备一般采用磁盘阵列。②离线存储。指存储设备或存储介质平时没有装在计算机系统内，在存取数据时需要将存储设备或存储介质临时性地装载或连接到计算机系统上，当数据访问完毕时，再把存储设备或存储介质脱离。③近线存储。近线存储介于在线存储和离线存储之间，既可以做到较大的存储容量，又可以实现较快的存取速度。由于廉价磁盘阵列的存在，近线存储可以在低成本的条件下获得高读取速度，是一种理想的在线存储扩展方案。④混合存储。是对以上三种存储模式的混合使用，这是多数信息企业内流行的做法。

【说明】根据最新版考试教材，D 项知识点已删除。分级存储的主要类型有：①在线存储。②离线存储。③混合存储。

选答多项选择题

71. BCD 【考点】电子书产品制作

【解析】流式电子书的生产制作过程包括：①内容整合。电子书产品的内容整合主要工作是把产品所需要的各类数字内容收集齐全，并按照要求的文件目录结构进行存储。②打包加密。按照要求存放好的整合数据可开始打包加密。③浏览测试。经过打包加密后的电子书产品需要对其内容和功能进行测试，合格后方可进入发行平台对外销售。

【说明】根据最新版考试教材，D 项“浏览测试”已改为“产品测试”。

72. ABD 【考点】质量控制方法

【解析】PDF 质量校验的主要内容包括：①文字检查；②书签检查；③版式检查；④内容完整性检查。

【说明】根据最新版考试教材，针对版式 PDF 文件，主要通过人工抽样的方式进行文字准确性检查、书签准确性检查、版式准确性检查和内容完整性检查。

73. ABE 【考点】产品测试

【解析】数字出版产品制作完成后，在正式发布前还需要对产品进行系统的测试以确保产品的质量。一般情况下，测试的过程包括产品内容检测、可运行模块测试和产品功能测试。

【说明】根据最新版考试教材，该知识点已删除。

74. ACD 【考点】数字内容资源的入库

【解析】进行入库审核时，除审核内容资源本身是否完整、全面、系统，以及内容文档的题名是否完整、规范、合乎要求外，还需审核内容资源的标引信息，主要包括：①分类标引是否正确、全面、规范。②主题标引是否正确、完整、规范。③版权信息标引是否正确。④内容分散标引是否完成。

75. ABE 【考点】内容资源的存储方式

【解析】数据库是依照某种数据模型组织起来并存放在二级存储器中的数据集合。这种数据集合的数据结构独立于使用它的应用程序，对数据的增、删、改、查由统一的软件进行管理和控制。除可以存储和管理字符数据外，数据库还可以管理各种独立文件，如 DOC 文档、JPEG 图片、AVI 视频。这些文件以大字段的方式存在于数据库中，配合其他数据，调取方便，管理便捷，适用于海量文件管理。

四、综合题(共 5 题，100 分。要求用黑色墨水笔在答题卡指定区域内作答)

76. 编辑加工题：阅读分析短稿，并按照稿件加工整理的规范进行编辑加工。(本题 22 分)

答：(1)标题“鲁迅的红楼梦研究”应改为“鲁迅的《红楼梦》研究”。

(2)“奇葩”应改为“奇葩”。

(3)“20 世纪红学”应改为[20 世纪“红学”]。

(4)“发展和建构”应改为“建构和发展”。

(5)“均具有很高的学术价值和时代特色”应改为“均具有很高的学术价值和鲜明的时代特色”。

(6)“详细概括”应改为“总结概括”。

(7)“又看出了其他续写作品中”前面应加“另一方面”。

(8)“存在大团圆结局的”应改为“大团圆结局存在的”。

(9)“鲁迅在《红楼梦》研究中，并不局限于对作者作品的分析”应改为“其次，鲁迅在《红楼梦》研究中，并不局限于对作者作品的分析”。

(10)“从整体走向局部”应改为“从局部走向整体”。

(11)“第二十六、七篇”应该改为“第二十六、二十七篇”。

(12)“鲁迅在《红楼梦》研究中所使用的一系列概念和研究模式具有开创意义”应改为“鲁迅在《红楼梦》研究中所使用的一系列概念和研究模式具有开创性意义”。

(13)“然而有些概念的内涵和外延”中的“然而”应改为“尽管”。

(14)[例如提出“人情小说”的概念]应改为[例如，他提出“人情小说”]。

77. 校对题：按照原稿改正校样中的错误；若认为原稿有差错，用黑色墨水笔以校对质疑的方式指出。(本题20分)

答：(1)标题字号过大，应同原稿保持一致。

(2)“究竟能有多圆”应改为“究竟能有多圆?”。

(3)[现代科技视角下的月球，是否真的像“玉盘”一样圆润？那么，月圆到底有多圆?]应改为[那么，月圆到底有多圆？现代科技视角下的月球，是否真的像“玉盘”一样圆润?]。

(4)[自引力为天体“定形”]应改为[自引力为天体“定型”]，同时打上质疑问号。

(5)“月球是近似球形。”应删除。

(6)“假设将天体表面……”段右侧应取消悬挂缩进，与其他段保持一致。

(7)“两级稍扁”应改为“两极稍扁”。

(8)标题“背面凸起的扁球形”应改为左右居中。

(9)“4 米”应改为“4 千米”。

(10)“观测数据表明……”另段起

(11)“加里克. 贝瑟尔”应改为“加里克 · 贝瑟尔”。

(12)“作用，　　月球出现潮汐现象”间的字空应删除。

(13)[**“两个月球”**]应取消加粗。

(14)“黏附”应改为“粘附”，同时打上质疑问号。

(15)“随着科技的发展……”段首行缩进2字符。

(16)“雷达技术……”段应扩大行距，与其他段落一致。

(17)“月亮女神号”应改为[“月亮女神号”]。

(18)“月球勘察轨道器(LRQ)”应改为“月球勘察轨道器(LRO)”。

(19)“我们对月球表面结构和形态的了解”应改为“我们对月球表面形态和结构的了解”。

78. 本题包括2道分题，其中A分题有关传统出版，B分题有关数字出版。请任选1道分题作答。如果作答不止1道，将按排列在前的分题计分。(本题20分)

78 – A. 计算简答题：根据所给材料回答问题。(需计算后回答的问题，须列出算式；

每个问题计算过程中的小数均保留实际位数，计算结果有小数的，小数保留2位。）

问题一：小王拟订的整体设计方案有哪些不妥之处？应如何修改？

答：小王拟订的整体设计方案存在的不妥之处及修改如下：

（1）“封面用定量为250克/米^{2}的艺术纸”不妥，封面用纸定量过高。定量超过250克/米^{2}的纸一般称为“纸板”，本书为平装本，封面用纸定量应改为“150克/米^{2}的艺术纸”。

（2）“正文主体文字用6号仿宋体”不妥，正文主体文字字号过小、字体较轻，不适宜阅读。应改为“5号宋体”。

（3）前环衬“第2页空白”不妥，不应添加空白页，平装书前环衬的后一页可兼作主书名页（或附书名页）。应删去前环衬“第2页空白”，也可节约成本。

（4）“底封（兼作版权页）”不妥，不应将版权页置于图文的底封部分。版本记录页习称“版权页”，应置于主书名页的背面，即双码面，也不设页码。

（5）“辅文和正文合在一起依序连续编码”不妥，辅文和正文不应合在一起连续编码。凡是位于正文之前的辅文（如出版前言、序文、目录等），页码应该单独编，不进入正文页码序列；位于正文之后的各种相对独立的辅文（如跋、出版后记、参考文献、附录等），一般延续正文页码。

问题二：印刷该书的书心需要胶版纸多少令？

答：该书的书芯需要胶版纸63.39令，具体算式是：

（1）书芯的总面数＝主书名页面数＋前言面数＋目录面数＋正文面数＋附录面数＝2＋（5＋1）＋（3＋1）＋303＋6＝321（面），总面数取双数，故为322面。

（2）书芯实际用纸量＝单册面数÷开数×印数÷1000×（1＋加放数）＝［322÷16×3000÷1000］×（1＋5%）≈63.39（令）。

【说明】根据最新版考试教材，“书心”应改为“书芯”。

问题三：印刷该书的纸张费用共计多少元？

答：该书的纸张费用共计13886.98元，具体算式是：

（1）书芯用纸令重＝定量×单张纸面积×500÷1000＝80×（0.7×1）×500÷1000＝28（千克）。

（2）书芯用纸吨数＝令重×用纸令数÷1000＝28×63.39÷1000＝1.77492（吨）。

（3）书芯用纸费用＝纸张单价×书芯用纸吨数＝6500×1.77492＝11536.98（元）。

（4）封面用纸费用＝封面用纸单价×印数＝0.7×3000＝2100（元）。

（5）纸张费用总额＝书芯用纸费用＋封面用纸费用＋环衬费用＝11536.98＋2100＋250＝13886.98（元）。

78－B. 简答题：根据所给材料回答问题。（凡要求作选择回答的问题，应将与所选选项对应的字母填写在答题卡上的相应括号内。把错项选入，该问题不得分；正确项少选，按所选的正确项数量得分。凡要求作陈述回答的问题，请将答案书写在答题卡的相应区域。）

问题一：属于纸质图书数字化加工流程的选项有（　　）。

A. 图书整理

B. OCR识别

C. 版面分析

D. 浏览测试

E. 产品整合

F. 打包加密

G. 质量检验

【答案】ABCG

【解析】纸质图书数字化加工流程分为图书整理、图书扫描、图像处理、版面分析、OCR(Optical Character Recognition，光学字符识别)识别、内容校对、内容结构化加工、版式/流式文件加工和质量检验这 9 个主要环节。

【说明】根据最新版考试教材，纸质书刊数字化加工流程一般分为书刊整理、书刊扫描、图像处理、光学字符识别和校对、内容标引、版式/流式文件加工和质量检验 7 个主要环节。

问题二：请写出 4 种纸质图书数字化加工后的成品数据的文件类型。

答：根据加工要求的不同，纸书数字化加工的成品数据也有所不同，通常包括原始图像文件、单层图像 PDF 文件、双层 PDF 文件、单层矢量 PDF 文件、图书元数据 XML 文件、结构化 XML 文件和图书 ePub 文件等。

问题三：(1) 图书元数据标引项通常来自图书在版编目(CIP)数据，如书名、作者、(　　)、(　　)、(　　)、(　　)、主题词、分类号等。

(2) 为规范图书主题标引时的选用词汇，通常选用的主题词表有哪些？

答：(1) 图书元数据标引项通常来自图书在版编目(CIP)数据，如书名、作者、(图书分类)、(ISBN 号)、(定价)、(出版日期)、主题词、分类号等。

(2) 主题标引已经广泛用于数字内容组织，其检索的直接性强、专指性强，与分类标引形成互补。为规范主题标引时的选用词汇，避免误标、错标、漏标等情况，标引者可以选择《汉语主题词表》或《中国分类主题词表》中的规范主题词。使用通用或专用的主题词表来进行内容的主题标引，可以保障标引用词的一致性。

问题四：请规划内容资源的下载审批流程。

答：对于授权下载内容和批量下载行为，需要进行下载审批。首先由申请人撰写下载申请报告，注明下载目的、用途、期限、资源数量和责任人，然后提交部门内审核员审核。批准或拒绝下载申请都需要有详细的时间和责任人记录，所有日志记录必须留存备查。

(1) 申请部门内资源下载审批。当申请下载的内容资源为部门内部资源时，只需本部门审批人员审批通过即可进行下载。

(2) 申请非部门内资源下载审批。当申请下载的内容资源为非部门内资源时，至少需要进行两级审批。第一级为本部门审批人员审批，第二级为数字内容资源管理部门审批。两级审批都通过后方能进行资源下载。

(3) 自动下载审批。需要资源管理部门及其上层管理部门进行。对自动下载的审批需要得到资源管理部门及上级管理部门同意。审批通过后，支持一定时期内通过机器自动检索并下载特定内容。所有下载过程需要保留日志记录。

79. 计算简答题：根据所给材料回答问题。(需计算后回答的问题，须列出算式；每个问题计算过程中的小数均保留实际位数，计算结果有小数的，小数保留 2 位。)(本题 20 分)

问题一：在该书的发行过程中，A 出版社的自有门市部采取了哪些促进销售的方法？

答：出版物的宣传和出版单位形象的树立都对销售具有促进作用，引导消费的所有方法同时也是促进销售的方法，它们的直接目的是宣传出版物或树立出版单位形象。A 出版社的自有门市部采取的促进销售的方法有以下三种：

(1) 优惠与降价销售。优惠销售是指出版单位在特定时间内向部分或全部消费者以优惠价格销售出版物，A 出版社采用了开学季举行优惠购书活动，在 8 月 1 日至 9 月 1 日期间购书一律按 80% 的折扣率优惠。

(2)附赠小礼品。“购书 100 元以上者赠送钢笔一支”，这是一种向购买者赠送小礼品以促进销售的方式。这种方式如果策划得好，能起到很好的促销作用。出版单位在选择礼品时应更多地考虑文化特征，最好还要通过赠送礼品来达到进一步宣传本出版单位的目的。常用的小礼品主要有书签、书夹、书架、文具等。

(3)有奖销售。“购书 100 元以上者获得抽奖券一张，有机会抽取免单大奖”，这是对购买出版物达到一定金额的消费者或购买某类、某种出版物的消费者提供一定的获奖机会。这种促销方法对于刺激消费者的购买欲望能起到一定的促进作用。有奖销售活动一般可以与节假日促销、纪念活动促销、展销等其他销售活动结合起来举行，效果会更为明显。

问题二：该书的出版码洋是多少万元？

答：该书的出版码洋是 84 万元，具体算式是：

出版码洋 = 定价 × 印数 = 28 × 30000 = 84(万元)。

问题三：该书的销售码洋是多少万元？

答：该书的销售码洋是 76.3 万元，具体算式是：

销售码洋 = 定价 × 销量 = 28 × [3000 + 15000 × (1 − 5%) + 8000 + 2000] = 76.3(万元)。

问题四：C 大型网上书店实得的折扣额是多少万元？

答：C 大型网上书店实得的折扣额是 8.96 万元，具体算式是：

折扣额 = 数量 × 单价 × (1 − 折扣率) = 8000 × 28 × (1 − 60%) = 8.96(万元)。

问题五：到 2018 年年底，该书的回款实洋是多少万元？

答：该书的回款实洋是 46.06 万元，具体算式是：

(1)某教育培训机构回款 = 定价 × 折扣率 × 订购数 = 28 × 50% × 3000 = 4.2(万元)。

(2)B 发行集团回款 = 定价 × 折扣率 × 订购数 × (1 − 退货率) = 28 × 60% × [15000 × (1 − 5%)] = 23.94(万元)。

(3)C 大型网上书店回款 = 定价 × 折扣率 × 订购数 = 28 × 60% × 8000 = 13.44(万元)。

(4)A 出版社自有门市部回款 = 定价 × 折扣率 × 销售数 = 28 × 80% × 2000 = 4.48(万元)。

(4)该书回款实洋 = 某教育培训机构回款 + B 发行集团回款 + C 大型网上书店回款 + A 出版社自有门市部回款 = 4.2 + 23.94 + 13.44 + 4.48 = 46.06(万元)。

80. 简答写作题：根据所给材料回答问题，并根据材料将选题报告补充完善。(本题 18 分)

问题一：请指出这份选题报告有哪些缺漏的要素。

答：(1)选题报告的内容，因具体选题的不同而可详可略，各项内容的顺序也可调整，但基本要素不能缺少。其基本要素包括：①选题名称；②选题的价值；③选题酝酿、形成过程；④选题的内容和形式设想；⑤读者对象；⑥作者介绍；⑦时间安排；⑧经济效益预测；⑨市场营销建议；⑩其他情况。

(2)这份选题报告缺漏的要素有：①选题形式设想；②读者对象；③作者介绍；④经济效益预测；⑤市场营销建议。

问题二：请将选题中缺漏的要素补写完整。

答：(1)选题形式设想：①装订形式：平装。②开本：16 开。③正文文字部分选用 60 克/米^{2}的轻型纸、图片部分选 70g/米^2 的铜版纸、封面选用 120g/米^2 铜版纸。④定价：48 元。

(2)读者对象：本选题的读者对象既可以是博物馆、艺术等方面的专业人士，又可以普罗大众。

(3)作者介绍：本书的文字部分可以邀请博物馆学专业学术年会的多位专家学者形成编写组，具有非常高的可信度和权威性；图片部分邀请新生代画家手绘而成。

(4)经济效益预测：本选题的读者对象既可以是博物馆、艺术等方面的专业人士，又可以普罗大众，文字内容通俗易懂，视角独特，既具专业性，又具大众性。受众广泛，且内容图文结合，兼具趣味性与文化性，预计会有较为乐观的发行前景，建议首印1万册。

(5)市场营销建议：①在各大网站进行书讯宣传，如在当当、亚马逊、新浪读书等频道做新书推荐；同时，通过报刊、广播、电视、互联网等大众传媒进行宣传。②组织各种类型的座谈会、读书报告会、读书讲座等。

2018年度全国出版专业技术人员职业资格考试《出版专业理论与实务(初级)》真题

一、单项选择题(共25题，每题1分。每题的备选项中，只有1个最符合题意)

1. 字典、词典的特点不包括(　　)。

A. 检索的专指性强　　B. 解释简明、规范

C. 有一定的前瞻性　　D. 以条目为基本单元

2. 《现代汉语词典》属于(　　)。

A. 语文词典　　B. 综合词典　　C. 专科词典　　D. 特种词典

3. 我国现存最大的类书是(　　)。

A. 《永乐大典》　　B. 《古今图书集成》

C. 《艺文类聚》　　D. 《太平御览》

4. 东汉许慎所编《说文解字》的编排方法是(　　)。

A. 部首法　　B. 笔画法　　C. 音序法　　D. 字母法

5. 策划图书选题时，所搜集的近三年内国内宏观经济政策变化、国民购买力、居民生活指数等信息，属于(　　)。

A. 竞争对手信息　　B. 科学文化信息

C. 出版动态信息　　D. 社会发展信息

6. 关于审稿制度，说法错误的是(　　)。

A. 我国出版单位实行三级审稿责任制度

B. 各级审稿的责任者必须具备规定的专业技术职务

C. 终审由具有编审、副编审职称的社长、总编辑(副社长、副总编辑)承担

D. 助理编辑可作为责任编辑承担初审工作

7. 期刊宏观层次的选题策划不包括(　　)。

A. 内容定位　　B. 读者定位　　C. 作品组配　　D. 出版周期

8. 关于选题论证，说法错误的是(　　)。

A. 选题必须经过集体论证

B. 选题论证通常以社会专家书面评审的方式进行

C. 选题论证与选题的三级审批相结合

D. 一般性选题在论证通过后，由总编辑批准列入选题计划

9. 书刊外部装帧设计不包括(　　)。

A. 确定书刊开本　　B. 选择表面整饰工艺方案

C. 确定装订样式　　D. 确定版心规格

10. 图书必备的结构部件包括封面、主书名页、(　　)等。

A. 正文书页　　B. 辑封　　C. 环衬　　D. 护封

11. 关于书刊的插图，说法错误的是(　　)。

A. 插图具有揭示主题的作用　　B. 图注的字号应比图题稍小或稍轻

C. 插图具有美化版面的作用　　D. 插图必须有图题

12. 关于版式的批注方式，说法错误的是(　　)。

A. 间接批注需技术编辑专门提供一份版式设计方案随附于稿件一起发排

B. 直接批注需要将一个个设计对象的版式要求直接标注在稿面上

C. 期刊一般用间接批注方式说明版式要求

D. 期刊版式样本可利用已经出版的同种期刊，逐面标明内容和版式说明

13. 关于校对工作中的校是非，说法错误的是(　　)。

A. 校是非是指校对者凭借自身储备的知识来判断原稿内容的差错

B. 校是非要求校对者具有广博的知识和扎实的语言文字功底

C. 校是非又称“死校”

D. 校是非比校异同难度更大、层次更高

14. 校对人员发现原稿有讹误，应该(　　)。

A. 提出疑问，请责任编辑处理　　B. 提出疑问，请作者订正

C. 主动修改，请总编辑核准　　D. 提出疑问，请责任校对处理

15. 关于校样，说法错误的是(　　)。

A. 毛校样是排版单位向出版单位正式提交的初校样

B. 二校样是排版单位根据初校样校改后再次打印提交给出版单位的校样

C. 三校样是排版单位根据二校样校改后再次打印提交给出版单位的校样

D. 付印样是已经完成全部校对工作而交给排版单位进行最后改版的校样

16. 利用《辞海》等工具书判断校样中的用字用词正误，运用的校对方法是(　　)。

A. 对校法　　B. 他校法　　C. 本校法　　D. 点校法

17. 图像输入的方式不包括(　　)。

A. 数字化仪输入　　B. 扫描输入

C. 数字文件直接输入　　D. 视频捕获卡输入

18. 出版物发行活动的构成要素不包括(　　)。

A. 出版单位　　B. 消费者　　C. 出版物　　D. 运输工具

19. 出版物批发的具体形式不包括(　　)。

A. 目录征订交易　　B. 流动书摊销售

C. 订货会现场交易　　D. 批发市场现货批销

20. 约稿信的主要内容不包括(　　)。

A. 稿件的题目　　B. 写作的内容和要求

C. 字数和交稿时间　　D. 版式设计

21. 关于撰写编辑应用文的基本规律和要求，说法错误的是(　　)。

A. 应观点鲜明、文字简练　　B. 应结构严谨、条理清晰

C. 电子文件无须签名　　D. 表达要客观平和

22. 关于编辑计划，说法错误的是(　　)。

A. 编辑计划可用于多家出版社合作的选题

B. 编辑计划也称编辑方案，应与选题报告同时拟订

C. 期刊在创办时也要拟订编辑计划

D. 编辑计划的具体内容应从实际出发，可详可略

23. 凡例的特点不包括(　　)。

A. 有一定使用范围　　B. 分条分款列出

C. 重点介绍体例　　D. 内容讲求时效

24. 出版单位数字化加工中的高级加工是指(　　)。

A. 将纸质图书直接扫描成图像　　B. 对数字内容进行结构化加工

C. 将排版文件转换成单层 PDF　　D. 将纸质图书加工成双层 PDF

25. 下列属于结构化数字内容资源的是(　　)。

A. 网页　　B. 音视频　　C. 数据库　　D. 图像

二、多项选择题(共 30 题，每题 2 分。每题的备选项中，有 2 个或 2 个以上符合题意，至少有 1 个错项。错选，本题不得分；少选，所选的每个正确项得 0.5 分)

26. 字典、词典的必要组成部分包括(　　)等。

A. 作者介绍　　B. 正文条目　　C. 后记　　D. 索引

E. 目录

27. 关于百科全书，说法正确的有(　　)。

A. 百科全书带有知识标准的性质，它的权威性体现在编者、撰稿人等方面

B. 百科全书的条目释文长短基本相当，一般不超过 500 字

C. 百科全书可分为综合性、专业性和地域性等类别

D. 百科全书被称为“工具书之王”

E. 百科全书以条目为基本单元，全面、系统地介绍知识

28. 查找成语、典故，可利用专门的成语、典故词典，还可利用(　　)。

A.《辞海》　　B.《中国大百科全书》

C.《汉语大词典》　　D.《中国古典文学名著题解》

E.《艺文类聚》

29. 关于年鉴，说法正确的有(　　)。

A. 年鉴具有新颖性，可弥补百科全书不能经常修订和资料不及时的缺陷

B. 年鉴可以向人们提供一年内全面、真实、系统的事实资料

C. 年鉴通过重印来更新资料

D. 年鉴具有比较系统的连续参考价值

E. 年鉴不能查找有关学科的研究动态

30. 关于选题优化，说法正确的有(　　)。

A. 选题优化是选题策划的基本步骤之一

B. 在选题实施过程中，经常需要对选题进行优化

C. 优化后的选题必须办理重大选题备案

D. 经过优化的选题不能撤销

E. 选题优化包括修订和调整两个方面的工作

31. 关于期刊审稿的特殊要求，说法正确的有(　　)。

A. 期刊编辑要从维护作者队伍出发，保证基本作者的稿件有较高采用率

B. 期刊编辑要按照期刊的宗旨和定位决定稿件取舍

C. 期刊编辑审稿时要准确把握各个不同栏目的风格

D. 采用内容质量上乘的稿件，无须考虑篇幅问题

E. 期刊编辑审稿要注重时效性

32. 书刊正文编辑加工整理的主要内容包括(　　)等。

A. 纠正知识性差错　　B. 润饰文字

C. 核对引文　　D. 调整结构

E. 核改索引

33. 关于书刊的注释，说法正确的有(　　)。

A. 注释属于辅文，用于说明或补充正文

B. 校正注释是在完成正文的编辑加工整理之后进行

C. 注释分为夹注、脚注和文后注等

D. 每条注释一般不应超过 100 字

E. 需要注释的事项一般在其首次出现时加注，后面不需重复注

34. 编辑在书刊宣传中应做的工作包括(　　)等。

A. 提供新书简介、书讯　　B. 组织、撰写书刊评论

C. 制作销售订单　　D. 审核出版物宣传材料

E. 签订销售合同

35. 关于图书版本记录页，说法正确的有(　　)。

A. 版本记录页一般位于底封

B. 版本记录页应有版权说明

C. 图书在版编目数据又称"CIP 数据"，是版本记录页的重要组成部分

D. 版本记录页习惯称为"版权页"

E. 版本记录应置于版本记录页的上部位置

36. 期刊的面封上必须载明期刊的(　　)等。

A. 发行范围　　B. 刊名　　C. 期号　　D. 出版地

E. 出版年份

37. 关于书刊版面字数，说法正确的有(　　)。

A. 版面字数是指一个版心内可以容纳的印刷字数量

B. 图书版本记录中的字数就是该书刊的版面总字数

C. 版面字数为正文主体文字的每行字数乘以每面行数之积

D. 计算版面字数时，书眉文字和页码不包括在内

E. 计算版面字数时，应扣除表格和图片所占行数

38. 关于书刊中的和合面，说法正确的有(　　)。

A. 前一张书页的反面页面与后一张书页的正面页面对合构成和合面

B. 一个和合面分属两张书页

C. 和合面的两个页面的订口宽度应适当缩小

D. 一个和合面在两个页面相联处应尽量左右对齐

E. 一个和合面在计算版面字数时应作为一个页面计算

39. 版心大小要根据(　　)等来选择确定。

A. 图书的性质　　B. 图书的种类

C. 图书的既定开本　　D. 正文的段空

E. 图片的数量

40. 责任校对的职责包括(　　)等。

A. 承担各校次的核红工作　　B. 监督检查各校次的质量

C. 负责处理各校次提出的疑问　　D. 负责校样的文字技术整理工作

E. 负责付印样的通读

41. 我国校对工作的基本制度包括(　　)等。

A. 坚持责任校对制度　　B. 坚持三审制度

C. 坚持“三校一读”制度　　D. 坚持责任编辑制度

E. 坚持清样退还作者制度

42. 需要严格依次进行的校对操作基本工序包括(　　)等。

A. 初校　　B. 誊样　　C. 通读　　D. 核红

E. 对片

43. 关于校对工作和编辑工作的关系，说法正确的有(　　)。

A. 校对工作是编辑工作的前提

B. 在古代相当长的时期里，编辑与校对是合一的

C. 校对工作和编辑工作的区别在于是否使用校对符号

D. 编辑工作与校对工作有共同的目标

E. 校对工作与编辑工作相互依赖、相互配合

44. 组版前，图像原稿存在(　　)等情况，需要利用相应软件进行加工。

A. 曝光不准确　　B. 有斑点、擦痕

C. 严重不完整　　D. 尺寸不匹配

E. 图像偏色

45. 书刊印前制作中图稿检核的具体要求包括检核(　　)等。

A. 图的位置安排是否明确说明　　B. 图稿与内容的贴合度

C. 图稿的著作权是否落实　　D. 图稿的印刷适性

E. 图稿的表观质量

46. 出版物从出版单位到达消费者手中的发行过程包括(　　)等形式。

A. 出版单位→消费者

B. 出版单位→零售商→消费者

C. 出版单位→批发商→批发商→零售商→消费者

D. 出版单位→零售商→零售商→消费者

E. 出版单位→批发商→连锁经营商→消费者

47. 出版物购销是指(　　)的出版物商品交换活动。

A. 出版单位与发行商之间　　B. 出版单位与消费者之间

C. 批发商与批发商之间　　D. 批发商与零售商之间

E. 发行商与消费者之间

48. 出版物发行直接渠道具有的优势包括(　　)等。

A. 有利于形成良好的产销关系　　B. 促进专业化分工与协作

C. 主动性强　　D. 发行费用低

E. 便于及时得到反馈信息

49. 审稿意见一般包括(　　)等内容。

A. 稿件内容概述　　B. 出版成本预算

C. 稿件的基本情况　　D. 稿件的价值评估和质量判断

E. 稿件处理意见

50. 关于出版物预告，说法正确的有(　　)。

A. 阅读对象主要是大众读者

B. 字数一般有限制

C. 一般有固定的撰写格式

D. 有些数据，如定价等，可采取估计的办法

E. 文字要通俗易懂，能吸引阅读者

51. 撰写出版物评论要(　　)。

A. 突出时效性　　B. 征求作者对出版物的意见

C. 实事求是，客观公正　　D. 详细介绍出版物内容

E. 对大众阅读有指导作用

52. 关于退稿信，说法正确的有(　　)。

A. 一般以出版单位名义发出　　B. 应该由终审者撰写

C. 不提及稿件的优点　　D. 应主要说明稿件未能采用的原因

E. 退稿信的撰写，要努力做到"退稿不退人"

53. 关于编辑工作中的日常联系信，说法正确的有(　　)。

A. 日常联系信是编辑在工作过程中与作者进行联系的信件

B. 编辑了解作者创作进度、讨论稿件内容时一般写日常联系信

C. 日常联系信不可以用公函形式

D. 日常联系信中应该向作者如实告知出版单位内其他人员对其稿件的不同看法

E. 日常联系信要归档保存

54. 关于数字内容加工中的图书元数据，说法正确的有(　　)。

A. 一般使用 DOC 或 DOCX 格式存储　　B. 用来描述图书的基本属性

C. 全部来源于图书的版权页　　D. 可使用工具软件从排版文件中提取

E. 主要包括图书封面和正文

55. 数字内容资源中的内容通常包括(　　)等。

A. 素材　　B. 元数据　　C. 载体形式　　D. 传播方式

E. 用户体验

三、选答选择题(共2组，其中★组主要考核传统出版内容，▲组主要考核数字出版内容。每组各10题，其中前5题为单项选择题，每题1分；后5题为多项选择题，每题2分。请任选其中1组作答，如2组都作答，只按★组计分)

★组　传统出版

选答单项选择题

56. 对经过三审决定接受出版的稿件，可不与作者签订出版合同的出版单位是(　　)。

A. 图书出版社　B. 期刊社　C. 音像出版社　D. 电子出版社

57. 关于书刊形态中的左翻本，说法错误的是(　　)。

A. 左翻本书口在左，书脊在右

B. 左翻本适用于字行顺序从上到下、文字从左到右阅读的横排书刊

C. 左翻本适用于字行顺序从左到右、文字从上至下阅读的竖排书刊

D. 左翻本翻开后，位于右侧的都是单码面

58. 一般书刊印前制作过程中，图文处理是(　　)的一个必要环节。

A. 原稿检核之后、图文输入之前　B. 图文输入之后、图文输出之前

C. 图文输出之后、印版制作之前　D. 印版制作之后、打样之前

59. 关于书刊的印刷质量要求，说法错误的是(　　)。

A. 页面干净，无明显折痕　B. 墨色均匀，色调基本一致

C. 图像分明，层次清晰　D. 文字清晰，无错别字

60. 出版社将出版物通过大型购物网站销售给读者，这种发行渠道的类型属于(　　)。

A. 兼营渠道　B. 直接渠道　C. 间接渠道　D. 连锁渠道

选答多项选择题

61. 关于图书重印，说法错误的有(　　)。

A. 图书重印符合最佳经济效益原则

B. 图书重印时可以改变开本

C. 责任编辑需要对拟重印的图书进行审核

D. 图书重印时，需要对原书中不完善、不完美地方全部改正

E. 如果原书中必须改动的地方超过全书页面的1/3，为满足市场急需，也可安排重印

62. 关于平装，说法正确的有(　　)。

A. 平装也称“简装”

B. 平装分为普通平装和勒口平装

C. 平装封面也称为“书壳”或“封壳”

D. 有些平装可改进为“软精装”或“半精装”

E. 平装普遍适用于图书和期刊

63. 下列属于数字印刷的有(　　)。

A. 凸版印刷　B. 热敏印刷　C. 平版印刷　D. 静电印刷

E. 喷墨印刷

64. 在工艺流程上，平装比骑马订装多出的环节有(　　)。

A. 折页　　B. 订书　　C. 包本　　D. 烫背

E. 切书

65. 关于出版物零售，说法正确的有(　　)。

A. 零售的销售量没有定规

B. 零售的销售对象可以是零售商

C. 个人也可以申请经营出版物零售业务

D. 零售可以扩大出版物销量

E. 零售可随时与消费者沟通信息

▲组　数字出版

选答单项选择题

66. 在纸质图书数字化加工过程中，紧跟在“图书扫描”环节之后的是(　　)环节。

A. 内容校对　　B. OCR 识别　　C. 版面分析　　D. 图像处理

67. 在数字化加工的质量控制方法中，根据要求逐一清点加工数量和加工类型的方法是(　　)。

A. 点验　　B. 人工抽样检验

C. 应用环境模拟校验　　D. 批处理数据校验

68. 电子书阅读平台定期从内容资源库获取图书资源的下载方式是(　　)。

A. 自由下载　　B. 授权下载　　C. 批量下载　　D. 自动下载

69. 利用普通网民的上传行为来积累数字资源的信息内容获取方法是(　　)。

A. 付费外购　　B. 公开征集　　C. 定向索取　　D. 转移和复制

70. 使用《中国图书馆分类法》对图书进行分类标引的数字内容标引策略是(　　)。

A. 整体标引　　B. 分散标引　　C. 自由标引　　D. 受控标引

选答多项选择题

71. 对数字内容加工后的 PDF 文档进行质量校验主要包括(　　)等。

A. 内容的完整性　　B. 版式的规范性

C. 文字的正确性　　D. 校验工具的可靠性

E. 校验人员的专业性

72. 关于专题数据库产品，说法正确的有(　　)。

A. 内容丰富、检索手段多、检索速度快

B. 百科全书和工具书不适合设计成专题数据库产品

C. 可根据产品需求规格书中的内容要求进行专题资源的遴选

D. 产品整合完成后，专题数据库即可上线发布

E. 遴选结束后可由计算机程序自动完成选中内容的抽取

73. 在数字出版产品制作过程中，内容整合需要遵循的原则有(　　)。

A. 完整性　　B. 分散性　　C. 唯一性　　D. 有效性

E. 准确性

74. 关于数字内容资源的审核，说法正确的有(　　)。

A. 内容资源审核必须全部由人工完成

B. 定期或不定期地抽查内容资源质量

C. 审核内容资源标引的完整性和规范性

D. 审核内容资源本身的全面性和系统性

E. 内容资源加工人员同时担任内容审核人员

75. 下列文档中，属于非结构化数字内容的有(　　)。

A. TXT 文档　　B. PDF 文档　　C. JPG 文档　　D. XML 文档

E. ePub 文档

四、综合题(共 5 题，100 分。要求用黑色墨水笔在答题卡指定区域内作答)

76. 编辑加工题：阅读分析短稿，并按照稿件加工整理的规范进行编辑加工。(本题 20 分)

可燃冰：神秘的未来能源

20 世纪六十年代以来，人们陆续在冻土带和海洋深处发现一种外形像冰的白色液体物质。它是由天然气(主要成分为甲烷)和水在低温高压条件下形成的天然气水合物，有极强的燃烧力，可作为优质能源，俗称“可燃冰”。

能源危机让人们忧心憧憧，而可燃冰就像是上天赐予人类的珍宝，被称为“神秘的未来能源”。现在探明的可燃冰储量，比全世界煤碳、石油和天然气加起来的储量要多几百倍。据保守统计，全世界海底天然气水合物中贮存的甲烷总量约为 1.8 亿 m^3，约合 1.1 万亿吨，仅海底可燃冰的储量就够人类使用 1000 年。可燃冰不仅储量大，而且能源高。据测算，1 立方米可燃冰的燃烧值等同于 160 立方米的气态天然气。加 100 升天然气的汽车能够行驶约 300 千米，如果汽车能够加入相同体积的可燃冰，那么理论上就可行驶约 4.8 万千米。如此数量巨大的能源是人类未来能源的新希望。

但是可燃冰对人类生存环境也提出了严峻挑战。可燃冰中的甲烷，其温室效应作用比一氧化碳强很多，而温室效应造成的异常气候和海面上升正威胁着人类的生存。

全球海底天然气水合物中的甲烷总量约为地球大气中甲烷总量的 3000 倍，如果开采不当，后果是灾难性的。可燃冰矿藏那怕受到最小的破坏，都足以导致甲烷气体的大量泻漏。另外，陆缘海边的可燃冰开采起来十分困难，一旦发生井喷事故，就会出现大规模的海底滑坡，造成海啸、海水毒化等巨大灾害。所以，可燃冰的开发利用就像一把“双切剑”，需要小心谨慎对待。

77. 校对题：按照原稿改正校样中的错误；若认为原稿有差错，用黑色墨水笔以校对质疑的方式指出。(本题 20 分)

【原稿】

“体检报告”显示地球很不健康

2012 年，世界自然基金会(WWF)在北京发布了被称为“地球体检报告”的《地球生命力报告 · 2012》。报告编写者称“地球现在很不健康。”报告的结论主要基于两个关键性指标——“地球生命力指数”和“人类生态足迹”。

报告称，当前我们的生活方式过度消耗了自然资源，如不改变这一趋势，到 2030 年既使两个地球也不能满足人类需求。

一、地球生命力指数：40 年来下降了 28%

《地球生命力报告 · 2012》使用地球生命力指数来衡量地球生态的健康状况。该指数追踪了2688个分布在不同生态系统和地区的哺乳动物类、鸟类、爬行类、两栖类、鱼类物种中的9014个种群的规模变化趋势。

地球生命力指数显示，全球生物多样性健康状态比1970年下降了28%。1970年至2008年间，热带地区地球生命力指数下降率约为61%。

这份报告指出，由于缺少全球性的公约来保护森林生态系统，虽然部分国家作出了努力，全球森林覆盖面积在里约会议后的20年中仍然减少了300万平方千米，相当于整个印度的国土面积。好在第二个10年中减少的面积比第一个10年少，这表明毁林的速率可能正在放缓。一些国家，如美国、欧洲部分国家、哥斯达黎加、中国和印度的森林面积已经开始回升。此外，巴西亚马孙地区的森林在经过10年的惨重损失后，砍伐速率比2004年下降了70%。目前以遏制森林丧失为目标的可持续管理认证体系覆盖全球大约10%的森林，但是极少数高生产力热带雨林的可持续管理认证仍然不够。

二、人类生态足迹：超过地球生物承载力的50%

人类生态足迹是反映人类对自然资源需求的重要指标。它通过对人类需求和地球可再生能力的比较，追踪人类对生物圈的竞争性需求。报告指出，人类生态足迹已经超过地球生物承载力的50%，令人担忧，因为这意味着地球需要用一年半的时间来生产人类一年内消耗的可再生资源。

据WWF介绍，在过去20年里，生产1美元GDP所需的材料数量已下降了15%。同样，自1992年以来，全球经济碳强度降低了23%。在1992年地球峰会时，生产1美元的GDP需要排放600多克二氧化碳，而到2007年已下降到460克左右。如今，世界正在慢慢地转向低碳能源。调查结果表明，自2004年以来，人们对可再生能源(如太阳能和风能)的投资增加了540%。因此，太阳能使用量是20年前的300倍，风能是60多倍。

“这是一个好的开始，表明我们正转向更高效利用能源。但是，现在尚未扭转碳排放量上升的趋势。这主要是因为各国仍然依赖化石燃料。”报告说。

三、人类如何应对

该报告提出一系列建议，旨在扭转地球生命力指数下降的趋势，把人类生态足迹拉回“一个地球”的限度内。建议中列为优先行动的，是改进消费模式，核算自然资本价值，构建法律政策框架，公平管理食物、水和能源，等等。

【校样】

“体检报告”显示地球很不健康

2012年，世界自然基金会(WWF)在北京发布了被称为‘地球体检报告’的《地球生命力报告·2012》。报告编写者称“地球现在很不健康。”报告的结论主要基于两个关键性指标—“地球生命力指数”和“人类生态足迹”。

报告称，当前我们的生活方式过度消耗了自然资源，如不改变这一趋势，到2030年既使两个地球也不能满足人类需求。

一、地球生命力指数：40年来下降了28%

《地球生命力报告.2012》使用地球生命力指数来衡量地球生态的健康状况。该指数追踪了2688个分布在不同生态系统和地区的哺乳动物类、鸟类、爬行类、两栖类、鱼类物种中的9014个种群的规模变化趋势。

地球生命力指数显示，全球生物多样性能健康状态比1970年下降了28%。1970年至2008年间，热带地区地球生命力指数下降率约为61‰。

这份报告指出，由于缺少全球性的公约来保护森林生态系统，虽然部分国家作出了努力，全球森林覆盖面积在里约会议后的20年中仍然减少了300万平方千米，相当于整个印度的国土面积。好在第二个10年中减少的面积比第一个10年少，这表明毁林的速率可能正在放缓。

一些国家，如美国、欧洲部分国家、哥斯达黎加、中国和印度的森林面积已经开始回升。此外，巴亚西马孙地区的森林在经过10年的惨重损失后，砍伐速率比2004年下降了70%。目前以遏制森林丧失为目标的可持续管理认证体系覆盖全球大约10%的森林，但是极少数高生产力热带雨林的可持续管理认证仍然不够。

二、人类生态足迹：超过地球承载力的50%

人类生态足迹是反映人类对自然资源需求的重要指标。它通过对人类需求和地球可再生能力的比较，追踪人类对生物圈的竞争性需求。报告指出，人类生态足迹已经超过地球生物承载力的50%，令人担忧，因为这意味着地球需要用一年半的时间来生产人类一年内消耗的可再生资源。

据WMF介绍，在过去20年里，生产1美元GDP所需的材料数量已下降了15%。同样，自1992年以来，全球经济碳强度降低了23%。在1992年地球峰会时，生产1美元的GDP需要排放600多克二氧化碳，而到2007年已下降到460克左右。如今，世界正在慢慢地转向低碳能源。调查结果表明，自2004年以来，人们对可再生能源（如太阳能和风能）的投资增加了54%。因此，太阳能使用量是20年前的300倍，风能是60多倍。“这是一个好的开始，表明我们正转向更高效利用能源。但是，现在尚未扭转碳排放量上升的趋势。这主要是因为各国仍然依赖化石燃料。”报告说。

三、人类如何应对

该报告提出一系列建议，旨在扭转地球生命力指数下降的趋势，把人类生态足迹拉回“一个地球”的限 度内。建议中列为优先行动的，是改进消费模式，核算自然资本价值，构建法律政策框架，公平管理食物、水和能源，等等。

78. 本题包括2道分题，其中A分题有关传统出版，B分题有关数字出版。请任选1道分题作答。如果作答不止1道，将按排列在前的分题计分。（本题20分）

78－A. 计算简答题：根据所给材料回答问题。（需计算后回答的问题，须列出算式；每个问题计算过程中的小数均保留实际位数，计算结果有小数的，小数保留2位。）

某社科出版社策划出版《老年人健康手册》一书。该书约30万字，有少量表格和插图，责任编辑要求采用大32开、黑白印刷，整体设计朴素大方，尽量节约生产成本。

该书拟订的设计方案包括：左翻本，骑马订装；封面无勒口，用定量为200克/米^{2}的铜版纸印刷，热固化上光；书心用定量为120克/米^{2}的胶版印刷纸印刷。

书心付印清样包括扉页1面、出版说明1面、后记2面、目录3面、正文340面、参考文献2面、版本记录页1面。

该书共印8000册，正文纸张的加放率为3%。

问题一：该书拟订的设计方案中存在哪些不妥？应如何修改？

问题二：请根据付印样数据，排定书心各部分的装订顺序及其所占页面数，按示例填入括号中。

扉页（排第1，占1面）

出版说明（排第　，占　面）

后记（排第　，占　面）

目录（排第　，占　面）

正文（排第　，占　面）

参考文献（排第　，占　面）

版本记录页（排第　，占　面）

问题三：该书书心有多少印张？

问题四：印制该书书心需要用纸多少令？

78－B. 简答题：根据所给材料回答问题。（凡要求作选择回答的问题，应将与所选选项对应的字母填写在答题卡上的相应括号内。把错项选入，该问题不得分；正确项少选，按所选的正确项数量得分。凡要求作陈述回答的问题，请将答案书写在答题卡的相应区域。）

某出版社为了实现内容资源的集中存储，提高数字内容资源的使用价值，特成立专门部门，负责数字内容资源的管理工作。

该部门近期的任务目标有：

（1）收集散落在编辑部门、排版公司、印刷厂等处的图书排版电子文件；

（2）对于出版单位选定的某些价值较高且没有信息网络传播权的资源要想办法取得相应授权；

（3）对收集到的内容资源进行检查、整理和标引，并存储进内容资源管理系统。

问题一：请根据部门任务目标确定资源入库管理工作内容。

问题二：该部门可以采取哪些有效的方法和途径获取高价值的数字内容资源？请作选择回答。

A. 付费外购　　B. 定向索取　　C. 加工标引　　D. 对等交换

E. 转移和复制

问题三：简述内容资源入库审核的主要内容。

79. 计算简答题：根据所给材料回答问题。（需计算后回答的问题，须列出算式；每个问题计算过程中的小数均保留实际位数，计算结果有小数的，小数保留2位。）（本题18分）

2017年3月，A出版社出版了由著名作家撰写的儿童文学作品《发现之旅》，该书定价28.00元，第1次印刷了60000册。

在该书上市之前，A出版社在多家媒体上发布了新书广告，通过自己的网络平台以75%的折扣率预售图书10000册。

该书正式出版后，甲发行集团订购该书20000册，乙网上书店订购20000册，商定的发行折扣率均为60%，未销出的图书均可以退货。为配合图书的发行，A出版社在北京召开了新书发布会，并向与会者赠送《发现之旅》样书。邀请作者和有关专家到某些一线城市进行专题演讲，并与读者进行互动；同时，作者现场签名，以原价销售图书共5000册。这些措施影响很大，多家媒体及时进行了报道。因此，甲发行集团订购的图书销售态势良好，于是追加订数10000册。考虑到该书的销售情况和库存量，A出版社加印20000册。

另外，为了促进该书的销售，A出版社还通过本社门市部向读者让利10%销售8000册，同时附赠印有该书主人公形象的书签和卡通画。

到2017年底，甲发行集团共退货5%，乙网上书店退货10%，并与A出版社及时结清了货款。

问题一：在发行该书的过程中，A出版社采用了哪些引导消费的方法？

问题二：在发行该书的过程中，A出版社采用了哪些促进销售的方法？

问题三：该书采用了什么购销形式？

问题四：该书的出版码洋是多少元？

问题五：甲发行集团的进货码洋是多少元？

问题六：出版社的回款实洋是多少元？

80. 写作题：根据所给材料撰写选题报告。（本题22分）

2018年1月，在一次学术研讨会上，东华出版社编辑于飞了解到省社科院历史研究所秦方研究员主持的国家社科基金项目已经完成。该项目从改革开放以来每一年的历史事件中选取几个代表性事件，寻找事件亲历者进行访谈，让亲历者讲述历史细节，再现历史情景。会后，于飞拜访秦方研究员，表达了希望将该项目成果结集出书的想法，得到秦方研究员同意，并暂定书名为《火红记忆》。双方初步约定2018年6月交稿，10月出书，纪念改革开放四十周年。于飞计划在图书出版后，通过举办作者签售会、图片摄影展、读者征文等系列活动，来宣传该书。责任编辑于飞负责选题申报事宜。

请以于飞的名义，撰写一份选题报告。

答案及详解

一、单项选择题(共25题，每题1分。每题的备选项中，只有1个最符合题意)

1. C 【考点】词典的特点

【解析】字典、词典主要有如下几个方面的特点：①以条目为基本单元。一部字典或词典主要由大量条目依一定顺序编排组成。②检索的专指性强。只要根据字头或词目查找到相应条目，就可以获得相应的知识。③解释简明、规范。字典、词典中的条目通常都比较精练，释文具有开门见山、简练明白的特点，提供给读者的是最重要、最基本的知识。

2. A 【考点】字典、词典的类型

【解析】词典从不同的角度可以划分出不同的类型。从出版专业技术人员的工作实践来看，最需要熟悉的是按照词目性质和释文内容划分的词典类型。其中，语文词典一般可以分为普通语文词典和特种语文词典两类。普通语文词典兼收汉字和多音节的复词、固定词组、成语、典故等，即词典中字条和词条并存，并且词条通常按首字紧随在相应的字条之后，其中的词语是日常生活、工作、学习中会遇到的普通词语(包括一部分已经进入日常生活中的专业性词语)。释文一般标明词目的读音，解释其意义和举例说明用法，如《现代汉语词典》等。

3. B 【考点】古代百科资料的检索

【解析】类书是摘录、汇辑多种文献中的原文，按内容性质分门别类地编排，以供寻检和征引的工具书。我国现存最大的类书是清朝康熙年间所编的《古今图书集成》。

4. A 【考点】常用排检方法

【解析】部首法的应用在我国有悠久的历史。东汉许慎编《说文解字》，将9353个汉字(小篆)按字形和字义归纳为540部，首创部首编排法。其后的字典编纂继承了这一方法，并不断发展完善。

5. D 【考点】需要采集的信息内容

【解析】编辑需要采集的信息主要有一般信息和专业信息。其中，一般信息包括：①社会发展信息，指影响或制约社会发展的信息，包括党和国家关于经济发展和社会发展的方针政策与发展规划，有关出版的法律法规和政策，经济形势变化，人口状况，国民教育状况，国民购买力和基本生活指数等各类信息，以及国际形势。②科学文化信息。

6. D 【考点】审稿制度

【解析】D项，根据出版专业职业资格制度的规定，担任责任编辑的人员必须具备中级及以上的出版专业职业资格并经注册而持有责任编辑证书。助理编辑人员不能担任责任编辑，虽然可以在具备一定条件后承担初审工作，但是不能独立负责这个审级。

7. C 【考点】期刊宏观层次的选题策划

【解析】期刊的宏观层次选题策划，是对一种期刊的总体策划，涉及期刊的性质、宗旨、编辑目的、编辑方针、内容定位、读者定位、风格定位、出版周期、形态结构等，决定着一种期刊的总体面貌和办刊宗旨。C 项属于中观层次。

8. B 【考点】选题论证与立项

【解析】A 项，在出版单位内部，编辑人员设计的选题，必须经过集体论证，才可以成为出版单位的生产项目。B 项，社级集体论证一般采用论证会的形式。通常由总编室收转材料、组织会议，社长或总编辑主持。C 项，选题要经过三级审批。第一级为拟任责任编辑的人员，第二级为编辑部主任，第三级为总编辑。D 项，论证通过，一般选题经社长、总编辑一级领导批准、签字便成为可以实施的正式项目，在总编室建档备案(最迟在发稿前一个月报省级新闻出版主管部门备案)的同时，由编辑部门开始实施。

【说明】根据最新版考试教材，C 项知识点已删除。

9. D 【考点】书刊整体设计的内容

【解析】书刊整体设计，包括外部装帧设计和内文版式设计。其中，书刊外部装帧设计包含以下三种：①形态设计，包括书刊开本的选择与书刊结构、装订样式的确定。②美术设计，以准确反映作品内涵为前提，包括对封面、护封、环衬、衬页、扉页、插页等书刊结构部件从审美角度进行艺术形式设计。③表面整饰设计，包括纸张、装帧工艺材料的选用和相应表面整饰工艺方案的选择。D 项，版心规格属于内文版式设计。

10. A 【考点】图书的必备结构部件

【解析】图书的必备结构部件，是指任何图书都不可或缺的结构组成部分，包括封面、主书名页和正文书页。如果缺少其中一种，便不能称其为图书。BCD 三项均为图书可选择的结构部件。

11. D 【考点】插图

【解析】AC 两项，插图起着揭示主题、使人物和事物形象化、美化版面的作用。尤其是在少儿读物、科学技术著作或科普著作中，插图的作用往往显得十分重要。

B 项，图注的字号应比图题稍小或稍轻，且要使用较适合阅读的字体，不宜用黑体字。

D 项，插图一般由图、图号、图题和图注构成，但其中的图注是有必要时才设置的，所以大部分插图只有图和图题。有些文艺类书刊中则只有图，没有图题和图注。

12. C 【考点】版式批注方式

【解析】C 项，期刊的版式设计具有灵活多样的特色，各篇文章的版式往往不相同。因此，通常要对每篇稿件一一用直接批注方法说明版式要求。

13. C 【考点】校对的主要功能

【解析】A 项，校是非是指校对者凭借自身储备的知识或其他权威资料，或者凭借校对人员的经验通过原稿内容的内在联系来判断原稿内容是否正确，确认其“是”就通过，确认其“非”就提出疑问，交给编辑核实后处理。B 项，校是非要求校对者不仅要有很强的责任心，而且要具备扎实的文字功底和广博的知识积累。CD 两项，校是非又称“活校”，相对于校异同来说，是一种层次更高、难度更大的校对功能。

14. A 【考点】修改校样的规范操作

【解析】校对人员对于校样中虽与原稿相符，但很可能是原稿本身有错的地方，应该根据校是非的要求向编辑质疑。至于是否修改和怎样修改，则由编辑核对后决定。校对人员无权修改原稿。质疑时，校对人员应在校样上使用铅笔将有疑问处圈起并画引线引至版心外空白处，然后用铅笔直接写明修改建议后打一问号，或写明具体看法，交由编辑处理。

15. A 【考点】校样的种类

【解析】A 项，将毛校样和一校样的概念混淆。毛校样是排版单位在向出版单位正式提交校样之前，将已经排好的版面打印出来进行毛校的样张。而初校样又称“一校样”，是排版单位向出版单位第一次正式提交的校样，这个过程称为“提校”。

16. B 【考点】校对的基本方法

【解析】现代著名学者陈垣在其所著《校勘学释例》一书中，将校对的基本方法分成四种类型，即对校法、本校法、他校法和理校法。这种分类，得到我国校勘界与校对界的普遍认同。其中，他校法是在对校样内容存在疑问时，利用内容相关的其他权威文献(包括工具书和各类法规、标准、规范)来判断正误的校对方法。利用《现代汉语词典》《辞海》《汉语大字典》《汉语大词典》《作者编辑常用标准及规范》等工具书来校正文字差错和知识性差错，就是运用他校法的具体做法之一。

17. A 【考点】图像的输入与存储

【解析】将图像输入计算机的方式主要有：①扫描输入，是最常用的方式；②数字文件直接输入，一般是利用数字照相机、图像类电子出版物和互联网上存储的资源；③视频捕获卡输入，采用这种输入方式，主要看重图像的新闻价值。A 项，数字化仪输入是图形输入的方式。

18. D 【考点】出版物发行的概念及构成要素

【解析】出版物发行是指出版单位通过商品交换将出版物传送给消费者的活动。一项完整的出版物发行活动主要包括出版物发行者、出版物和出版物消费者三个要素。其中，出版物发行者是指从事出版物发行活动的单位与个人，即出版物发行主体，主要包括出版单位和出版物发行商。

19. B 【考点】出版物批发

【解析】出版物批发交易的具体形式主要有：①目录征订交易，即通过寄发征订目录(或加上样品)，由需购者填单交易。②参加订货会现场交易，由供求双方在订货会上面谈成交。③到批发市场上进行现货批销，即一手交钱、一手交货式的交易。④网上电子商务交易，即通过采用电子商务模式的网站发布信息、订购、确认订购、配送产品和结算货款，来实现出版物交易。B 项，流动书摊销售属于出版物零售。

20. D 【考点】约稿信的内容

【解析】约稿信是在选题批准之后撰写的，其主要内容来自选题报告，主要有以下几点：①稿件的题目；②写作的内容和要求；③读者对象；④字数和交稿时间；⑤可供参考的资料；⑥写作中应注意的事项；⑦对著作方式的具体要求。

21. C 【考点】撰写编辑应用文的基本要求

【解析】C 项，利用计算机撰写编辑应用文，要将电子文本打印出来并核对无误后，手书签署写作者姓名和写作时间。这样的文本才具有正式文件性质，可以作为依据。

22. B 【考点】编辑计划

【解析】B 项，编辑计划的有些项目虽然与选题报告相同，但内容上还是会有细微差别的。如选题报告只是编辑初步设想的体现，而编辑计划则是经过出版单位讨论认可后的选题的实施计划，其各项内容应该是集中了参与决策者的意见，所以更加明确、鲜明。二者具有先后顺序，不能同时拟定。

23. D 【考点】凡例的特点

【解析】凡例又称“义例”“例言”“编辑凡例”等，是说明书籍内容和编纂体例的文字。凡例有几个比较明显的特点：①有一定使用范围。凡例大多用于工具书(如字典、词典、百科全书等)，古籍校勘标点本、注释本，汇编本、文集等。②重点介绍体例。除了关于内容的原则说明外，凡例的重点是介绍体例，如词典的条目安排、注音规则、释义原则、格式安排、符号含义、检索方法，等等。③分条分款列出。凡例一般采用脉络分明、直截了当的条款形式，不必有承上启下的其他文字。

24. B 【考点】数字内容加工

【解析】根据出版单位数字内容使用要求，数字化加工工作可以分为：初级加工、中级加工和高级加工。其中，高级加工是指进行数字内容的结构化、碎片化加工和元数据标引，为出版单位开展知识服务奠定基础。A 项为初级加工的内容；CD 两项为中级加工的内容。

【说明】根据最新版考试教材，该知识点已删除。

25. C 【考点】数字内容资源的类型

【解析】结构化数字内容是指存储在数据库内的、可以用二维表结构来逻辑表达实现的各种数据和记录信息。20 世纪 70 年代以来，大量的结构化信息被存储在数据中，成为企业重要的信息资源。A 项属于非结构化数字内容；BD 两项属于半结构化数字内容。

【说明】根据最新版考试教材，该知识点已删除。

二、多项选择题(共 30 题，每题 2 分。每题的备选项中，有 2 个或 2 个以上符合题意，至少有 1 个错项。错选，本题不得分；少选，所选的每个正确项得 0.5 分)

26. BDE 【考点】字典、词典的组织结构

【解析】字典、词典一般由以下部分组成：①正文，是解释字或词的部分，是字典、词典的主体，由一定数量的条目依一定顺序编排而成。②辅助说明，包括序言、前言、凡例等，位于正文之前，通过它们可了解编纂目的、读者对象、取材范围、编排方法和体例说明等。③目录，一般在正文之前。④索引，一般在正文之后，也可在正文之前，且一种书可有多种索引。⑤相关附录，是指正文后面附有的相关参考资料，以补充正文或辅助查考。

27. ACDE 【考点】百科全书

【解析】百科全书主要有三个特点：①概述性。它是百科知识的总汇，它用准确、精练的语言，系统、全面地叙述和说明人类各个知识领域或某个知识领域的基本事实、基本概念和基本理论，提供各种事物的基本知识、历史和现状。②完备性。它被称为“工具书之王”，几乎囊括了各方面的知识。③权威性。它是供长期查检和引据的权威工具

书，带有“知识标准”的性质，是一个国家和一个时代科学文化发展水平的重要标志。其权威性体现在编者、撰稿人和出版者三方面。现代百科全书已形成完整的系列，以适应不同文化层次、不同专业乃至不同年龄段读者的需要。就内容看，可分为以下三大类：综合性、专业性和地域性百科全书。百科全书以条目为基本单元，全面、系统地介绍知识。B 项，百科全书条目依主题的宽窄，释文既有长至十几万字的，也有仅百余字的。

【说明】根据最新版考试教材，E 项“全面、系统地介绍知识”已删除。

28. ACE 【考点】专门词汇和诗词文句的查找

【解析】查成语、典故，可利用的检索方法包括：①利用通用词典，如《辞源》《汉语大词典》《辞海》等。②利用专门的成语、典故词典，如《中国成语大辞典》《中华成语全典》《汉语成语大词典》《常用典故词典》《世界成语典故辞典》《中外典故大词典》等。③利用类书，如《艺文类聚》《太平御览》《渊鉴类函》《佩文韵府》《骈字类编》等。④利用专门收录成语、典故的网站或用搜索引擎查找。

29. ABD 【考点】年鉴

【解析】A 项，年鉴能及时提供有关学科和事物发展的最新资料，反映各个知识领域在一定时期内的发展动态，可弥补百科全书不能经常修订和资料不及时的缺陷。B 项，年鉴向人们提供一年内全面、真实、系统的事实资料。C 项，年鉴具有时限性，不能通过重印更新资料。DE 两项，年鉴具有比较系统的连续参考价值。通过年鉴，可以查找近些年来国内国际时事、各部门各行业的进展、各学科各专业的研究动态，可查找政府颁布的重要法规文献和逐年可比的统计数据资料，还可以查找机构简介、企业名录、著名人物生平和一些实用性的指南资料等。

【说明】根据最新版考试教材，AC 两项知识点已删除。

30. ABE 【考点】选题优化

【解析】选题策划工作一般包括以下几方面内容：①信息梳理。②选题设计。③选题论证与立项。④选题优化。选题优化不是一个相对独立的步骤，而是一项贯穿于选题运作全过程的工作。除了在选题设计和选题论证时常常需要对选题进行优化外，在整个选题实施过程中，也经常可能由于情况发生变化，发现原来设计的选题与实际情况有所差异，需要对选题进行优化。选题优化包括修订和调整两方面的工作：修订过时或脱离实际的内容，修改原选题定位不够精准之处，增强选题的针对性，提高选题清晰度；根据出版物市场的变化调整选题角度和实施方案，加强可操作性。

31. BCE 【考点】期刊审稿的特殊要求

【解析】A 项，期刊编辑在审稿时，要坚持从期刊出发，按照期刊既定的编辑方针和取稿标准选择稿件，不能降格以求。D 项，作者在写稿时，可以不多考虑篇幅的大小。但是，一本刊物的篇幅，总是事先设定的，一般情况下不会随便变动；其中每个栏目所刊载文章的篇幅，也有一定的浮动范围，相互之间不宜相差悬殊。所以，编辑审稿时须胸有全局，善于控制篇幅。

32. ABCD 【考点】稿件正文编辑加工整理

【解析】稿件正文的编辑加工整理主要包括下列内容：①消除政治性、思想性差错，完善原稿观点；②订正事实材料，纠正知识性差错；③核对引文；④调整结构；⑤修正标题，统一层次标志；⑥润饰文字；⑦修改使用不当的标点符号；⑧修改表格；⑨检查图稿。E 项属于辅文编辑加工整理。

33. ACE 【考点】校正注释

【解析】AC 两项，注释属于辅文的一种，又称“注解”，即对正文中某些内容或文字作补充说明，但又不宜作为正文来叙述的文字。常见的有夹注、脚注和文后注。E 项，需要注释的事项，一般应在稿件中第一次出现处加注，要避免注后不注前或重复注的错失。B 项，辅文的编辑加工整理一般是在完成正文的编辑加工整理之后进行，只有校正注释是与正文的加工整理同步进行的。D 项，注释没有字数规定。

34. ABD 【考点】营销宣传

【解析】出版物营销宣传是按照出版物流通的客观规律要求，用各种方式向消费者传递出版物信息，以促进出版物销售的活动。营销宣传工作做得好，有利于吸引消费者并从而扩大销售量，取得较好的社会效益和尽可能好的经济效益。作为对出版物最为了解的编辑人员，对营销宣传工作负有重要的责任与义务。编辑一般要做好以下几项工作：①提供出版物简介和出版简讯等；②组织、撰写出版物评论；③指导设计和发布出版物广告；④提供和审核相关材料；⑤参与策划营销活动。

35. BCD 【考点】版本记录页

【解析】版本记录页习称“版权页”，位于主书名页的背面，即双码面，也不设页码，版本记录页应列载图书的版权说明、图书在版编目数据和版本记录。其中，版权说明应置于版本记录页的上部位置；图书在版编目数据，又称“CIP 数据”，应置于版本记录页的中部偏上位置；版本记录应置于版本记录页的下部位置。

36. BCE 【考点】期刊的结构部件

【解析】国家标准《期刊编排格式》(GB/T 3179—2009)规定，期刊面封必须载明刊名，包括可能有的副刊名和并列刊名。期刊面封还必须在明显位置登载本期刊物的出版年份、卷号、期号(或出版年份、期号)等顺序编号，并且不得以总期号代替年份、卷号、期号(或出版年份、期号)。

37. ACD 【考点】书刊版面的文字数量计算

【解析】B 项，排版字数即图书版本记录中记载的可大致反映图书篇幅的“字数”，与版面总字数也稍有不同。E 项，由于版面字数是“版心内可以容纳的印刷字数量”，而表格和图片等元素位于版心之内，因此，在计算版面字数时无需将其扣除。

38. ABCD 【考点】和合面

【解析】AB 两项，和合面是由前一张书页的反面页面(双码面)与后一张书页的正面页面(单码面)对合构成的一个大版面。一个和合面虽然在物理形态上分属两张书页，但在视觉上却形成一个整体。

CD 两项，由于一个和合面的拼合涉及两张书页，稍有不慎，拼合处就会出现错位，设计人员可以在两个页面相联接处尽量不设置横向的线性部件，以免左右难以对齐；订口宽度适当缩小，以免联结处出现白边。

E项，和合面仅仅在视觉上类似一个版面，而在物理构成上仍然是两个页面。因此，在编页码、计算版面总字数、计算用纸量时，一个和合面仍然应该作为两个页面计算。

39. ABC 【考点】版心的大小

【解析】版心的大小，要根据书刊的性质、种类和既定开本来选择。一般来说，实用型、通俗型书刊和经济型小开本图书，版心不宜过小，以容纳较多的图文内容；休闲类、美术类、随笔类等中型开本的书刊，版心可以相对小一些。

40. BDE 【考点】校对工作基本制度

【解析】《图书质量保障体系》规定，“坚持责任校对制度和‘三校一读’制度”，这是我国校对工作的基本制度。出版单位每出一种书，都要指定一名具有中级或高级出版专业职业资格的专职校对人员为责任校对，负责校样的技术整理工作，监督检查各校次的质量，负责付印样的通读工作。

【说明】根据最新版考试教材，D项“文字技术整理”已改为“技术整理”。

41. AC 【考点】校对工作基本制度

【解析】《图书质量保障体系》规定，出版单位须“坚持责任校对制度和‘三校一读’制度”，这两项制度是我国校对工作的基本制度，对保证出版物校对质量十分有效，必须严格执行。

42. ACE 【考点】校对的基本工序

【解析】校对由初校、二校、三校、誊样、核红、通读、技术整理和对片/对蓝样等基本操作工序组成，其中某些工序需依次进行，某些工序可穿插进行。需要依次进行的校对操作基本工序是初校、二校、三校、通读和对片/对蓝样。

43. BDE 【考点】校对概述

【解析】A项，校对工作是文字性、知识性和技术性的创造性劳动，是编辑工作的延续，是对编辑工作的补充和完善。C项，编辑工作和校对工作都要用到校对符号。B项，校对工作是与编辑工作同时出现的。在古代相当长的时期里，编辑与校对工作是合一的，编书人同时又是校书人。DE两项，校对工作通过校异同订正排版过程中产生的差错，可以保证编辑的工作成果不受损害；通过校是非发现原稿中可能存在的疏漏，以校对质疑的方式向编辑提出问题，则能够帮助编辑把好稿件的质量关。校对与编辑两者相互合作，相互配合。在书刊生产过程中，校对与编辑的目标完全一致，即消灭差错，提高编校质量。

【说明】根据最新版考试教材，DE两项知识点已删除。

44. ABDE 【考点】图像处理

【解析】图像处理是利用特定的硬件设备和软件程序，采用各种数字技术手段，优化图像的质量。在图文输入环节输入计算机的图像，可能存在偏色，曝光不准确，有斑点、擦痕等缺陷或者尺寸不匹配，所以需要利用相应软件进行加工。

45. ADE 【考点】图稿核验要求

【解析】图稿检核除了要求检核图的位置安排（如是串文图还是插页图等）是否明确说明

外，还应该检核图稿的印刷适性和表观质量。

46. ABCE 【考点】出版物发行渠道的类型

【解析】出版物发行渠道的基本类型有两种，即产销结合的直接发行渠道和产销分离的间接发行渠道。直接渠道又称“直销”，是出版单位将出版物直接销售给消费者的渠道。其发行过程为：出版单位→消费者。间接渠道可以区分为下列几种形式：①出版单位→零售商→消费者；②出版单位→批发商→零售商→消费者，并且其中的批发商还可分为多个层级。其中，A 项属于直接发行渠道；BCE 三项属于间接发行渠道。

47. ACD 【考点】出版物购销

【解析】出版物购销，即出版物的购进和销售，特指出版单位与发行商之间、不同发行商之间发生的出版物商品交换活动，不包括出版单位或发行商与消费者之间的出版物商品交换行为。因为发行商包括批发商和零售商，所以批发商与批发商之间、批发商与零售商之间的交换活动也属于出版物购销。

48. CE 【考点】出版物发行直接渠道的优势

【解析】直接渠道主要具有下列优势：①主动性强。②功能综合。③便于及时获得反馈信息。通过直接渠道发行，出版单位直接面向消费者，可以及时了解消费者对出版物的需求与其他相关信息。A 项，盲目发展直接渠道，会影响出版物发行商的利益，从而打击发行商的积极性，不利于形成良好的产销关系。B 项属于间接渠道的优势。

49. ACDE 【考点】审稿意见的内容

【解析】审稿意见包括的内容应当根据稿件的具体情况确定，但“稿件的价值评估和质量判断”与“稿件处理意见”两项，任何审稿意见中都必不可少。审稿意见一般包括以下几项内容：①稿件的基本情况。②作者介绍。一般应介绍作者的经历、专业技术职务、行政职务、已出版的著作及其水平和社会影响等。③内容概述。④稿件的价值评估和质量判断。这是审稿意见的核心内容。⑤稿件处理意见。

50. BCDE 【考点】出版物预告

【解析】AB 两项，出版物预告对出版物有一定的介绍推广作用，在某种意义上也可视为一种宣传广告。不过，较之宣传广告，出版物预告受到的限制比较多：①字数有限制，一般控制在三百字左右，宜少不宜多；②不能作多种体裁的尝试；③阅读对象基本上限于从事出版物发行工作的相关人员，而不是广大的出版物消费者；④表现形式比较单一，一般只用文字，不像广告可以图文并茂，甚至使用多种媒体形式。C 项，出版物预告通常有固定格式，一般采用表格形式。D 项，如果由于出版物还没有正式出版，有些数据如字数、定价、出版时间等只能估计，也要尽可能准确。E 项，出版物预告主要是给从事出版物发行工作的人员看的，撰写时要注意文字通俗易懂，特别是某些较深奥的学术著作和某些读者面较窄的专业著作，要尽量深入浅出，明白晓畅，避免枯燥的术语和生硬的文句。

51. CE 【考点】出版物评论

【解析】A 项，报纸评论具有时效性，书评不具有时效性。

B 项，书评中对作品的评论，对作者也有激励作用或警示作用，有利于提高作品质量，推动学术和艺术的交流，促进科学文化事业的发展和出版业的繁荣。而不是征求作者意见。

D 项，若单纯复述出版物内容的文字，述而不作，不能算出版物评论。

C 项，出版物评论的撰写要客观公正，实事求是。

E 项，出版物评论要推荐好书，批评不好的书，揭露坏书，帮助读者鉴别图书，提高读者的鉴别能力和欣赏能力，对于大众阅读有着指导作用。

52. ADE 【考点】退稿信

【解析】AB 两项，退稿信一般由初审撰写，以出版单位名义发出，对比较重要、复杂或难度较大的稿件，尤其是出版单位约请写作的稿件，可由复审者或终审者撰写。C 项，在指出稿件问题并讲明退稿理由之前，也要适当肯定其中的某些特色或优点；同时要针对存在的问题，指出努力方向。D 项，退稿信的主要内容是说明稿件未能采用的原因。E 项，写退稿信，要努力做到诚恳实在，以理服人，态度明确，“退稿不退人”。要注意从稿件中发现有才能、有潜力而暂时还不成熟的作者，给以适当鼓励和帮助，使作者收到稿件后心悦诚服而不是心灰意冷。

53. ABE 【考点】日常联系信

【解析】C 项，日常联系信既可以采用公函形式也可以采用私函的形式。

D 项，出版单位内部对稿件的不同意见一律不得外传，否则容易发生混乱，造成被动。

AB 两项，日常联系信主要是指编辑在日常工作中与作者联系的信件。约稿之后，编辑要了解作者创作进度，与作者讨论稿件内容，帮助作者解决在创作过程中遇到的困难和问题。

E 项，日常联系信无论是用公函形式还是用私函形式，只要关涉编辑业务工作，就应将相关内容复制或摘要存档，以保证书稿档案的完整。

54. BD 【考点】数字内容标引

【解析】A 项，通常使用工具软件从书刊内容中提取元数据，并以 XML 格式存储在结构化文件中。CE 两项，元数据是描述数据的数据，主要描述书刊各类属性信息，一般分为书刊元数据、篇章节元数据、文章元数据和图表元数据。书刊元数据主要有书刊名、作者信息、CIP 信息、出版印刷信息和包装信息等，是各种书刊类数字出版产品的核心信息，也是内容加工和产品制作的基础信息，如图书元数据通常存在于书名页、版权页和封面中。

55. AB 【考点】数字内容资源的概念

【解析】数字出版产业中的“内容”，业界通常理解为两部分：①素材，指以文本、图片、声音、视频、动画等形式存在的实际的数字对象。它独立于物理载体存在，是一种编码的数字信息。②元数据。描述实际素材和其不同形式的信息，具体又包括与内容相关的元数据、与素材相关的元数据和与位置相关的元数据。

三、选答选择题（共 2 组，其中★组主要考核传统出版内容，▲组主要考核数字出版内容。每组各 10 题，其中前 5 题为单项选择题，每题 1 分；后 5 题为多项选择题，每题 2 分。请任选其中 1 组作答，如 2 组都作答，只按★组计分）

★组　传统出版

选答单项选择题

56. B　【考点】审稿后与作者的联系

【解析】对经过三级审稿后决定接受出版的稿件，期刊出版单位与图书、音像制品、电子出版物出版单位在需做的作者工作上有所不同。前者只要及时以书面形式通知作者其稿件已经决定采用，而后三者除了及时书面通知作者稿件已决定接受出版外，还要按照著作权法的规定与作者签订出版合同。

57. A　【考点】左翻本与右翻本

【解析】左翻本的书脊在左，书口在右，阅读时向左翻开。左翻本适用于字行顺序依次从上至下、文字从左向右阅读的横排书刊(如大部分汉文书刊和英文、俄文等书刊)，或者字行顺序从左向右、文字从上至下阅读的竖排书刊(如蒙古文、满文、锡伯文等书刊)。左翻本翻开后，位于右侧的都是书页的单码面(即单数页码面)，位于左侧的都是双码面(即双数页码面)。

58. B　【考点】传统的书刊印制工艺过程

【解析】传统的书刊印制工艺过程由下列环节构成：原稿检核→图文输入→图文处理→图文输出→打样版制作→模拟打样→印版制作(晒版)→印刷→装订。

59. D　【考点】书刊印刷质量要求

【解析】AB 两项，书刊印刷的质量包括外观质量和图文质量两个方面。书刊印刷的外观质量要求是：①页面干净，无明显脏迹，无明显折痕；②文字完整、清楚，位置准确；③墨色均匀，印页折标的印刷实地密度测量值在规定范围内；④色调基本一致，同批产品各帖纸张的色调也要基本一致；⑤多色版图像的轮廓及位置准确套合，误差在规定范围内。

CD 两项，书刊印刷的图文质量要求是：①文字清晰，无重影，无缺笔断画字、糊字和坏字；②表格线条清楚，无明显模糊不清处；③图像亮、中、暗调分明，层次清晰；网点角度准确，不出重影，亮调网点面积再现范围在规定值内；颜色真实、自然、协调。

60. C　【考点】间接渠道

【解析】出版物发行渠道的基本类型有两种，即产销结合的直接发行渠道和产销分离的间接发行渠道。间接渠道是出版单位通过出版物发行商将出版物销售给消费者的渠道。这是主要的出版物发行渠道。依据位于出版单位与消费者之间的出版物发行商的性质，间接渠道可以分为两种形式。第一种是出版单位→零售商→消费者；第二种是出版单位→批发商→零售商→消费者，并且其中的批发商还可分为多个层级。此题中，大型购物网站属于中间零售商，因此该渠道属于间接渠道。

选答多项选择题

61. BDE　【考点】重印

【解析】B 项，图书重印时，开本、书号、版式均不变，但封面、扉页可以重新设计。D 项，由于重印时对已排版面不宜作大量改动，所以原书中必须改动的仅仅是错误之处，不够完善、不够美满的地方，一般不宜改动。E 项，如果发现原书中必须改动的地方很多(超过全书页面的三分之一)，那么，即使市场上对该图书仍然有相当大的需求量，也不宜重印，但是可以考虑修订后再版。

62. ABDE 【考点】平装

【解析】C项，精装的主要特点是封面的质地较硬、表面装帧讲究、耐用、不易磨损，并且略大于书芯，因而保护书芯的作用明显超过平装样式所采用的软质纸封面。硬质封面也称为“书壳”或“封壳”。

A项，平装又称“简装”，其特点是用较牢固、厚实的软质纸制作的封面把书芯包住，并使封面的书脊与书芯的书背粘牢，构成一个整体。

BE两项，平装书刊装订时，先把若干书帖订联成书芯，再包粘软质封面，然后裁切成册。平装可分为普通平装和勒口平装两种，普遍适用于图书和期刊。

D项，勒口平装样式还常常吸收精装样式封面比较硬的特点，给面封和底封各衬垫一张较厚实的卡纸，使封面更加挺括。对于这种改进型勒口平装样式，又习称“软精装”或“半精装”。

63. BDE 【考点】数字印刷

【解析】数字印刷是使用数据文件控制相应设备，使呈色剂/色料直接在承印物上复制出图文。这种印刷方式不需要印版，只要有已组成版面的电子文件就可直接印刷。按成像方式，数字印刷可分为静电印刷、喷墨印刷、磁性印刷、热敏印刷和热转移印刷等。AC两项属于模拟印刷的方式。

64. CD 【考点】书刊装订工艺流程

【解析】骑马订装的工艺流程最为简单，采用这种装订样式的书刊不但生产周期短，而且成本也较低。组成骑马订装工艺流程的主要环节有：折页→配页和封面→订书→切书→检查包装。平装的工艺流程也比较简单，但在“订书”后的装帧加工上，比骑马订装要多两个环节。组成平装工艺流程的主要环节有：折页→配页→订书→包本→烫背→切书→检查包装。由此可知，平装比骑马订装多出的环节有包本与烫背。

65. ADE 【考点】出版物零售

【解析】出版物零售是指出版物经营者直接向消费者销售出版物。零售商的数量特别多，但销售层次只有一个。出版物零售的特点主要有：①销货对象只是消费者。②销售量没有定规，面向团体消费者的销售，品种和数量一般较多，而面向个人消费者的销售，则以零星的居多。③一般按出版物定价销售。出版物零售的作用主要有：广泛分销以扩大出版物销量；直接为消费者服务；可随时与消费者沟通信息。

▲组 数字出版

选答单项选择题

66. D 【考点】纸质图书数字化加工流程

【解析】纸质书刊数字化加工流程一般分为书刊整理、书刊扫描、图像处理、光学字符识别和校对、内容标引、版式/流式文件加工和质量检验7个主要环节。

67. A 【考点】质量检测方法

【解析】质量检测的方法包括以下几种：①点验，是对数据加工质量中完整性要求定量检验的方法，应根据要求逐一清点加工数量和加工类型；②批处理数据校验，是对数据加工质量中规范性要求定性检验的方法，用于对成品数据规格进行检验；③应用环境模拟校验，是对数据加工质量中的有效性要求进行定性检测；④人工抽样检测，是对数据加工质量中的准确性要求进行定量检测，按照一定比例从交付的成品数据中抽取数据样本进行检测。

68. D 【考点】数字内容资源的下载

【解析】根据检索人的权限大小，从内容资源库下载和导出资源的方式包括以下四种：①自由下载；②授权下载；③批量下载；④自动下载。其中，自动下载是指根据产品或业务需要定期或不定期的从内容资源库中下载和操作内容资源的行为。内容资源库常与业务平台关联，自动下载是业务处理和产品运营的保障，必须给予优先保障。

69. B 【考点】外部资源采集方式

【解析】一般来说，常见的信息内容获取方法与途径包括付费外购、定向索取、公开征集、网络采集、转移和复制、对等交换。公开征集是指传统的出版单位常常向社会广泛征集个人作品或通讯报道，然后加工成册，形成各种出版物。进入互联网时代，尤其是 Web 2.0 时代以后，网络上的征集活动依旧十分流行。这些网站通过普通网民的上传行为，积累了海量的数字内容，进而形成巨大的商业价值。

70. D 【考点】数字内容标引策略

【解析】数字内容标引的策略主要有：①整体标引，是指针对内容资源的整体提取主题予以标引。②分散标引，是指针对内容资源中的片段或集合型内容资源的构成单元所进行的标引。③受控标引，是指采用受控语言进行主题概念表达的标引方式，如采用《中国图书馆分类法》的分类号、《汉语主题词词表》的主题词进行标引。④自由标引，是指采用自然语言语词作标识表达主题概念的标引方式。

选答多项选择题

71. ABC 【考点】质量控制方法

【解析】针对版式 PDF 文件，主要通过人工抽样的方式进行文字准确性检查、书签准确性检查、版式准确性检查和内容完整性检查。

72. ACE 【考点】专题数据库产品

【解析】B 项，专题数据库产品是一种具备独立主题内容或某一专门领域知识的数据库产品。通常大型的百科全书和工具书可设计成此类数字出版产品。D 项，专题数据库在制作完成后需要进行系统测试才能发布，通常要进行功能和性能两方面的测试。

73. ADE 【考点】内容的抽取

【解析】对内容的选择结束后，需要将选中的内容从原有的资源库中抽取出来，一般由程序自动完成。计算机程序根据在选择过程中设定的标记将相应内容完整读取出来并保存。如果内容中还包含其他链接信息，则应根据产品设计需求决定是否同时抽取链接内容。如果内容是从不同资源库中抽取出来的，那么可能出现不同数据的存储结构有差异的问题。这时需要对所有选出的内容进行规范化处理，让所有内容结构统一成一个标准结构，这样的内容才能实现整合。产品内容整合的过程需要遵循完整性、有效性和准确性的原则。

74. BCD 【考点】数字内容资源的入库

【解析】A 项，对内容资源的审核可以使用机器辅助完成部分工作，如一本图书的不同格式文档的命名和标引信息是否一致。E 项，内容审核员不能和内容标引加工人员是同一个人，但内容标引加工人员之间可以相互审核对方的工作结果。

75. ABC 【考点】非结构化数字内容

【解析】非结构化数字内容就是没有明显固定结构特征的信息，包括所有格式的办公文档、文本、图片、网页、各类报表、图像和音频、视频信息等。A 项属于文本文档；B 项属于办公文档；C 项属于图片；D 项，XML 文档属于典型的半结构化数据；E 项为复合数字对象格式文档。

【说明】根据最新版考试教材，该知识点已删除。

四、综合题(共 5 题，100 分。要求用黑色墨水笔在答题卡指定区域内作答)

76. 编辑加工题：阅读分析短稿，并按照稿件加工整理的规范进行编辑加工。(本题 20 分)

答：(1)“六十年代”应改为“60 年代”。

(2)“液体”应改为“固体”。

(3)“忧心憧憧”应改为“忧心忡忡”。

(4)“煤碳”应改为“煤炭”。

(5)“m^3”应改为“立方米”。

(6)“如此数量巨大”应改为“数量如此巨大”。

(7)“一氧化碳”应改为“二氧化碳”。

(8)“异常气候”应改为“气候异常”。

(9)“那怕”应改为“哪怕”。

(10)“泻漏”应改为“泄漏”。

(11)“造成”应改为“引发”。

(12)“双彻剑”应改为“双刃剑”。

77. 校对题：按照原稿改正校样中的错误；若认为原稿有差错，用黑色墨水笔以校对质疑的方式指出。(本题 20 分)

答：(1)标题字号过小，应同原稿一样大。

(2)[‘地球体检报告’]应改为[“地球体检报告”]。

(3)“两个关键性指标”后的单破折号“—”应改为双破折号“——”。

(4)“到 2030 年既使”应改为“到 2030 年即使”，并打上质疑问号。

(5)“《地球生命力报告. 2012》”应改为“《地球生命力报告 · 2012》”。

(6)删去“全球生物多样性能健康状态比 1970 年下降了 28%”中的“能”字。

(7)“61‰”应改为“61%”。

(8)“全球性”的字体为楷体，应与上下文统一，改为宋体。

(9)“这份报告指出……”段应加大右边距与全文一致。

(10)“一些国家……”与上一段接排。

(11)“巴亚西马孙地区”应改为“巴西亚马孙地区”。

(12)“人类生态足迹是……”段应缩小行距，与其他段落一致。

(13)“超过地球承载力”应改为“超过地球生物承载力”。

(14)“据 WMF 介绍”应改为“据 WWF 介绍”。

(15)“增加了 54%”应改为“增加了 540%”。

(16)[“这是一个好的开始……”]段应另起一段。

(17)“三、人类如何应对”顶格缩进二字排。

(18)“该报告提出一系列建议……”段首行缩进二字排。

(19)“限 度”间的字空应删除。

78. 本题包括 2 道分题，其中 A 分题有关传统出版，B 分题有关数字出版。请任选 1 道分题作答。如果作答不止 1 道，将按排列在前的分题计分。(本题 20 分)

78 – A. 计算简答题：根据所给材料回答问题。(需计算后回答的问题，须列出算式；每个问题计算过程中的小数均保留实际位数，计算结果有小数的，小数保留 2 位。)

问题一：该书拟订的设计方案中存在哪些不妥？应如何修改？

答：(1)骑马订装只适用于书页数较少的书刊，可改用平装。平装普遍适用于图书和期刊，且牢度较高。

(2)书芯用纸定量太高，应改用定量为 60 ~ 70 克/米^2 的胶版印刷纸或定量为 50 克/米^2 左右的轻质印刷纸等。

【说明】根据最新版考试教材，“书心”已改为“书芯”。

问题二：请根据付印样数据，排定书心各部分的装订顺序及其所占页面数，按示例填入括号中。

答：书心各部分的装订顺序及其实际所占页面数应该是：

扉页(排第 1，占 1 面)

出版说明(排第 3，占 2 面)

后记(排第 7，占 2 面)

目录(排第 4，占 4 面)

正文(排第 5，占 340 面)

参考文献(排第 6，占 2 面)

版本记录页(排第 2，占 1 面)

问题三：该书书心有多少印张？

答：按书芯付印清样数据测算的该书每册有 11 印张。具体算式是：

总页面数 = 扉页 + 版本记录页 + 出版说明 + 目录 + 正文 + 参考文献 + 后记 = 1 + 1 + (1 + 1) + (3 + 1) + 340 + (1 + 1) + 2 = 352(面)。

印张数 = 总页面数 ÷ 开数 = 352 ÷ 32 = 11(印张)。

问题四：印制该书书心需要用纸多少令？

答：印制该书书芯需要用纸 90.64 令。具体算式是：

(1)书芯理论用纸量 = 书芯单册印张数 × 印刷册数 ÷ 1000 = 11 × 8000 ÷ 1000 = 88(令)。

(2)书芯实际用纸量 = 书芯理论用纸量 × (1 + 印刷加放率) = 88 × (1 + 3%) = 90.64(令)。

78 – B. 简答题：根据所给材料回答问题。(凡要求作选择回答的问题，应将与所选选项对应的字母填写在答题卡上的相应括号内。把错项选入，该问题不得分；正确项少选，按所选的正确项数量得分。凡要求作陈述回答的问题，请将答案书写在答题卡的相应区域。)

问题一：请根据部门任务目标确定资源入库管理工作内容。

答：根据该部门任务目标，其资源入库管理工作的主要内容包括：

(1)内容采集

①通过转移和复制的方式对散落在出版社内部各处的图书排版电子文件进行集中管理；

②想办法取得某些价值较高的资源的信息网络传播权，并进行网络采集。

(2)编目加工

对收集到的内容资源进行检查、整理和标引，通过计算机软件技术在待编数字内容资源中进行数据元素的提取，然后进行数字资源编目工作的自动化、数字化生成。

(3)审核入库

保证提交的数字内容资源完整，均有明确的作者、内容提要和关键词，审核通过后预备入库。

(4)保存备份

常见的数字资源备份方式有跨平台备份和分级式存储管理等。

问题二：该部门可以采取哪些有效的方法和途径获取高价值的数字内容资源？请作选择回答。

【答案】ABDE

【考点】外部资源采集方式

【解析】获取高价值的数字内容资源时，该部门可以采取的有效方法和途径有：

①付费外购。外购是快速获取数字内容、建立数字内容仓库的一种方法，但购买者往往只能取得内容版权的一部分权利，而非全部权利，所以积累起来的内容资源价值是有限的，数字内容开发的空间和营利方式与范围也受到很多制约。

②定向索取。对于尚未发布的数字内容，或已经发表但内容不够详细和全面的资料，可以通过直接或间接联系索要，这就是另一种数字内容的获取方式——索取。有些信息资料并不需要购买，是公开和免费的内容，如企业产品手册、产品目录、宣传册、公开报告、上市企业年报、股票交易所各种公告、日程说明书、免费赠阅的期刊、杂志、论文集、开放数据集等。这些资料可以直接或间接向所有者索取。

③公开征集。进入互联网时代，尤其是 Web 2.0 时代以后，网络上的征集活动依旧十分流行。网络上的各种内容资源共享网站，往往都是向普通网民征集数字内容的结果。这些网站通过普通网民的上传行为，积累了海量的数字内容，进而形成巨大的商业价值。

④网络采集。随着互联网的快速发展，网络信息资源增长十分迅猛。网络信息资源是通过互联网可以获得并利用的各种信息资源的总和，其特点包括信息数量大、主题丰富，信息更新及时、内容变化快，信息表现形式多样、格式类型丰富，信息严重无序和增长迅速。

⑤对等交换。交换是一种常见的社会行为。一般来说，数字内容所有者常常可以通过多

种方式获取资源；在积累一定数量的资源后，就可以与其他单位进行交换，相互补充资源，扩大自己的资源存量。

问题三：简述内容资源入库审核的主要内容。

答：内容在标引加工完成后，即可提交审核，预备入库。入库审核的内容包括：

(1)审核内容资源本身是否完整、全面、系统。

(2)审核内容文档的题名是否完整、规范、合乎要求。

(3)审核内容资源的标引信息，主要包括：①分类标引是否正确、全面、规范；②主题标引是否正确、完整、规范；③版权信息标引是否正确；④内容分散标引是否完成。

79. 计算简答题：根据所给材料回答问题。(需计算后回答的问题，须列出算式；每个问题计算过程中的小数均保留实际位数，计算结果有小数的，小数保留2位。)(本题18分)

问题一：在发行该书的过程中，A出版社采用了哪些引导消费的方法？

答：A出版社采用了以下方法引导消费：

(1)利用大众传媒，通过大众传媒进行宣传。A出版社在多家媒体上发布了新书广告，多家媒体对A出版社的一系列活动及时进行了报道。

(2)举行新书发布仪式和作者签名售书活动。A出版社在北京召开了新书发布会，并向与会者赠送《发现之旅》样书，同时，还有作者现场签名活动。

(3)举办消费者活动。例如邀请作者和有关专家到某些一线城市进行专题演讲。

问题二：在发行该书的过程中，A出版社采用了哪些促进销售的方法？

答：A出版社采用的促进销售的方法有：

(1)折扣促销。A出版社通过自己的网络平台以75%的折扣率预售图书10000册。

(2)赠送样品。例如A出版社向与会者赠送《发现之旅》样书。

(3)作者签售。A出版社举行作者现场签售活动，以原价销售图书共5000册。

(4)特价促销。A出版社通过本社门市部向读者让利10%销售8000册。

(5)买赠促销和返券。A出版社附赠印有该书主人公形象的书签和卡通画。

问题三：该书采用了什么购销形式？

答：甲发行集团和乙网上书店的销售方式均属于出版物的寄销形式，即A出版社委托甲发行集团和乙网上书店销售《发现之旅》，双方按照协议约定对实际销售的出版物转移所有权，并允许退货。

问题四：该书的出版码洋是多少元？

答：该书的出版码洋是2240000元，具体算式是：

出版码洋＝定价×总册数＝28×(60000＋20000)＝2240000(元)。

问题五：甲发行集团的进货码洋是多少元？

答：甲发行集团的进货码洋是840000元，具体算式是：

进货码洋＝定价×进货册数＝28×(20000＋10000)＝840000(元)。

问题六：出版社的回款实洋是多少元？

答：回款实洋总额＝批发给甲发行集团的回款实洋＋批发给乙大型网站的回款实洋＋预售回款＋现场销售回款＋门市部回款＝28×(20000＋10000)×(1－5%)×60%＋28×20000×

$(1-10\%)\times60\%+28\times10000\times75\%+28\times5000+28\times8000\times(1-10\%)=478800+302400+210000+140000+201600=1332800$（元）。

80．写作题：根据所给材料撰写选题报告。（本题22分）

答：选题报告的主要内容有：(1)选题名称；(2)选题的价值；(3)选题酝酿、形成的过程；(4)对未来出版物篇幅、内容和形式设想；(5)读者对象；(6)拟请的作者；(7)时间安排；(8)经济效益预测；(9)市场营销建议；(10)落款齐全；(11)文字规范。

参考范文：

《火红记忆》选题报告

一、选题构想

2018年是改革开放40年，40年里中国发生了翻天覆地的变化，我们心中也充满了无限的期盼。在2018年的新年贺词中，习近平总书记说："我们要以庆祝改革开放40周年为契机，逢山开路，遇水架桥，将改革进行到底。"

回首过去，我们40年的风雨历程，虽路途艰辛，但是硕果累累。改革开放40年的发展，中国人民的生活实现了由贫穷到温饱，再到整体小康的跨越式转变；中国社会实现了由封闭、贫穷、落后和缺乏生机到开放、富强、文明和充满活力的历史巨变；经济实现了持续快速增长，综合国力进一步提高；民生得到显著改善，人民生活总体上达到小康水平，科技教育快速发展，社会事业全面进步；人民群众主人翁意识显著增强，受教育水平和文明程度明显提高，社会整体文明程度大幅提升；中国科技也飞速发展，制造业正由"中国制造"变为"中国创造"。改革从城市到农村、从东部到西部、从经济领域到其他各个领域全面展开，逐步深化。中国社会发生的全方位历史性转变是我国几十年来的火红记忆，具有深刻的社会价值。

二、同类书情况

如今市场上存在众多以寻找事件亲历者进行访谈，让亲历者讲述历史细节，再现历史情景的历史回顾性图书。但针对改革开放四十多年来的几个代表性事件的回顾与分析题材较少。现存的同类书多是以中国古代、近代、现代为时间顺序进行编排，或是对中国建国以来的整个历史大事件进行回顾与分析，时间跨度大，且历史系统庞大，重点不突出。讲述40多年的火红历史，并对期间重大历史事件进行分析回顾，既突出了重点，又契合了改革开放四十年的社会背景，有利于出版社取得排他性优势。

三、本书特色

1．强调科学性与权威性

该项目从改革开放以来每一年的历史事件中选取几个代表性事件，寻找事件亲历者进行访谈，让亲历者讲述历史细节，再现历史情景。切口小，立意深刻，真实历史的再现有利于吸引读者的思考，作者队伍较为专业且权威，拥有丰富的知识储备与专业背景。

2．以史为鉴，弘扬社会正能量

四十多年的改革从城市到农村、从东部到西部、从经济领域到其他各个领域全面展开，逐步深化。中国社会发生的全方位历史性转变是我国几十年来的火红记忆，具有深刻的社会价值。

四、社会需求及发行前景预测

目前全国上下掀起庆祝改革开放四十年之风，各党政机关、中小学以及各高校还有人民大众对四十多年的历史求知欲旺盛，学习氛围浓厚，对系统分析改革开放以来的几大历史事件的读物有较大的需求，预计会有较为乐观的发行前景。建议首印 1 万册。

五、读者对象

具有一定阅读水平的中学生、大学生、研究生以及党政机关干部与公职人员为主要的读者对象。

六、组稿方向

以省社科院历史研究所秦方研究员为主要作者，成立编委会，由编委会确定主编、副主编，并在适当的时候召集编委会成员讨论书稿的内容、特点、体例，拟定编写大纲，落实具体人员和各人的编写任务，并聘请著名历史学家任继学教授出任主审，以保证书稿的质量。

七、计划安排

与作者初步约定 2018 年 6 月交稿，10 月出书，纪念改革开放四十周年。计划在图书出版后，通过举办作者签售会、图片摄影展、读者征文等系列活动，来宣传该书。

总之，《火红记忆》是一部具有较强科学性、历史性和较高权威性的学术专著，极大地契合了当下改革开放的社会热点，其出版意义将是重大的。特提请社领导审批通过，并作为“八五”重点图书纳入我社 2018 年选题计划中。

东华出版社　于飞

2018 年 1 月 8 日